*Hesse/Schrader*

**Die Neurosen der Chefs**

SERIE PIPER

## Zu diesem Buch

Sie werden gesucht, sie werden gebraucht, aber sie versagen: Führungskräfte, Vorgesetzte, Manager und Chefs. Die Hauptquelle von Frust, Verzweiflung und Ineffektivität am Arbeitsplatz sind unfähige Führungskräfte. Doch woher kommt diese zunehmend beklagte Unfähigkeit? Ist die Quelle dieser Persönlichkeitsdefizite in der Firmenstruktur oder in der ganz persönlichen Biographie zu suchen? Wer die Leiden der Leitenden – Einsamkeit, Neid, Rivalität, Streß –, wer ihre Süchte – Alkohol, Medikamente, Arbeit, Macht – und wer ihre Krankheiten und ihr kriminelles Potential kennt und durchschaut, hat schon viel für sich gewonnen.

*Jürgen Hesse* und *Hans Christian Schrader*, 1951 und 1952 geboren, sind Diplom-Psychologen. Jürgen Hesse arbeitet in Berlin im »Büro für Berufsstrategie« und ist Geschäftsführer der Telefonseelsorge Berlin e. V., Hans Christian Schrader arbeitet im Berliner Krankenhaus Am Urban. Sie haben gemeinsam zahlreiche Ratgeber zu Bewerbungs- und Berufsfragen veröffentlicht.

*Jürgen Hesse*
*Hans Christian Schrader*

# Die Neurosen der Chefs

und wie Sie mit ihnen fertig werden

Piper München Zürich

Die Anschrift der Autoren:
Büro für Berufsstrategie
Stubenrauchstraße 10
12161 Berlin
Tel. 030/8519206
Fax 030/8519261

Ungekürzte Taschenbuchausgabe
Piper Verlag GmbH, München
April 1998

Umschlag: Büro Hamburg
Simone Leitenberger, Susanne Schmitt, Andrea Lühr
Umschlagabbildung: Bavaria Bildarchiv, Gauting
Foto Umschlagrückseite: Irmi Long, Frankfurt/Main
Satz: Fuldaer Verlagsanstalt GmbH, Fulda
Druck und Bindung: Clausen & Bosse, Leck
Printed in Germany ISBN 3-492-22619-1

# Inhalt

# Fast Reader

## Einstimmung für eilige Leser

Macht macht krank. Die Hauptquelle von Frust, Verzweiflung und Ineffektivität am Arbeitsplatz sind unfähige Chefs. Unser Thema: Die Leiden der Leitenden und das Leid, das sie verursachen – die seelischen Kosten von Macht, Karriere und Bereicherungstrieb. Kurz: Die Neurosen der Chefs. Warum Chefs so sind – und wie sie wurden, was sie sind.

Ob sie mehr in der Firmenstruktur oder mehr in der Biographie begründet sind: wer die Leiden der Leitenden (Einsamkeit, Neid, Rivalität, Streß, Druck), ihre Süchte (Alkohol, Nikotin, Medikamente, Arbeit, Macht, Sex), ihre Krankheiten (Herz, Magen, Kreislauf und andere psychosomatische) und ihr kriminelles Potential (Wirtschaft, Umwelt, Steuern) durchschaut, hat für sich selbst viel gewonnen. Das gilt für alle Hierarchieebenen, für Mächtige und Ohnmächtige.

Lesen Sie

* über die Flucht nach oben –
  warum einer Chef werden muß und auch wird;
* warum Macht krank macht –
  und zwar Ausübende wie Betroffene gleichermaßen;
* alles über die Persönlichkeitsstruktur von Chefs –
  von Bösewichtern, Quälgeistern, Kranken, Entgleisten;
* warum unbeliebte Chefs ungeliebte Kinder waren;
* über die Ängste hinter den Fassaden der Führungsetagen;
* was uns Witze über Chefs verraten;
* warum neurotische Chefs früher oder später scheitern.

Lesen Sie, was Nietzsche und Theo Waigel, Tucholsky und Sophokles, Hermann Josef Abs und der liebe Gott, Kopper und die Peanuts zum Thema beizutragen wissen. Denn: Wer die Neurosen der Chefs erkennt, ist ihnen nicht mehr ganz so hilflos ausgeliefert: sei es, daß die einen sich gegen unqualifizierte Vorgesetzte wehren wollen oder die anderen neue Wege der Selbsterkenntnis und der besseren Personalführung einschlagen möchten.

# Bewundert – beneidet – gehaßt – geschaßt

## Führungskräfte in der Krise

Sie werden gesucht, sie werden gebraucht, aber sie versagen: Führungskräfte, Vorgesetzte, Manager und Chefs.

Ob ganz oben in der Hierarchie, in Aufsichtsrat und Vorstand, auf Geschäftsführungsebene oder im mittleren und unteren Management – egal auf welcher Verantwortungsebene: Eklatante Unfähigkeit von Führungskräften in Wirtschaft, Politik und Verwaltung wird zunehmend geoutet und beklagt.

Gut zwei Dutzend Bundesministern, Ministerpräsidenten und Staatssekretären blieb im Rekordrücktrittsjahr 1993 nichts anderes übrig, als abzutreten und die Macht – nach dem Geld ihr liebstes Spielzeug – wieder aus der Hand zu geben. Was naturgemäß nicht immer ganz leicht fiel, manch einer klebte unerträglich lange an seinem Stuhl. Aber noch fast jeder Politabsturz wurde früher oder später finanziell und durch einen neuen lukrativen Posten abgefedert.

Kurz vor dem Totalabsturz müssen Großunternehmen und Konzerne wie z.B. Klöckner-Humboldt-Deutz (KHD), Nixdorf, Klöckner, FAG Kugelfischer bis hin zum Frankfurter Mischkonzern Metallgesellschaft (MG) mit über 58 000 Mitarbeitern in letzter Minute gerettet werden. Bei Nixdorf und co op war's wahrlich nicht viel, was es noch zu retten gab. Schneiders Immobilienpleite riß nicht wenige klein- und mittelständische Handwerksbetriebe mit. Affärenstoff liefern die Deutsche Bank und VW ebenso wie manche Chefärzte mit mehr Herz für Geld als für ihre Patienten. Selbstbedienung in Politik und Wirtschaft, gierige Absahnmethoden, wohin man blickt.

Beklagte Hauptursachen von Pleiten und Mißwirtschaft: Unfähiges Management, Vetternwirtschaft, Schlafmützigkeit der Verantwortlichen und kriminelle Machenschaften.

Der Wirtschaftsjournalist Günter Ogger führt in seinem Bestseller

»Nieten in Nadelstreifen« seitenweise die Sündenregister deutscher Führungskräfte auf. Seine zentrale These: Die Chef-Manager sind hauptsächlich verantwortlich für den Niedergang der deutschen Wirtschaft in den neunziger Jahren – und nicht, wie gerne von ihnen auf dem beliebten Weg der Schuldverschiebung beklagt, in jedem Fall die anderen: Politik, Gewerkschaften und Belegschaft.

So berechtigt auch Oggers Kritik ist – er mußte ertragen, daß sein geflügeltes Wort von den Nieten in Nadelstreifen auf ihn selbst zurückfiel. Zwei Konkurse und eine Verurteilung wegen Steuerhinterziehung gemahnen an die alte Bibelweisheit vom Splitter im fremden und vom Balken im eigenen Auge.[1]

Von anderem Format sind die Vorwürfe, die Helmut Schmidt im Wahljahr '94 an die Unternehmer richtet: »Allzu viele Unternehmensleiter sind bloß . . . Verwalter – allzu wenige sind *wirkliche* Unternehmer.«[2] Einer seiner Hauptvorwürfe ist das konservative und biedere Kleben an alten Produkten bei gleichzeitiger Innovationsfeindlichkeit.

Wenn wichtige Märkte aufgrund nachlassender Wettbewerbsfähigkeit und fehlender Innovationskraft verlorengehen, Unternehmen rote Zahlen schreiben und massenhaft Mitarbeiter entlassen, wird im kleinen das Betriebs- wie im großen das Sozialklima eisig.

Die Folge: Der Vertrauensschwund, die Kluft zwischen oben und unten wird immer größer. Das globale Mißtrauen wächst, Politikverdrossenheit und Managerschelte sind unüberhörbar, das gesellschaftliche Klima verschlechtert sich zusehends. Der Verlust der Glaubwürdigkeit von sogenannten Verantwortungsträgern läßt Gedanken an eine Bananenrepublik aufkommen. Morgens darf gewettet werden, was über wen abends als neuester Skandal über die Ticker geht.

Warum entpuppen sich Führungskräfte immer häufiger als Nieten, Absahner und Abzocker? Warum versagen sie geradezu jämmerlich in ihren Führungsfunktionen – besonders eklatant aber auf dem zentralen Gebiet der Mitarbeiterführung?

Eine bisher vernachlässigte Ursache ist die psychische Dimension – die Neurosen der Chefs.

Nach einer Fragebogenuntersuchung bei 437 Führungskräften

diagnostizierte Rolf Berth von der *Kienbaum Akademie* bei 30% der Unternehmenslenker Zeichen einer leichten Neurose.[3] Das belaste ihre Effektivität zwar, so der *Kienbaum*-Psychologe, doch sei die Erfüllung der Führungsaufgaben in diesem Stadium noch nicht deutlich gefährdet. Vorsicht jedoch sei geboten, denn bei erhöhtem persönlichem Streß und bei Krisensituationen des Unternehmens könne das neurotische Potential plötzlich aufbrechen.

Ein gutes Drittel der befragten Führungskräfte wird als »mittlere Neurotiker« diagnostiziert. »Diese verraten sich beispielsweise dadurch, daß sie im anonymen Fragebogen ... Aussagen unterstreichen wie ›Die Menschen sind von Natur aus böse‹ und ›Unwertes Leben sollte vernichtet werden‹.«[4] Einem Prozent der deutschen Topmanager bescheinigt man gar eine schwere Neurose.

Das schlägt sich übrigens auch in Mark und Pfennig nieder. Denn Firmen, in deren Führungsteam viele Neurotiker sind, erreichen nach den Ergebnissen der *Kienbaum*-Studie durchschnittlich nur eine 2,7prozentige Umsatzrendite. Bei »gesünderen« Unternehmen liegt diese immerhin bei 8,6%. Ähnliche Unterschiede spiegeln sich auch bei der Kapitalrendite, die im Fall der Neurotiker nur bei 2,4% liegt, bei den weniger neurotischen Führungsteams jedoch 7,3% erreicht. Das dritte Kriterium ist die Gewinneinspielung durch neue Produkte: Bei Firmen mit neurotischen Führungskräften werden erst nach 58, bei den anderen bereits nach 37 Monaten schwarze Zahlen geschrieben.

Auf den Punkt gebracht: Je weniger neurotisch die Manager, desto erfolgreicher das Unternehmen. Jedoch die Isolation auf den Topetagen führt bei vielen Managern zu Realitätsverlusten und dem Aufblühen ihrer Neurose.

Die Neurosen der Chefs. Unser Thema: Warum Chefs so sind, und wie sie wurden, was sie sind.

# Ein Leben mit Chefs

## Von der Wiege bis zur Bahre ...

Von Geburt an befinden wir uns in Situationen, in denen andere uns sagen, wo es langgeht. Wir erleben uns oft fremdbestimmt.

Da gibt es für einen ersten kurzen Moment ganz zu Beginn unseres Lebens Arzt und Hebamme, deren Entscheidungen, Instrumenten und Apparaturen wir ausgesetzt sind und die uns mit teilweise rüden Methoden an das grelle Licht der Welt zerren.

Da sind unsere Eltern, denen wir für eine lange Zeit hilflos ausgeliefert und auf deren liebevoll-versorgende Zuwendung wir maximal angewiesen sind. Dann kommen vielleicht die Kindergartentante, Tagesmutter oder sonstige Erziehungspersonen, die Vorschulalter und -alltag maßgeblich dirigieren, gefolgt von den Lehrern, die unsere Schullaufbahn bis hin zu den beruflichen Möglichkeiten entscheidend beeinflussen.

Diesen schließen sich unsere Ausbilder und Lehrherren an. Und auch die Anpassungsübung Militärdienst geht nicht spurlos an jedermann vorbei.

Im Berufsalltag haben wir es fast alle mit einem unmittelbaren Vorgesetzten zu tun, mit dem man sich täglich auseinandersetzen muß. Darüber hinaus existiert in der Regel noch ein »Oberchef«, der uns nicht nur gelegentlich daran erinnert, welcher »Sache« wir uns verpflichtet zu fühlen, wem wir eigentlich zu »dienen« haben.

Ob es uns gefällt oder nicht – wir sind ein Leben lang Autoritätspersonen und Hierarchiesystemen mehr oder weniger abhängig und leidvoll ausgeliefert. Die Persönlichkeitsstruktur der jeweiligen Chefs nimmt entscheidenden Einfluß auf unsere Lebensqualität, auf unsere beruflichen Chancen und Möglichkeiten.

In der Regel können wir uns unsere Chefs und Vorgesetzten nicht aussuchen. Die erste zentrale Erfahrung mit dieser nicht gegebenen Möglichkeit, auswählen zu können, hatten wir mit unseren Eltern. Der eine (z.B. zeitlich präsentere) Elternteil agierte vielleicht etwas mehr, der andere ggf. etwas weniger ausgeprägt in dieser »Chef-« und für uns wichtigen Führungsrolle. Oft waren auch noch ältere Geschwister da, die sich gerne in einer unmittelbaren »Vorgesetztenrolle« präsentierten und denen wir zusätzlich dienen und gefallen mußten.

Eltern treten im Laufe der Zeit in der Bedeutung ihrer »Chefrolle« anscheinend in dem Maß zurück, wie andere Personen Macht und Einfluß über uns gewinnen. Sie werden abgelöst und ersetzt durch Erzieher, Lehrer, später durch Ausbilder und Lehrherren, zuletzt und für eine lange Dauer durch Vorgesetzte, Führungskräfte, die Chefs in unserer Arbeitswelt.

Immer scheint jemand da zu sein, der »das Sagen« hat, bis hinein in die Partnerbeziehung, in der es ebenfalls häufig genug um Macht und Führungsanspruch geht (Wer hat »die Hosen an«, wer ist wessen »Regierung«?).

Aber auch sonst im Leben haben wir uns mehr oder weniger darauf eingerichtet, dem HErrn zu gehorchen, seine Gesetze zu akzeptieren. Viele Menschen leben von klein auf mit der imaginären Vorstellung einer allem übergeordneten Autorität in Gestalt eines »großen Bosses«. In der »unmittelbaren Vorgesetztenrolle« haben wir es mit den »Vertretern auf Erden«, dem Papst, den Bischöfen, mit Pfarrern und Priestern zu tun.

Wir werden durch unsere Erfahrungen im Umgang mit den uns vorgesetzten Autoritäten entscheidend geprägt. Zu allererst und am einschneidensten durch unsere Eltern und andere wichtige Bezugspersonen unserer Kindheit (wie z.B. Großeltern). Sie formen in der Kindheit auch unseren »inneren Chef«, das Gewissen, das in Gestalt eines sadistischen Über-Ichs selbstquälerische Züge annehmen kann – oder skrupellos wird, wenn es an Halt gebenden inneren Normen fehlt.

Aber auch wir versuchen uns im Herrschen, halten uns Hunde, haben Kinder, oder proben die Machtausübung beim Lebenspartner, bekommen vielleicht irgendwann selbst Personalverantwortung übertragen.

Ein Leben lang geht es um Macht und Ohnmacht, Herrschen und Beherrschtwerden, Dominanz und Gefügigkeit, Abhängigkeit und Unabhängigkeit, um die Rollen Herr oder Knecht.

# Die Chefrolle – von Herren, Sklaven und Verwaltern

## Ein kurzes historisches Streiflicht

Seit eh und je besteht die »Chef«-Rolle darin, Befehle erteilen und Anordnungen treffen zu können, die von Untergebenen ausgeführt werden müssen. Hinzu kommt das Entwickeln von Zielen, das zukunftsbezogene Planen, das Organisieren der für die Zielerreichung notwendigen Handlungsabläufe und deren Kontrolle – alles Dinge, die in der Regel »Chefsache« sind.

In früheren Zeiten hatte ein Herrscher Macht über Leben und Tod, traf Entscheidungen über Krieg und Frieden, hatte das Schicksal der ihm Untergebenen in den Bereichen Staat, Militär und Religion uneingeschränkt in der Hand.

Detaillierte Richtlinien der Führung beschreibt der antike griechische Schriftsteller Xenophon (ca. 430–354 v. Chr.). Sein Standpunkt: Führung durch den Herrn äußert sich »vor allem in der Kontrolle von Ehefrau und Verwalter. Bei den einfachen Sklaven werden Essen, Trinken, Kleidung etc. gezielt als materielle Anreize eingesetzt, um sie an den Betrieb zu binden.«[5]

Aristoteles (384–322 v. Chr.) und auch Platon (427–347 v. Chr.) empfehlen den goldenen Mittelweg und warnen vor zu laxer oder zu harter Behandlung der Sklaven. Auf die richtige Auslastung durch Arbeit, Zucht und Nahrung komme es an. Platon riet, daß der Herr seine Handlungen darauf abstimmen sollte, möglichst loyale Sklaven zu haben, schloß aber eine Partnerschaft zwischen Herrn und Sklaven aus. Aristoteles glaubte nur beschränkt an den freiwilligen Gehorsam und das Funktionieren eines Anreizsystems und vertrat die Auffassung, daß man die Sklaven zum Gehorsam zwingen müsse. Ihr Handeln sei nie moralisch orientiert, sondern müsse durch Furcht bestimmt sein.

Der antike römische Schriftsteller Cato (234–149 v. Chr.) meinte, es genüge häufig schon, wenn der Besitzer sein Erscheinen ankündigen würde, ohne sich wirklich blicken zu lassen: »Bereits die Angst vor seinem Kommen erzeugt Fleiß.« Bei längerer Abwesenheit des Herrn empfahl er, nach der Maxime »divide et impera« (teile und herrsche) seine Sklaven in Konflikte untereinander zu verwickeln.[6]

Um bei einer entsprechenden Größe des Anwesens die Interessen des Besitzers und Herrschers zu wahren, wurde es notwendig, eine kontrollierende Instanz einzusetzen. Xenophon beschreibt, wie geeignete Sklaven systematisch für Führungsaufgaben erzogen und ausgebildet wurden, um als zukünftige Verwalter nicht nur über moralische, sondern auch über »Managereigenschaften« zu verfügen. Dabei kam es auf Loyalität, Sorgfalt, Fachwissen, Führungskunst und Ehrlichkeit an. Einem im eigenen Haus ausgebildeten Verwalter gab Xenophon klar den Vorzug gegenüber einem von außen eingestellten und kommentierte, daß der Verwalter eine schwierige Position nach oben und unten habe, muß er doch seinem Herrn dienen, wie auch über die Mitsklaven herrschen.[7]

Die heutigen Probleme scheinen so neu nicht. Die Geschichte der Führung ist eine Geschichte von Männern, Macht, Ohnmacht und Gewalt.

# Leiden unter Chefs

## Wenn sie den Arbeitsalltag zur Hölle machen

Herren sind keine Spielkameraden.
*Deutsches Sprichwort*

Wer kennt sie nicht, die neurotischen Chefs, die uns oft wie Sklaven leiden lassen, deren verbogener Charakter und mangelhafte soziale Kompetenz uns das Arbeitsleben unerträglich machen?

Wer kann nicht ein Lied davon singen? In der Mehrheit scheinen wir mit unseren Chefs eher unzufrieden bis kreuzunglücklich zu sein, nur im seltenen Glücksfall leidlich zufrieden.

Viele Arbeitnehmer beklagen an ihren Vorgesetzten mangelndes Einfühlungsvermögen und nicht vorhandene Zuhörfähigkeit sowie vor allem das völlige Ausbleiben positiven Feedbacks. Die gängigen Chef-Methoden des autoritären Drohens, Schikanierens und Intrigierens sind Gegenstand der Klage, ebenso wie das häufig rücksichtslos fortgesetzte Macht- und Karrierestreben auf Kosten anderer.

In einer repräsentativen Umfrage des *Infas*-Instituts über Ursachen für ein schlechtes Betriebsklima nannten fast 40% der Befragten den mißgelaunten Chef. Weiteres interessantes Zahlenmaterial liefert eine Initiative der *Deutschen-Angestellten-Gewerkschaft (DAG)* in Berlin. Innerhalb von sechs Wochen meldeten sich bei der ersten deutschen Mobbing-Telefonaktion für Betroffene rund 500 Anrufer (80% waren Frauen). 80% aller AnruferInnen klagten über Psychoterror am Arbeitsplatz durch ihre Vorgesetzten. Besonders litten die Betroffenen unter Kündigungsandrohungen und Kündigungen (23%), Abmahnungen (19%), Versetzungen (18%) und Herabgruppierungen (14%).[8]

Fast ein Drittel der uns zur Verfügung stehenden Lebenszeit verbringen wir am Arbeitsplatz – etwa 60- bis 80000 Stunden. In der Regel sind wir da nicht allein, arbeiten den Hauptteil dieser Zeit mit anderen Menschen mehr oder weniger zusammen, sind auf andere angewiesen, häufig sogar von diesen abhängig. Wir haben Vorgesetzte und Kollegen und sind selbst für andere in einer Vorgesetztenrolle, tragen Personalverantwortung für Mitarbeiter.

So gesehen verbringen wir mehr Zeit mit Vorgesetzen und Kollegen am Arbeitsplatz als mit unserem Partner. Reichlich Gelegenheit für Meinungsverschiedenheiten, Konflikte, Streit, Rivalität und Intrigen bis hin zum Psychoterror – neudeutsch »Mobbing«. Insbesondere dann, wenn der Vorgesetzte eine neurotische Persönlichkeitsstruktur hat und uns den Arbeitsalltag zur Hölle macht.[9]

Mit den Worten einer Mitarbeiterin:

> »Alle zitterten, wenn der Chef kam. Wenn irgend etwas schiefgelaufen war, dann jagten die Angestellten kreidebleich durch die Räume und versuchten, das wieder hinzukriegen. Er brüllte mit den einzelnen immer dermaßen, daß das ganze Haus es mitbekam. Und das ist ein wunderbares Mittel, Leute fertigzumachen. Alleine schon die Tatsache, daß einer einen anderen erwachsenen Menschen anbrüllt, ist an sich schon ein Skandal. Und der eine muß es sich gefallen lassen, weil der andere das Geld gibt.«[10]

Neben Liebe und Partnerbeziehung ist Arbeit das zweite große Lebensthema. Wie viele Gespräche drehen sich um Erlebnisse aus unserer Arbeitswelt. Wie häufig sprechen wir auch noch am sog. »Feierabend« über Frust und Leid, verursacht von Vorgesetzten oder vermeintlichen Chefs in der Rolle von Kollegen, die meinen, alles besser zu wissen und zu können.

Konflikte mit Vorgesetzten können jegliche Arbeitsfreude und -motivation zerstören. Bekommen die Auseinandersetzungen Mobbing-Charakter, kann dies beim Betroffenen schwere psychische (z.B. Ängste, Depressionen) und psychosomatische Symptome (z.B. ein Magengeschwür) auslösen, gar den Verlust der Arbeitsfähigkeit (z.B. die Frühberentung) zur Folge haben.

Die Qualität des Betriebsklimas und der Arbeitsergebnisse sind in jedem Unternehmen zu einem entscheidenden Teil vom Verhalten der Vorgesetzten gegenüber ihren Mitarbeitern abhängig. Mangelnde

Motivation und damit schlechtere Arbeitsproduktivität, bis hin zu innerer Kündigung und Krankfeiern sind häufig Konsequenzen des Fehlverhaltens von Vorgesetzten. Der dadurch verursachte gesamtwirtschaftliche Schaden beziffert sich auf Hunderte von Milliarden DM. Experten schätzen die durch neurotische Chefs verursachte Leistungskapazitätsminderung von Mitarbeitern auf bis zu 30% ein.[11]

Aber auch Vorgesetzte leiden unter ihren Chefs. Kein Chef, der nicht noch einen höheren Chef über sich weiß. Der Geselle, der Meister, der Gruppenleiter, der Abteilungsleiter, der Hauptabteilungsleiter, der Bereichsleiter, die Leiter immer weiter hinauf ...

In Beratungsgesprächen, Führungsseminaren und Klausurtagungen mit Führungskräften – so der Vorgesetztenforscher Wolfram Kowalewsky – liegt der Schwerpunkt bei Problemen und Konflikten mit der nächsthöheren Ebene, bei den Vorgesetzten der Führungskräfte. Ganz besonders diese Gruppe nimmt für sich in Anspruch, intensiv unter ihren Chefs zu leiden.

In dem Porträtbuch »Die Chefs« schreibt Nina Grunenberg über den ehemaligen Vorstandsvorsitzenden von Bennigsen-Foerder:

> »Als Chef war er gefürchtet. Was er dem Konzern einverleibte, unterwarf er sich mit harter Hand. Die Mitarbeiter sollten in der Furcht des Herrn leben. Die Planungsgespräche, zu denen er die Vorstände der Veba-Tochtergesellschaften einzeln in die Konzernverwaltung holte, waren im Leben seiner Manager harte Prüfungen. Er konnte rüde werden, wenn sie sich seinen Vorstellungen von Ertrag und Aufgaben eines Unternehmens nicht gewachsen zeigten.«[12]

Dieses Bennigsen-Foerder-Porträt steht übrigens unter der Überschrift: »Er wollte dem Kanzler dienen« ...

## Ein Chef als Mobber – Täter und Opfer in einer Person

Die britische Journalistin Andrea Adams erhielt nach ihrer BBC-Radiosendung über mobbende Chefs den Brief eines Hörers, in dem er über sein eigenes Mobbing-Verhalten als Vorgesetzter berichtete.

Ein seltenes Dokument, außerdem ein Beleg für die Bedeutung der Kindheit als Matrix späteren Verhaltens. Eine Illustration für das Leiden unter Chefs – in mehrfacher Bedeutung.

David, heute 35 Jahre alt, berichtet, daß sein Perfektionismus und seine Lust, Untergebene zu schikanieren, schlimme Formen angenommen hatte, nachdem er unerwartet zum Chef eines Hotels befördert worden war. In seiner Kindheit sei er der Gewalt seines Vaters ausgesetzt gewesen und habe später unter Vorgesetzten gelitten, die ihr Küchenpersonal terrorisierten. Er schreibt:

> Mit 24 wurde ich plötzlich Vorgesetzter, als ich eine neue Arbeitsstelle antrat. Obwohl ich mich theoretisch gut auskannte, hatte ich doch nie zuvor Gelegenheit, dies alles in die Praxis umzusetzen. Mir fiel also eine große Verantwortung zu. Ich nehme an, daß ich mir tief im Innersten unsicher war, ob ich den Job wirklich packen konnte.
>
> Ich war verantwortlich für die Küche (mit fünf Köchen) und das Vorratslager, die Essenszubereitung, das komplette Restaurant und natürlich für das Servier- und Küchenpersonal. Von Personalführung hatte ich keine Ahnung. Wenn ich unter Druck geriet, schikanierte ich meine Mitarbeiter, denn der Laden war ziemlich lasch. Ich beschloß also, mich durchzusetzen und zwar so, daß nicht nur die Arbeit gemacht wurde. Ich wollte einfach mehr, vor allem aber wollte ich Respekt.
>
> Ich fand, daß das Personal genau durch die gleiche harte Schule durchmußte, wie ich früher. In den Restaurantküchen, in denen ich gearbeitet hatte, herrschte eine Atmosphäre von Angst und Schrecken, manchmal sogar Grausamkeit. In einem Restaurant in der Schweiz z.B. jagte der Koch uns mit dem Messer durch die ganze Küche. Ein Lehrling wurde einmal fast zusammengeschlagen, nur weil er die Suppe verdorben hatte. Wir sprachen untereinander kein Wort und arbeiteten mit gesenkten Köpfen in einer Atmosphäre, wo der Chefkoch nur rumbrüllte. Aber wir lernten einen hohen Küchenstandard.
>
> Als ich für meine eigene Hotelküche verantwortlich war, kriti-

sierte ich die Lehrlinge am laufenden Band, weil sie mir alle zu überheblich vorkamen. Es war ein leichtes, ihnen Fehler nachzuweisen oder zu verlangen, es besser zu machen. Ich schrie, brüllte sie an und machte sie vor allen anderen zur Schnecke. Wenn mir ihre Arbeit nicht gefiel, warf ich das Essen einfach auf den Boden. Ich traute niemandem zu, gute Arbeit zu leisten. Obwohl ich mich unter enormem Druck und Streß fühlte, nahm ich mir eigentlich niemals frei, bis ich eines Tages schließlich total erschöpft war.

Eines Morgens, als ich ins Hotel kam, schrie mich einer der Lehrlinge mit den Worten an, ich solle mich zum Teufel scheren. Die Tische waren umgestürzt und das Geschirr zerschlagen. Überall Eier und Mehl an den Küchenwänden. Er hatte sich ausgetobt. Aber ich wußte auch, daß es Tage gegeben haben mußte, an denen ich sein Leben unerträglich gemacht hatte. Er war eigentlich ein talentierter Koch, ging mir aber auf die Nerven, weil er keine Selbstdisziplin hatte, so daß ich häufig mit ihm schimpfen mußte. Ich dachte: Warum bekommen sie es nicht rein in ihre verdammten Köpfe, daß es hier um eine Arbeit geht. Sie sollten nicht so viel lachen. Andererseits wäre ich gerne so wie sie gewesen. Wenn ich dann jemanden sah, der glücklich wirkte und keine Angst zu haben schien, stieß es mir auf. Ich dachte bei mir: du machst es dir zu leicht, mein Junge, du hast nicht mal halb so viel durchgemacht wie ich, du kennst das Leben noch nicht.

Natürlich wollte ich meine Mitarbeiter nicht bewußt schikanieren. Einmal bemerkte ich, daß einer meiner Köche nach einem Streit mit mir fertig war, für den Rest des Tages arbeitsunfähig. Er zitterte am ganzen Körper. Ein anderer, sehr talentierter Koch wirkte leider etwas lasch. Wenn ich seine Arbeit kritisierte, nahm er es einfach hin und sagte »Jawohl, Chef«. Das war alles. Ich setzte ihn öfters unter Druck. In meinen Augen war er ein Angsthase. Eines Tages jedoch versetzte er mir einen Fausthieb. Das gab mir zu denken. Ich fragte mich, womit ich das verdient hatte. Habe ich sein Leben zur Hölle gemacht? Es war mir egal. Ich fuhr fort, ihn aufs schärfste zu kontrollieren, und bald kündigte er. Ich ärgerte die Leute weiter, zog sie auf, machte Witze auf ihre Kosten.

Reine Überlebenssache, weil andere es auch mit dir tun. Das hängt mit den Arbeitsbedingungen zusammen. Wenn ich Leute aufziehen kann, so daß sie sich getroffen fühlen, merke ich meine Macht über sie.

Autoritäten habe ich wegen meiner schlimmen Kindheit nie gemocht. Ich wuchs jedoch mit dem Wunsch auf, Autorität zu besitzen, um mein eigenes Leben besser in die Hand nehmen zu können.

Ich bin als Einzelkind aufgewachsen und erinnere mich, wie mein Vater meine Mutter und mich völlig beherrschte. Bei seinem Vater war es dasselbe gewesen. Dieser hatte meine Großmutter terrorisiert und seine fünf Kinder mit Furcht und Schrecken erzogen. Aber in unserer Stadt dachten alle, daß er ein netter Kerl sei. Mit meinem Vater war es das gleiche. Alle meine Schulfreunde mochten ihn. Jeder, der ihn kannte, sagte: »Was für ein netter Mensch«. An seinem Arbeitsplatz in der Schule war er beliebt, und alle sagten nur das Beste über ihn.

Zuhause bei uns gab es keine Liebe. Er schrie mich dauernd an. Alles, was ich tat, mußte in seinen Augen absolut perfekt sein. Er hat mich nie gelobt. ... Aber dafür setzte es jede Menge Ohrfeigen. Es gab nicht die Spur einer guten Vater-Sohn-Beziehung.

Ich erinnere mich an einen besonders schmerzlichen Vorfall, als ich zehn Jahre alt war. Ich sah fern, als mich mein Vater auf mein Zimmer schickte, weil ich noch keine Dankesbriefe für Geburtstagsgeschenke an meine Onkel und Tanten geschrieben hatte. Ich ging nach oben auf mein Zimmer, machte den Plattenspieler an und fing sofort an zu schreiben. Nach wenigen Minuten kam mein Vater nach oben in mein Zimmer gestürzt. Er war total aufgebracht, weil ich seiner Meinung nach nicht zwei Dinge auf einmal machen konnte, nahm die Schallplatte, warf sie zu Boden und jagte mich um das Bett. »Du Mistkerl, du Saukerl, du machst, was ich dir sage.« Er war fuchsteufelswild und ich kann mich erinnern, daß ich dachte: »Ich mache doch, was du verlangst, warum läßt du mich nicht einfach in Frieden?«

Als ich älter war, beklagte er sich einmal bei mir, als ich den Fernseher anmachte: »Wer glaubst du, bezahlt bei uns die Gebühren?« Beim nächsten Mal fragte ich ihn, ob ich den Fernseher anmachen dürfe. Er antwortete: »Du brauchst nicht zu fragen, du bist hier zuhause.« Man konnte es ihm nie recht machen.

Mit 16 sagte er mir, daß ich jetzt allein entscheiden dürfe, ob ich weiter in die Kirche gehen wolle oder nicht, da ich jetzt alt genug sei. Bis dato war ich sonntags immer in den Kindergottesdienst gegangen. Ich überlegte und antwortete: »Okay, ich möchte nicht mehr in die Kirche gehen.« Mein Vater riß mich hoch und schlug meinen Kopf gegen die Zimmerwand. Er rastete völlig aus. Dabei schrie er mich wie wild an: »Du wirst zur Armee gehen. Ich stecke dich in die Armee!« Ich zog von Zuhause aus, bevor er dies in die Tat umsetzen konnte. ...

Meine Mutter ist eine liebe, ruhige und kluge Frau, die niemals ihre Kontrolle verliert. Ich kann heute mit ihr über diese Ereignisse sprechen ...

Als Schüler war ich ein richtiges Nervenbündel. Der Schuldirektor wurde von Schülern und Lehrern gleichermaßen gefürchtet. Wenn sich jemand von uns bei seinen Eltern über dessen tyrannisches Verhalten beklagte, wurde alles auf seinen schwierigen Job geschoben. Man glaubte uns einfach nicht.

Später in meinem Leben, als ich plötzlich Vorgesetzter wurde, trank ich viel Alkohol, um mit meiner Unsicherheit fertigzuwerden. Anders hätte ich den Job nicht ausgehalten. In meinem Hotel gab es einen Manager aus der Geschäftsleitung, der mich dauernd kritisierte. Ich fühlte mich von ihm ständig erniedrigt, weil er versuchte, mein Wissen in Frage zu stellen. Ich war oft Zielscheibe für seine Aggressionen. ...

Kürzlich wurde eine sonst recht freundliche Kollegin plötzlich abweisend und weigerte sich, mit mir zu sprechen. Ich bemerkte ihren Ärger und dachte: Was habe ich ihr bloß getan? Als ich sie fragte, sagte sie mir, ich sei ihr gegenüber arrogant und würde sie von oben herab behandeln, als ob sie keinen Funken Verstand im Kopf hätte, weil ich ihr immer sagte, was und wie dies und jenes zu tun sei. Ich entschuldigte mich und dankte ihr, denke aber nicht, daß dieser Hinweis eine Wirkung auf mich hatte.

Sarkasmus statt Schläge ist auch eine Verletzung, wenn du dir im Innern minderwertig vorkommst.[13]

Insgesamt ist dieses Dokument ein klassisches Beispiel für den bei der neurotischen Persönlichkeit so häufig anzutreffenden unbewußten Mechanismus der Passiv-Aktiv-Umkehrung: In der Kindheit passiv erlittenes Leid wird später aktiv an andere rächend weitergegeben, von Eltern zu Kindern, von Generation zu Generation ...

# Zwischen Neurose und Normalität

## Eine Gratwanderung

> Alles Gute und Böse im Menschen im reifen Alter ist eng verknüpft mit der Kindheit, in der es seinen Ursprung hat. Alle unsere Irrtümer übertragen wir auf unsere Kinder, in denen sie untilgbare Spuren hinterlassen.
> *Maria Montessori*

Zwischen Neurose und Normalität scheint nur ein schmaler Grat zu liegen, auf dem wir alle wandeln – egal, ob Chef oder nicht Chef.

Ein Exkurs in die Neurosenlehre soll helfen, die Verhaltensweisen von Vorgesetzten und Führungskräften besser zu verstehen. Was kennzeichnet die Persönlichkeitsentwicklung, und was überhaupt ist eine Neurose?

Der Neurotiker leidet – ganz global beschrieben – »am Leben«,[14] und die Menschen in seiner Umgebung leiden unter ihm und seinen abnormen Verhaltensweisen.

Eine chronische Unzufriedenheit, eine Art seelischer Hunger kennzeichnet den neurotischen Menschen, »ein ununterbrochen drängendes Gefühl, in der Welt zu kurz gekommen zu sein.«[15] Daraus erklärt sich sein Wunsch und Bemühen, dieses Mangelgefühl irgendwie auszugleichen, seine ständige Suche nach Liebe, sein immerwährendes Streben, Ohnmacht in Macht zu verwandeln.

Weitere zentrale Merkmale des Neurotikers sind seine Ambivalenz, ferner sein Geltungsbedürfnis bei gleichzeitigen Minderwertigkeitsgefühlen sowie seine deutlich ausgeprägte Ichbezogenheit, eine von der Umwelt nur schwer zu ertragende »Ichhaftigkeit«.[16]

Eine Neurose ist – so könnte man definieren – eine psychische Störung ohne organische Grundlage, bei der der Betroffene meist eine gewisse Krankheitseinsicht zeigt – im Gegensatz zur Psychose, die der Kranke in seinem Wahn als Realität erlebt und verkennt. Die häufigsten Neurosensymptome sind auf unbewußten intra- und interpsychischen Konflikten basierende diffuse Ängste, auf spezifische Situationen oder Objekte bezogene Phobien, Zwangssymptome und Depressionen.

Fehlen derartige Symptome oder sind sie nur gering ausgeprägt, kann sich die Neurose auch zentral auf die Persönlichkeit auswirken, in Form von charakterlichen Fehlhaltungen mit Krankheitswert, z. B. als neurotische Persönlichkeitsstörung. Typisch für diese ist, daß häufig kein oder nur ein geringer Leidensdruck besteht – um so größer ist aber das Leiden derjenigen, die täglich beruflich oder privat mit einer derartigen Person umgehen müssen.

Die psychoanalytische Neurosenlehre und Persönlichkeitstheorie geht von verschiedenen Entwicklungsstadien des Kindes aus, die mit phasenspezifischen Konflikten einhergehen. Diese beinhalten Krisen und Chancen zugleich. Werden spezielle Kindheitskonflikte nicht adäquat bewältigt, so kann es zu einer Fixierung, das heißt Gebundenheit an bestimmte infantile Erlebnisweisen kommen. Im Erwachsenenleben kann dann in spezifischen Belastungssituationen eine Regression erfolgen, d.h. ein Rückgriff auf typische kindliche Einstellungen und Verhaltensweisen einer oder mehrerer Entwicklungsphasen.

Neurose und neurotische Persönlichkeitsstörung bedeutet so gesehen immer Infantilismus, eine besondere Form des Versagens gegenüber den Reifungsanforderungen des Lebens.

Was mag in der Kindheit von Menschen anders, bisweilen auch schiefgelaufen sein, die den Antrieb verspüren, unbedingt Chef werden zu müssen und andere unter ihrer Neurose leiden lassen?

Der amerikanische Psychoanalytiker Erik H. Erikson knüpft in seinem Entwicklungsmodell des Menschen an die Entdeckung Freuds an, daß die neurotischen Konflikte Erwachsener denen sehr ähnlich sind, die jeder Mensch während seiner Kindheit bewältigen muß, »und daß jeder Erwachsene diese Konflikte in den dunklen Winkeln seiner Persönlichkeit mit sich herumschleppt«.[17]

Hiervon ausgehend hat Erikson für jedes Entwicklungsstadium die zugehörigen kritischen psychologischen Konflikte dargestellt. So gelingt es ihm, eine Beschreibung von Elementen zu geben, wie sie eine gesunde Persönlichkeit idealerweise haben sollte. Ihm war immer wieder aufgefallen, daß diese Elemente bei Neurotikern nur in einem begrenzten, geschädigten Ausmaß zur Verfügung stehen oder bisweilen sogar ganz fehlen.

Die in der folgenden Übersicht[18] dargestellten Phasen bauen aufeinander auf und sind systematisch miteinander verbunden:

| | **Alter** | **Psychosoziale Krise** |
|---|---|---|
| I | Säuglingsalter | Ur-Vertrauen gegen Ur-Mißtrauen |
| II | Kleinkindalter | Autonomie gegen Scham und Zweifel |
| III | Spielalter | Initiative gegen Schuldgefühl |
| IV | Schulalter | Werksinn gegen Minderwertigkeitsgefühl |
| V | Adoleszenz | Identität gegen Identitätsdiffusion |
| VI | Frühes Erwachsenenalter | Intimität gegen Isolierung |
| VII | Erwachsenenalter | Generativität gegen Selbstabsorption |
| VIII | Reifes Erwachsenenalter | Integrität gegen Verzweiflung |

Die einzelnen Entwicklungsphasen werden nachfolgend ausführlicher vorgestellt, weil sie für das Verständnis von Neurose und Normalität von fundamentaler Bedeutung sind. Dabei wollen wir auch jeweils versuchen, die Konsequenzen dieser psychologischen Entwicklungsbedingungen für mögliche neurotische Fehlentwicklungen bei Vorgesetzten und Führungskräften zu skizzieren.

**I Ur-Vertrauen gegen Ur-Mißtrauen**

(Säuglingsalter, etwa 1. Lebensjahr)

Ur-Vertrauen, so Erikson, ist »der Eckstein der gesunden Persönlichkeit«[19] und entsteht durch ein liebevolles Klima im ersten Lebensjahr, der sogenannten oralen Phase (orale Phase: von lat. os = Mund, weil beim Säugling in dieser ersten Lebensphase der Mund das wichtigste Wahrnehmungs- und Kommunikationsorgan ist, der Säugling »lebt und liebt« mit dem Mund, wie Erikson sagt).[20]

Mit Ur-Vertrauen (»basic trust«) meint Erikson ein Gefühl des gelassenen Sich-Verlassen-Dürfens auf die einfühlsame Zuverlässigkeit der Mutter oder einer anderen versorgenden Person. Ur-Vertrauen ist die Grundlage des späteren Identitätsgefühls.

Mißlingt die frühe Mutter-Kind-Beziehung oder kommt es zu einer Trennung, einem plötzlichen, abrupten Verlust der Mutterliebe, kann das ein Ur-Mißtrauen zur Folge haben. Dieses Ur-Mißtrauen manifestiert sich möglicherweise bereits in einer kindlichen Depression und bei Erwachsenen in Rückzugstendenzen, depressiven Persönlichkeitsbildern und süchtigen Fehlhaltungen.

Mit ganz ähnlichen Worten wie Erikson hat der Psychotherapeut Felix Schottländer diese Zusammenhänge in seinem Buch »Die Mutter als Schicksal« zusammengefaßt:

»Der Glaube des Erwachsenen, daß die Welt gut ist, liebevoll, ermutigend, schützend, verlockend zu Tat und Abenteuer, zu Erfolg und Sieg, hängt weitgehend davon ab, wie dem Kind von einst die Persönlichkeit der Mutter erschien: ob sie kraftvoll, natürlich und gütig ins Leben schaute, dem Kind seine Daseinsberechtigung gewährte, sein Eigenleben bejahte, ihm Vertrauen und Zukunftsglauben geschenkt hat. Wer in seiner Kindheit das Glück genossen hat, eine solche Mutter zu besitzen, wird den Schwierigkeiten und Anforderungen, die später an ihn herantreten, ganz anders gewachsen sein als jener andere, der in der Begegnung mit dem ersten Menschen Dunkelheit und Freudlosigkeit antraf. Denn die Mutter lebt als Schutz- und manchmal auch als Quälgeist im Innern des Menschen fort.«[21]

Ein Vorgesetzter, eine Führungspersönlichkeit, die in dieser ersten und entscheidend wichtigen Entwicklungsphase Defizite erlitten hat, zeigt vor allem Symptome wie schwere Kontaktstörung, Mißtrauen, extreme Kränkbarkeit, Unberechenbarkeit sowie die Bereitschaft, andere tyrannisch-narzißtisch abzuqualifizieren und nur sich zum Maßstab aller Dinge zu machen. Weiterhin können die schon erwähnten depressiven und süchtigen Züge mehr oder minder deutlich in Erscheinung treten. Fazit: Frühes Unglück mit potentiell verheerenden Spätfolgen.

**II Autonomie gegen Scham und Zweifel**
(Kleinkindalter, etwa 2. und 3. Lebensjahr)
In dieser zweiten Lebensphase liegt der Hauptakzent auf der Reifung des Muskelsystems des Kindes. Es geht in Zusammenhang mit den Ausscheidungsvorgängen um die besondere Lust-, Macht- und Willensqualität, die durch Aktionen wie »Festhalten/Zurückhalten« und »Loslassen« gekennzeichnet und für die Charakterentwicklung des Menschen von besonderer Bedeutung sind. Dieses Entwicklungsstadium im 2. und 3. Lebensjahr wird deshalb auch »anale Phase« genannt. Das immer noch sehr abhängige Kind beginnt, großen Wert auf seine Autonomie zu legen und mit den ersten »Neins« versucht es, sich in der Durchsetzung seines Willens zu erproben.

Wenn die Eltern das Kind durch eine zu frühe oder strenge Sauberkeitserziehung daran hindern, seine Schließmuskeln und sonstigen Körperfunktionen allmählich und nach eigenem Willen beherrschen zu lernen, wird es in einen Zustand von Rebellion, Niederlage, Selbstbezogenheit und frühreifer, überstrenger Gewissensbildung getrieben.

»Dieses Stadium wird deshalb entscheidend für das Verhältnis zwischen Liebe und Haß, Bereitwilligkeit und Trotz, freier Selbstäußerung und Gedrücktheit. Aus einer Empfindung der Selbstbeherrschung ohne Verlust des Selbstgefühls entsteht ein dauerndes Gefühl von Autonomie und Stolz; aus einer Empfindung muskulären und analen Unvermögens, aus dem Verlust der Selbstkontrolle und dem übermäßigen Eingreifen der Eltern entsteht ein dauerndes Gefühl von Zweifel und Scham. Die Vorbedingung für Autonomie ist ein fest verwurzeltes und überzeugend weitergeführtes Vertrauen«.[22]

Cheftypen mit Defiziten (und damit Fixierungen) in dieser wichtigen Phase sind die alles und jeden zwanghaft Kontrollierenden, die besserwisserischen, aggressiv-autoritären Nörgler. Es sind die Law-and-Order-Typen, die besonders zum eindimensionalen Schwarz-Weiß-Denken neigen. Sie sind weitestgehend unfähig zu delegieren und in ihrem krankhaften Perfektionismus kaum zufriedenzustellen.

Fazit: Im Umgang äußerst schwierige Menschen, die einem als Vorgesetzte das (Arbeits-)Leben zur Hölle machen können.

### III Initiative gegen Schuldgefühle
(Spielalter, etwa 4. und 5. Lebensjahr)

Diese dritte Phase fügt – wenn alles gut geht – zum Urvertrauen und zur Autonomie das Element der Initiative hinzu. Initiative meint vor allem die Fähigkeit zu ungebrochener, zielstrebiger Aktivität, zum Planen und zum An-etwas-Herangehen – als Voraussetzung für jedes Tätigwerden und für jede Annäherung an einen anderen Menschen. In diesem Lebensabschnitt entwickelt das Kind einen regelrechten Initiativedrang, der durch die weiter verbesserte, kraftvollere Bewegungsfähigkeit, durch das vervollkommnete Sprachvermögen und durch die sich erweiternde Vorstellungs- und Phantasiewelt ermöglicht wird.

Dieses Entwicklungsstadium ist auch die Zeit einer fragelustigen geschlechtlichen Neugier, eines wachsenden altersentsprechenden Interesses an den körperlichen und zwischenmenschlichen Aspekten der Sexualität. Es ist aber auch die Zeit einer besonderen, liebevollen Bindung an den gegengeschlechtlichen Elternteil mit den entsprechenden feindseligen und rivalisierenden Impulsen gegenüber dem gleichgeschlechtlichen Elternteil. Daraus entstehen entsprechende Konflikte:

»Denn jene dunklen Ödipus-Wünsche (die sich so naiv in der Zuversicht des Knaben ausdrückten, er werde die Mutter heiraten und sie werde noch stolz auf ihn sein, während das Mädchen träumt, es werde den Vater heiraten und viel besser für ihn sorgen) scheinen infolge der mächtig aufschießenden Phantasie und einer Art Berauschtheit durch den wachsenden Bewegungsdrang zu geheimen Vorstellungen von erschreckenden Ausmaßen zu führen. Die Folge ist ein tiefes Schuldgefühl – ein merkwürdiges Gefühl, da es doch immer nur bedeuten kann, daß der Mensch sich Taten und Verbrechen zuschreibt, die er tatsächlich nicht begangen hat . . .«[23]

Mit dem Einsetzen von Schuldgefühlen beginnt in dieser Zeit auch »die Herrschaft des großen Lenkers der Initiative, nämlich des Gewissens.«[24] Wird das Gewissen des Kindes zu streng, grausam und starr – etwa weil es sich von früh an mit einer Abschnürung all seiner Wünsche und Triebe durch ständige Verbote hat abfinden müssen, kann dies zur Folge haben, daß Schuldgefühle für immer Oberhand über alle Formen von Initiative behalten.

Führungskräfte mit deutlich ausgeprägter ödipaler Fixierung kommen aufgrund ihres ausgeprägten Rivalitäts- und Konkurrenzdenkens auf der Karriere- und Hierarchieleiter meist recht hoch. Sie sind die »Bergsteiger« und müssen schon mal nach unten etwas wegtreten oder sich per Ellenbogen Platz verschaffen. Wir haben es mit den Meistern der Manipulationskunst und der Intrige zu tun, mit einer perfide ausgeformten Variante sozialer Kompetenz. Bisweilen als beinharter Machtmensch, häufiger aber im Sozialkostüm des Wolfes im Schafspelz werden Ziele anvisiert und in der Regel auch von diesem Typus durchgesetzt. Da werden beim Gegenüber Schuldgefühle ausgelöst, oder es wird eine »Wir-sitzen-doch-alle-im-gleichen-Boot-Stimmung« verbreitet, um eigene Vorhaben zu realisieren. Fazit: Vorsicht.

Die jetzt folgenden Phasen aus späteren Altersstufen sind in ihrer prägenden Bedeutung weniger gravierend als die drei ersten Entwicklungsstadien.

### IV Werksinn gegen Minderwertigkeitsgefühl

(Schulalter)

Zwischen Kindheit und Pubertät (etwa zwischen dem sechsten und dem elften Lebensjahr) steht die Schule im Mittelpunkt des Erlebens, mit ihrem Versuch, den Schülern Inhalte und Techniken zu vermitteln, die für die Bewältigung des späteren gemeinschaftlichen, beruflichen und privaten Lebens hilfreich sein sollen. Aber nur allzuoft gilt leider weiterhin das vorwurfsvolle Wort Senecas (um 4 v.Chr. bis 65 n.Chr.): »Non vitae, sed scholae discimus« (nicht für das Leben, sondern für die Schule lernen wir).

Wird die natürliche Lust der Kinder am Arbeiten und Lernen nicht durch eine überstrenge Disziplinierung zerstört, kann sich »Werksinn« entwickeln – ein positives Bewußtsein von der eigenen Arbeits- und Leistungsfähigkeit, das Gefühl, »auch nützlich zu sein, etwas machen zu können und es sogar gut und vollkommen zu machen«.[25]

Die krisenhafte Gefahr dieses Stadiums liegt in der Entwicklung eines Gefühls von Unzulänglichkeit und Minderwertigkeit, daß man niemals und niemandem etwas recht machen kann.

Chef-psychologisch betrachtet haben wir es hier mit Menschen zu tun, die immer etwas unglücklich-gehemmt, leicht gequält wirken, mit ihren eigenen Leistungen unzufrieden sind und denken, sie könnten alles eigentlich viel besser. Sie erleben sich häufig als Pechvogel, nicht dramatisch, aber oftmals doch in dieser Grundstimmung. Fazit: Seltener anzutreffen in der Chefposition, etwas weniger »gefährlich«.

**V Identität gegen Identitätsdiffusion**

(Pubertät/Adoleszenz)

Mit der beginnenden Pubertät ist die Kindheit zu Ende. Diese ist wegen ihrer besonderen Entwicklungs- und Reifungsanforderungen eine »normale« Krisenzeit, in der die bisher gewonnene Stabilität in Frage gestellt wird. Hier ist die schwierige Aufgabe zu bewältigen, die körperliche Geschlechtsreife auch psychisch zu verarbeiten und langsam eine innere und äußere Ablösung von den Eltern einzuleiten.

Dies bedeutet eine Zeit des ständigen und unruhigen Suchens nach einem stabilen Selbstgefühl. Es muß sich aus dem »inneren Kapital«[26] zusammensetzen, das in den vorangegangenen Entwicklungsstufen erworben wurde. Dieses stabile Selbstgefühl ist die Basis der Ich-Identität, ein Gefühl der inneren Einheitlichkeit und Kontinuität. Grundvoraussetzung für eine dauerhafte Ich-Identität bietet dabei ein sicheres Ur-Vertrauen aus der ersten (der oralen) Phase.

Die Gefahr dieses Entwicklungsstadiums stellt die Identitätsdiffusion dar, die Erikson an einem Zitat aus Arthur J. Millers »Tod eines Handlungsreisenden« verdeutlicht: »Ich kann es einfach nicht zu fassen kriegen, Mutter, ich kann das Leben nirgends festhalten.«[27] Identitätsdiffusion kann sich z.B. einstellen, wenn es dem Jugendlichen nicht gelingt, sich für eine berufliche Identität zu entscheiden, was auch durch äußere Faktoren bedingt sein kann – heutzutage vor allem durch die für junge Leute schwierige Ausbildungs- und Arbeitsmarktlage.

Identitätsdiffusion herrscht aber auch, »wenn man im tiefsten Innern noch nicht ganz sicher ist, ob man ein richtiger Mann (eine richtige Frau) ist, ob man jemals einen Zusammenhang in sich finden und liebenswert erscheinen wird, ob man imstande sein wird, seine Triebe zu beherrschen, ob man einmal wirklich weiß, wer man ist, ob man weiß, was man werden will, weiß, wie einen die anderen sehen, ob man jemals verstehen wird, die richtigen Entscheidungen zu treffen ...«[28]

Cheftypen mit einer mangelhaft ausgeprägten Ich-Identität neigen dazu, dieses Defizit durch besonderes Macht- und Imponiergehabe zu kompensieren. Statussymbole spielen für sie eine wichtige Rolle. Was sie ganz dringend brauchen, ist Respekt und noch mehr Verständnis. Dieser James-Dean-Typus, ein ewig Pubertierender auf der Suche nach sich selbst (vielleicht auch deshalb ein Playboy), macht es sich und seiner Umwelt nicht leicht. Wer an seiner brüchigen Fassade kratzt, muß mit massiver Gegenwehr, u. U. mit vernichtender Rache rechnen. Fazit: Cave canem.

Die drei folgenden Phasen des Erwachsenenalters beinhalten zwar ebenfalls spezifische Reifungsanforderungen, enthalten jedoch keine prägenden Verhaltens- und Erlebnisweisen, in die man in psychischen Krisenzeiten zurückfallen könnte.

**VI Intimität gegen Isolierung**

(Frühes Erwachsenenalter)

Die Zeit nach der Pubertät ist besonders durch zwei Ziele geprägt: Die Hoffnung auf eine Realisierung beruflicher Pläne, vor allem aber der Wunsch nach einer stabilen Partnerbeziehung.

Erst ein während der Pubertät gefestigtes Selbst-Vertrauen und der weitere Zugewinn eines Gefühls von Identität schaffen die Voraussetzung für »eine wirkliche Intimität mit dem anderen Geschlecht (wie übrigens auch mit jedem anderen Menschen und sogar mit sich selber).«[29] Bevor man nicht selber eine Einheit ist, gibt es keine wahre Zweiheit.

Erikson weist für diesen Lebensabschnitt auf ein Wort Sigmund Freuds hin:

»Freud wurde einst gefragt, was seiner Meinung nach ein normaler Mensch gut können müsse. Der Frager erwartete vermutlich eine komplexe und ›tiefe‹ Antwort. Aber Freud soll einfach gesagt haben: ›Lieben und arbeiten.‹ Es lohnt sich, über diese einfache Formel nachzudenken; je länger man es tut, um so tiefer wird sie. Denn wenn Freud ›lieben‹ sagte, so meinte er damit ebensosehr das Verströmen von Güte wie die geschlechtliche Liebe; und wenn er sagte ›lieben *und* arbeiten‹, so meinte er damit ein Berufsleben, das den Menschen nicht völlig verschlingt und sein Recht und seine Fähigkeit, auch ein Geschlechtswesen und ein Liebender zu sein, nicht verkümmern läßt.«[30]

Der krisenhafte Gegenpol zu Intimität ist Isolierung, ein Vermeiden von Beziehungen, die zu Intimität führen. Häufig sind es die Defizite der vorausgegangenen Phasen (vor allem das Ur-Mißtrauen), die Ursache für eine gestörte Liebesfähigkeit sind.

Wer diese Reifungsanforderung nicht erfolgreich bewältigt hat, wird als Workoholic-Chef mit seiner Arbeit verheiratet sein. Ein Arbeitstier, das seine verdrängten Wünsche nach Intimität – wenn überhaupt – im Quicky mit der Sekretärin realisiert. Durchaus erfolgreich im Arbeitsleben bleibt alles andere auf der Strecke, vor allem aber die lediglich zu Repräsentationszwecken unterhaltene Fassadenfamilie. Fazit: Schade, daß man nicht alles haben kann. But nobody is perfect.

**VII Generativität gegen Selbstabsorption**
(Erwachsenenalter)
Als siebentes Kriterium seelischer Gesundheit nennt Erikson Generativität, »das Interesse an der Erzeugung und Erziehung der nächsten Generation.«[31] Der Wunsch sexueller Partner, mit vereinter Kraft ein Kind großzuziehen, enthält die Chance, mit der Elternschaft und der Beziehung zum Kind einen weiteren wichtigen Reifungsschritt zu bewältigen. Fehlt diese Bereicherung, kann es zu einem »übermächtigen Gefühl der Stagnation und Persönlichkeitsverarmung« kommen (Selbstabsorption).[32]

Die Tatsache, Mutter oder Vater geworden zu sein, beinhaltet noch nicht die Fähigkeit, diese Rollen auch positiv auszufüllen – denn wie leicht kann Elternschaft mißlingen. »Die Gründe dafür finden sich oft in frühen Kindheitseindrücken; in unheilvollen Identifikationen mit den Eltern; in übermäßiger Eigenliebe, die auf einer zu mühsam erreichten Identität beruht ...«[33]

Hier haben wir es ggf. mit dem väterlichen Cheftypus zu tun, vielleicht streng, aber gerecht, die Firma als »Familie« betrachtend und die Mitarbeiter als »Kinder« adoptierend. Wer das Glück hat, »Lieblingskind« zu sein, findet einen väterlichen Freund, der fördert und unterstützt. Aber nicht immer hat man es mit diesen Elternfiguren leicht (eben wie mit wirklichen Eltern). Widerspruch wird oftmals als renitentes Verhalten interpretiert. Kinder haben zu gehorchen. Lehrjahre sind keine Herrenjahre. Dankbarkeit wird unbedingt erwartet. Fazit: Alles hat seinen Preis.

**VIII Integrität gegen Verzweiflung**

(Reifes Erwachsenenalter)

Integrität ist eine tragfähige Eigenschaft des älter werdenden Menschen, Summe und Frucht der vorausgegangenen sieben Stadien und mosaikartig aus verschiedenen Bausteinen zusammengesetzt. Der Begriff Integrität »bedeutet die Annahme seines einen und einzigen Lebenszyklus und der Menschen, die in ihm notwendig da sein mußten und durch keine anderen ersetzt werden können. Er bedeutet eine neue, andere Liebe zu den Eltern, frei von dem Wunsch, sie möchten anders gewesen sein als sie waren, und die Bejahung der Tatsache, daß man für das eigene Leben allein verantwortlich ist ...«[34]

Fehlende Integrität ist die Summe der negativen, krisenhaften Polaritäten der vorangegangenen Stadien und äußert sich in Verzweiflung, Ekel und Lebensüberdruß.

Der alternde Chef kann nicht loslassen, der Lotse will nicht von Bord. Seine Stimmung ist gereizt. Vorwurfsvoll prangert er eine vermeintliche Undankbarkeit an. Designierte Nachfolger werden in letzter Minute wegen vermeintlicher Unfähigkeit in die Wüste geschickt. Fazit: Nicht nur aller Anfang, sondern auch das Ende ist schwer.

Noch einmal zusammengefaßt:

Die Neurose ist das Medium, durch das erlittenes seelisches Leid von einer Generation zur anderen weitergegeben wird. Sie signalisiert leidvolle Erfahrungen aus der Kindheit, die nie verarbeitet werden konnten und deshalb auf der aktuellen Bühne des Lebens neu inszeniert und wiederholt werden.

Die aktuellen Beziehungspersonen sind nicht wirklich persönlich gemeint, sondern nur unfreiwillige Darsteller in einem Spiel, in dem sie nicht die Regie führen. Sie sind in der *Übertragung* kindlicher Gefühle und Einstellungen jetzt lediglich die Stellvertreter für die primären Objekte (Eltern und gegebenenfalls Geschwister).

In der Neurose wird Gleiches mit Gleichem vergolten, macht man anderen das Leben heute so schwer, wie es einem früher als Kind schwergemacht wurde.

Wichtige Charakteristika neurotischer Persönlichkeiten sind:

- Ich-Haftigkeit;
- damit: mangelndes Einfühlungsvermögen;
- mangelnde Fähigkeit zur reflektierenden Introspektivität;
- Verlust an lebendig-konstruktiver seelischer Energie (Ich-Einschränkung);
- Selbstbestrafungstendenzen;
- partieller Realitätsverlust;
- Ambivalenz (Gleichzeitigkeit widersprüchlicher Valenzen, vor allem Liebe/Haß, Abhängigkeits-/Unabhängigkeitswünsche);
- Dominanz des Infantilen (Realisierung aggressiver und sexueller Impulse auf einem infantilen Entwicklungsniveau; Regression zu früheren Entwicklungsstufen);
- das ständige Wiederholen und Reinszenieren von unbewußten Konflikten aus der Kindheit (interpsychisch in der Übertragung);
- die mangelnde Fähigkeit zu befriedigenden zwischenmenschlichen Beziehungen;

- die Negierung der Freiheit und Autonomie des anderen (den man über den Weg der Passiv-Aktiv-Umkehrung für selbst Erlittenes leiden läßt).

Bleibt immer noch zu klären, wie und warum jemand Chef wird.

# Flucht nach oben

## Eins rauf mit Macke: Wie und warum einer Chef werden will und schließlich auch wird

Es ist kein Herr,
der nicht von einem Knecht abstammt.
*Deutsches Sprichwort*

Der renommierte Psychoanalytiker Horst Eberhard Richter beschreibt als zentrales Motiv des Strebens nach einer Vorgesetzten- oder Chefrolle die uneingestandene Angst, sich in einer Gruppe von gleichrangigen KollegInnen nicht behaupten zu können und »untergebuttert« zu werden.

Karrieristen, so Richter, »leiden unter maßlos gesteigerten Befürchtungen, gedemütigt und kleingemacht zu werden. Nur wenn sie eine Gruppe von oben kontrollieren können, fühlen sie sich einigermaßen sicher, daß sie von den anderen nicht kaputtgemacht werden.«[35]

Gute Aussichten, eine Führungsposition zu erobern, haben also insbesondere diejenigen von uns, die mehr Ängste als andere verspüren, wenn es darum geht, in einer Gruppe lediglich einer von mehreren zu sein – ohne besondere Privilegien oder verwöhnende Beschützung zu genießen. »Ihre angstbedingte Unfähigkeit zu einem solidarischen Verhalten läßt sie den Weg nach oben suchen und finden, wo es ihnen letztlich nur um die Machtmittel geht, sich die Mitmenschen vom Leibe zu halten, von denen sie sich auf gleicher Ebene zu sehr bedroht fühlen.«[36]

Ergänzend möchten wir zwei weitere Aspekte hinzufügen:

Von biographisch bedeutsamen Hintergrund dürfte für Karrieristen die Kindheitserfahrung gewesen sein, sich in der Familiengruppe nicht ausreichend geborgen und beschützt gefühlt zu haben, sondern vielmehr den anderen Familienmitgliedern heillos unterlegen. Dieses prägende, angstbesetzte Erleben wird in späteren Gruppensituationen – z.B. am Arbeitsplatz – schmerzlich wiederholt, so daß die Flucht nach oben in eine Vorgesetztenposition der einzige Weg aus dem Dilemma des erneuten Gefühls von Ungeborgenheit, Ohnmacht und Angst in einer Gruppe erscheint.

Gleichzeitig bietet der Aufstieg die Chance, die in der Kindheit entstandene Identifizierung mit einem Elternteil – später mit einem Lehrer oder einer anderen Autoritätsperson – im Erwachsenenalter in der Rolle eines Vorgesetzen einer Gruppe ungehemmt auszuleben. »Das Mündel will Vormund sein« nennt Peter Handke diesen Identifizierungsvorgang.

Kinder spielen »Vater – Mutter – Kind«, wobei die Besetzung der Kindrolle naturgemäß immer die größten Schwierigkeiten macht. Freud brachte es auf die kurze Formel, daß der größte Wunsch eines jeden Kindes darin bestehe, groß und erwachsen zu werden (»Wenn ich einmal groß bin, dann . . .«). So gesehen wäre also der Aufstieg zum Chef die nachträgliche Erfüllung eines in der Kindheit entstandenen und erst jetzt zu realisierenden Wunsches nach Macht, Einfluß und Bedeutung.

Aber auch der von Anna Freud beschriebene Mechanismus der »Identifizierung mit dem Aggressor« hat Anteil an diesem Prozeß. Die in der Kindheit von seiten eines Elternteils gegen die eigene, schwache und ungeschützte Person gerichtete Aggression (etwa in Form von Lieblosigkeit) wird später über den schon beschriebenen Weg der Passiv-Aktiv-Umkehrung – z.B. in der Rolle eines aggressiv-autoritären Chefs – in gleicher Münze gegen eine Gruppe von abhängigen Mitarbeitern rächend zurückgezahlt.

Nicht selten kann man Kollegen beobachten, die sich über das autoritäre Verhalten ihrer Chefs vehement beklagen, aber genau das gleiche Verhalten an den Tag legen, sobald sie selbst in eine Vorgesetztenrolle aufgestiegen sind. Die Erklärung für dieses Phänomen liegt in den gerade beschriebenen unbewußt ablaufenden Prozessen.

Formelhaft verkürzt: Unangenehme Chefs waren ungeliebte Kinder.

Der neurotische Wiederholungszwang, das Reinszenieren des

Schicksals, ist jedoch mit dem Erreichen der Chefrolle, dem Erklimmen des Machtgipfels nicht beendet: Je höher einer kommt, desto dünner und eisiger wird die Luft. Die vielbeklagte Einsamkeit der Führungskraft spiegelt die einstige Einsamkeit des *ungeliebten* Kindes wider. Und klar, daß einer, der sich nach oben geboxt hat und nun andere von oben herab dominiert und tyrannisiert, *unbeliebt* ist. Mit den Worten von Max Frisch: »Wenn man einmal mächtig ist, gewinnt man keine Freunde mehr.«

## Begünstigung durch die Institution

Das skizzierte, durch den biographischen Hintergrund zu verstehende Karrierestreben des neurotischen Flüchtlings nach oben wird – so betont Richter – oftmals durch institutionelle Rahmenbedingungen begünstigt.

Wer den Mächtigen einer Organisation vermitteln kann, daß er aus ähnlichem, wenn nicht sogar gleichem Holz geschnitzt ist wie sie, darf auf Beförderung hoffen.

Zwei Charaktere kommen bevorzugt für die Besetzung von Vorgesetztenrollen in Frage:

- sehr dynamische, aktive Menschen, die über nur sehr gering ausgeprägte Fähigkeiten zur Selbstreflexion verfügen

und/oder

- sehr sachorientierte, arbeitsame, organisationsbezogene Personen, die wenig Zugang zu ihren eigenen Gefühlen und denen ihrer Mitmenschen haben.[37]

Wer weniger durch Sachkompetenz als durch geschickte Manipulationstechnik vorankommt, gewinnt immer mehr an Verantwortung und Entscheidungsbefugnis, hat einen stetigen Zuwachs an Macht und Einfluß.

Da aber die Sachkompetenz eines solchen Aufsteigers nie mit seiner »Machtkompetenz« Schritt halten kann, ist bald die Stufe erreicht, wo er als Vorgesetzter über Dinge zu entscheiden hat, von denen er eigentlich immer weniger versteht. In der Konsequenz muß er die ihm unterstellten, aber fachlich überlegenen Mitarbeiter mittels manipulativer Techniken in Schach halten, um seine fachliche Inkompetenz zu verdecken.

Der amerikanische Sozialwissenschaftler Laurence J. Peter brachte es auf die kurze und griffige Formel, daß Leute solange befördert werden, bis sie die Ebene ihrer persönlichen Inkompetenz voll erreicht haben: »Für jedes Individuum bedeutet die allerletzte Beförderung den Wechsel von der Stufe der Fähigkeit zu einer Stufe der Unfähigkeit. ... Nach einer gewissen Zeit wird jede Position von einem Mitarbeiter besetzt, der unfähig ist, seine Aufgaben zu erfüllen.«[38] Auf den Punkt gebracht: »In jeder Hierarchie steigt die Schlagsahne solange hoch, bis sie sauer wird.«[39]

Aufgrund seiner fachlichen Unsicherheit wird der Flucht-nach-oben-Typus als Vorgesetzter dazu neigen, den Entfaltungs- und Entscheidungsspielraum seiner Mitarbeiter extrem einzuengen. Ohne sein Wissen darf nichts geschehen, er muß stets über alles und jedes informiert werden, hält aber seinerseits arbeitsrelevante Informationen aus der ihm übergeordneten Chefetage weitestgehend zurück. Wissen ist eben Macht.

Sind die entscheidenden Führungspostionen innerhalb einer Hierarchie mit Personen besetzt, die sich nach diesem Muster weniger durch Sach- als durch »Machtkompetenz« auszeichnen, stabilisiert sich der Führungskader durch Gesinnungskooptation. Nach dem Prinzip »gleich und gleich gesellt sich gern« werden dann solche Charaktere in immer höhere Führungspositionen befördert, die dafür Gewähr bieten, den gängigen Stil aufrechtzuerhalten, bei minimaler Sachkompetenz von oben leicht manipulierbar zu sein und nach unten gut manipulieren zu können.

Noch einmal Horst-Eberhard Richter: »Wer selber mehr entscheiden muß, als er eigentlich übersehen kann und durch manipulatives Taktieren seine dominante Rolle zu verteidigen versucht, wird stets die Karriere von – freilich möglichst schwächer erscheinenden – Kopien seiner selbst fördern. So kommt dann eine Personalstruktur zustande, die bewirkt, daß keine starken Impulse von der Basis her einströmen können und daß ein generelles defensives Taktieren überall Isolation verstärkt, Spontaneität unterdrückt und die Korruption in der Beziehung zwischen den Menschen und Gruppen fördert.«[40]

Mit anderen Worten und dabei sehr plakativ: Mächtige Hohlköpfe gebären Hohlköpfe, um die eigene Hohlköpfigkeit zu schützen und ihre Machtposition abzusichern.

# Macht macht krank

## Zur Psychopathologie eines Motivs

Aber schwer ist es, den Geist eines Sterblichen oder sein Herz kennenzulernen, solange er nicht als Herrscher erprobt wurde. Die Macht erst offenbart den Menschen.
*Sophokles,* Antigone

»Die Liebe zur Macht ist der Dämon der Menschen«, schreibt Machtexperte Friedrich Nietzsche 1881 und diagnostiziert: Auch wenn man den Menschen alles gäbe – Gesundheit, Nahrung, Wohnung und Unterhaltung – sie sind und bleiben unglücklich, denn der Dämon Macht wartet und wartet und will befriedigt werden. Nimmt man ihnen alles und befriedigt nur den Dämon, so sind die Menschen beinahe glücklich, so glücklich wie eben Menschen und Dämonen sein können – lautet Nietzsches Fazit.[41]

Von der »Liebe zur Macht« sprach auch Theo Waigel, als es darum ging, die Wahlleute der Union auf den Kandidaten Roman Herzog für das Amt des Bundespräsidenten einzuschwören.[42]

»Macht« – nach heutigem Empfinden ein Wort mit eher schlechtem »Beigeschmack« – stammt etymologisch gesehen nicht etwa von »machen« ab, sondern vom altgermanischen Wort »mögen«. In seiner Bedeutung geht es also um können, vermögen. Hier wird die Möglichkeit, die Potenz oder das Können, etwas in Bewegung zu setzen, angesprochen, und nicht nur Freudianern kommen ganz einschlägige Assoziationen.

Führungskräfte sprechen ungern von ihrer »Macht« und verwenden lieber das beschönigende Wort »Einfluß«. Als es dem damaligen Deutsche-Bank-Chef Alfred Herrhausen 1987 gelungen war, die Ablösung Werner Breitschwerdts und die Einsetzung Edzard Reuters als Vorstandssprecher bei Daimler Benz durchzusetzen, legte Herrhausen Wert auf die Feststellung, »daß hier nicht Macht praktiziert wurde«, sondern »nur Verantwortung«.[43]

In einem Interview mit der renommierten ZEIT-Journalistin Nina

Grunenberg klagte Alfred Herrhausen über sein nach seiner Meinung verzerrtes Bild in der Öffentlichkeit: »Ich werde als machtgierig, unermeßlich ehrgeizig, als kalt und arrogant beschrieben. Daß ein Mann wie ich nicht machtbesessen ist, ist offenbar nicht denkbar. Allenfalls möchte ich die Möglichkeit haben, zu gestalten, und dazu braucht man natürlich ein gewisses Maß an Einfluß. Sonst geht das nicht. Mein Motiv ist das Bemühen, einen optimalen Sachbeitrag zu leisten.«[44]

Von Herrhausen stammt auch der Ausspruch: »Führung muß man auch wollen.«[45] Und so steht der Begriff Macht in engem Bezug zu »Führung, bei dem die ›Bewegungswirkung‹ ... ein entscheidendes Definitionsmerkmal ist. Ob man Führung mit Rang (Status, Hierarchie), Zentralität (Mitte, Bezugspunkt), Initiative (Energetisierung, Motivation), Verursachung (Kausalität, Urheberschaft), Lenkung (Zielvorgabe, Steuerung, Kontrolle) etc. assoziiert ..., immer geht es um Einfluß oder die Möglichkeit (Macht) dazu.«[46]

## Machtquellen und Hackordnungen

Macht – so definiert der Soziologe Max Weber – ist die Möglichkeit, innerhalb einer sozialen Beziehung den eigenen Willen auch gegen den Widerstand anderer durchzusetzen. Das Widerstandsverhalten der von der Machtausübung Betroffenen kann zur Anwendung von Gewalt führen. Die Unterworfenen reagieren mit Gegengewalt und so entscheidet oftmals die »Macht des Stärkeren«, viel seltener leider die des »Klügeren«.

Macht gründet sich u.a. auf folgende Quellen:[47]

- Einsatz von Belohnungen
  (z.B. in Form von Lob, Geld, Positionsvergabe etc.);
- Einsatz von Bestrafung oder Zwang
  (z.B. Versetzung, Lohnabzug, Kündigung etc.);
- Legitimität
  (d.h. Machtausübung »kraft Amtes«, im Namen und Auftrag einer Institution);
- Expertentum
  (Informationsvorsprung verschafft Macht);
- Emotionale Beziehungen
  (wer durch entsprechendes Charisma besticht, dem wird gefolgt);

– Umwelt-Kontrolle
(z.B. durch Besitzverhältnisse).

Nach Karl Marx basieren alle Erscheinungsformen von Macht letztlich auf den ökonomischen (Macht-) Verhältnissen (kurzum: wer das Geld hat, hat die Macht).

Die Verhaltensforschung versucht mittels Tierexperimenten nachzuweisen, daß das Erlangen von Macht über andere Lebewesen ein grundlegendes Motiv, ein elementarer Antrieb in den sozialen Beziehungen ist.

Ob es um die Hackordnung auf dem Hühnerhof geht, die Führung des Wolfsrudels beim Jagen der Beute oder die Rangfolge innerhalb einer Schimpansengruppe – alles dreht sich um Macht und Herrschaft, Unterordnung und Unterwerfung.

Schimpansenmännchen verbünden sich z.B. beim Rangstreit geschickt mit anderen und setzen Gruppenmitglieder quasi als Helfer und Unterstützer ein. Sind die Rangpositionen ausgefochten und verteilt, tritt das ranghöchste Tier nicht unbedingt als Tyrann auf. Zwar zeigt es beim Zusammentreffen mit anderen Gruppenmitgliedern oft ein eindrucksvolles Imponiergehabe, schützt aber auch rangniedrige Tiere gegen Übergriffe durch andere und verhält sich im Prinzip gegenüber seinen Artgenossen eher freundlich. Dabei gilt die Versöhnungsbereitschaft der Schimpansen als ein wichtiges Kennzeichen ihres Sozialverhaltens: Nach einem Streit bemühen sich die Kontrahenten um die Wiederherstellung freundlicher Beziehungen zueinander. Ranghohe Affen stehen deutlich häufiger im Blickpunkt der Aufmerksamkeit der anderen Gruppenmitglieder.

Und auch beim Menschen stellt das »Ansehen«, das eine Person genießt, einen wichtigen sozialen Faktor dar, der Macht signalisiert. Ein zentrales Motiv jeder sozialen Interaktion ist die Wahrung oder Verbesserung des eigenen »Ansehens« (neudeutsch: Image), und nichts wird mehr gefürchtet als ein »Gesichtsverlust«.[48]

Grundlage für Macht kann physische oder psychische Überlegenheit sein, Wissensvorsprung, bessere Organisationsfähigkeit und damit höhere Effizienz. Wissen ist eben auch Macht.

Angst, Abhängigkeit und die Übertragung ursprünglich den Eltern geltender kindlicher Autoritätsgläubigkeit und Abhängigkeitswünsche auf seiten der Unterworfenen fördert die Macht der Mächtigen.

## Leit- und Leidfaktor Macht

Das Streben nach Prestige, Status, Anerkennung und Wertschätzung – letztlich nach Macht – ist für viele Menschen ein zentrales, wenn auch selten offen eingestandenes Motiv in ihrem Arbeitsleben. Die Arbeitswelt ist dafür ein idealer Austragungsort. Durch das Leistungs-Belohnungssystem, durch Hierarchien, die es zu erklimmen gilt, und durch kindliche Übertragungsmuster der Mitarbeiter werden neurotische Machtgelüste zusätzlich ausgelöst und angeheizt.

So hat dann auch das Leiden am Arbeitsplatz häufig etwas mit dem ohnmächtigen Gefühl zu tun, zum Objekt und Opfer einer als irrational erlebten Machtausübung zu werden. Imponiergehabe und Machtgebaren von Vorgesetzten und/oder Kollegen sind oft Ausgangspunkt für den Krieg am Arbeitsplatz.

Zum häufig eingesetzten Machtrepertoire von Chefs und Vorgesetzten gehören u.a. Verhaltensweisen wie:

- angebliches Fachwissen und Überlegenheit demonstrieren,
- an gemeinsame Ziele, Werte, Ideale appellieren,
- Lob und Tadel verteilen,
- Versprechungen machen,
- unter Druck setzen, einschüchtern, drohen, erpressen,
- vor vollendete Tatsachen stellen,
- mit dem angeblichen »Sachzwang« operieren,
- emotionalisieren, dramatisieren,
- sozialen Druck aktivieren,
- isolieren,
- dogmatisieren und indoktrinieren,
- manipulieren – kontrollieren,
- Scheinmitbestimmung, Pseudodemokratie gewähren,
- Schmeichelei, Heuchelei gezielt einsetzen,
- Irreführung, Täuschung, Desinformation praktizieren,
- willkürliche Entscheidungen und Anordnungen treffen,
- auf Lüge und Betrug bauen,
- Bündnisse schließen, Absprachen treffen, intrigieren.[49]

Die negativen Auswirkungen derartiger autoritärer Machtausübung im Unternehmen hat Gordon prägnant beschrieben:[50]

- Einschränkung der nach oben gerichteten Kommunikation,
- Speichelleckerei und andere liebedienerische Reaktionen,
- schädliche Konkurrenz und Rivalität unter den Mitarbeitern,
- Unterwürfigkeit und Konformismus,
- Auflehnung und Trotz,
- Suche nach Verbündeten und Koalitionen,
- Rückzug und Flucht.

Die nachteiligen Wirkungen der Machtausübung auf den Vorgesetzten selbst belegt er mit folgenden Kostenfaktoren:

- Macht kostet Zeit.
- Macht kostet Durchsetzung.
- Macht kostet Entfremdung.
- Macht kostet Streß.
- Macht kostet Einfluß.

## Droge Macht: Entwicklung des Machtmotivs

Das Streben nach Macht wird für manche Menschen zu einem alles beherrschenden Lebensziel, zu einer Art Droge, die wie alle Suchtmittel von tieferliegenden seelischen Problemen ablenken soll.

Der amerikanische Sozialpsychologe Kipnis spricht blumig von einer Metamorphose, die der Machtausübende durchläuft. In verschiedenen Experimenten konnte er nachweisen, daß die Ausübung von Macht ganz typische Persönlichkeits- und Verhaltensänderungen bewirkt. Neben einer suchtartigen Tendenz nach weiterer Machtvermehrung wird die Bedeutung der von der Machtausübung Betroffenen ab-, die eigene dagegen aufgewertet.

Ursprung und erste Erfahrungen mit aktivem Machtgefühl und passivem Machterleben liegen in der Kindheit, in der wechselseitigen Interaktion zwischen Eltern und Kindern.

Die Macht der Eltern über das Kind ist wegen dessen Abhängigkeit, Schwäche und Hilflosigkeit nahezu unbegrenzt und kann von liebevoller Fürsorge bis hin zur Kindesmißhandlung reichen. Das weinende oder schreiende, sich trotzig widersetzende Kind ist aber auch seinerseits in der Lage, seine Eltern zu tyrannisieren und manipulativ Macht auszuüben.

Eine differenzierte Darstellung der Entstehung des Machtmotivs in den einzelnen Entwicklungsphasen des Kindes hat der amerikanische Sozialpsychologe McClelland in Anlehnung an die psychoanalytische Entwicklungspsychologie und Phasenlehre vorgelegt – insbesondere unter Berücksichtigung der Konsequenzen für den Umgang mit Macht als Erwachsener.

In der ersten, der **oralen Phase** erlebt der Säugling ein Gefühl der Stärke und des machtvollen Wohlbefindens durch die Nahrungszufuhr und -aufnahme, durch das Gestilltwerden. Es erfolgt in der Regel auch dann, wenn er »mächtig-ohnmächtig« schreit, entsprechend deutliche Signale sendet. »Er empfängt die Stärke von anderen und verleibt sie sich ein.«[51]

Aufgrund von Identifizierungsprozessen und durch die noch nicht erfolgte Differenzierung von Ich und Nicht-Ich fühlt der Säugling sich mächtig, »gestärkt«. Im Erwachsenenleben spiegelt sich diese frühe Erfahrung im Gefühl, vom Ehepartner, von Freunden, von wichtigen, bewunderten Personen, wie z.B. dem Vorgesetzten oder einem politischen Idol, Kraft, Stärke und Wichtigkeit zu bekommen. »Sie möchten diese Menschen um sich haben, um durch sie Macht zu beziehen, um von ihnen inspiriert zu werden. ... Sie sind mit Vorliebe Gefolgsleute, weil sie sich im Umkreis einer starken Person selber stark und mächtig fühlen.«[52]

Die Nähe zu einer mächtigen Person verleiht einem selbst eine tendenzielle Macht, bei gleichzeitigem Eingehen einer gewissen Form von Abhängigkeit. Wiederzufinden ist dies z.B. bei einer Chef-Sekretärin, die »ganz« für ihren Boss da ist und selber (karikiert als »Vorzimmerdrachen«) Macht hat und ausübt, weil sie über den telefonischen oder persönlichen Zutritt zu ihrem Chef bestimmt.

Aber auch ein junger Assistent des Vorstands fühlt sich in seiner dienenden Rolle durch die Nähe zu einem wichtigen Personenkreis aufgewertet, an dessen Macht er früher oder später direkt zu partizipieren hofft.

Bei schwerwiegenden Störungen in der oralen Phase kann es beim Erwachsenen zu Alkoholabhängigkeit oder anderen süchtigen Fehlhaltungen kommen. Die Droge soll dann das Machtgefühl verschaffen, das durch Menschen aus der Umgebung wegen der unstillbaren oralen Gier nicht »zugeführt« werden kann.

In der zweiten, der **analen Phase**, lernt das Kind, Macht auszuüben, indem es sich trotzig verweigert, z.B. bei der Nahrungsaufnahme den Kopf wegdreht oder bei der Sauberkeitserziehung nicht »mitspielt«. Gleichzeitig verleiht das wachsende Gefühl der Selbst-Beherrschung und (Selbst-)Kontrolle (u.a. über die Ausscheidungsvorgänge) dem Kind ein Gefühl der Macht.

Eine symbolische Erweiterung dieses Machtgefühls kann beim Erwachsenen darin bestehen, daß er Geld und Besitz anhäuft und dies als Teil seines Selbst ansieht. Das liebevoll gepflegte Luxusauto, die Münzsammlung, die Anhäufung verschiedener Kreditkarten steigert die eigene Bedeutung und damit das Machtgefühl. »Man sammelt Prestigebesitz oder diszipliniert sich selbst, um *sich stark zu fühlen*«.[53]

Das Vergnügen am Ausüben analer Kontrolle zeigt sich dementsprechend in Aktivitäten der Körperertüchtigung (neudeutsch: »Fitneßcenter mit Solarium«) oder des Golfspielens (»die Beherrschung des Einlochens«), kann sich aber auch in Yoga, autogenem Training, Diäthalten und anderen Formen der Körperselbstkontrolle dokumentieren.

Eine gute Legitimation für das Bedürfnis nach Selbst- und Fremdkontrolle bietet u.a. der Beruf des Psychologen. Wer besser versteht, wie die Psyche des Menschen funktioniert, kann sich selber besser kontrollieren, meint der Machtforscher McClelland.

Die pathologische Erscheinungsform der **analen Phase** ist die Zwangsneurose, in der der Betroffene versucht, das eigene Denken, Fühlen und Handeln bis zum Exzeß zu kontrollieren. Ein Mensch mit einer zwanghaften Persönlichkeitsstörung wird vor allem versuchen, seine Mitmenschen mißtrauisch in einer extremen Weise zu kontrollieren.

Nachdem das Kind gelernt hat, sich selbst zu kontrollieren und zu behaupten, entwickelt es in der dritten, der **phallisch-ödipalen Phase** subtile Techniken, andere zu beeinflussen, zu manipulieren: »Es lernt, das Verhalten anderer dadurch zu kontrollieren, daß es sie überredet, mit ihnen verhandelt und taktiert. Diese Verhaltensweise ist das Machtziel, das viele ... Forscher als einziges gelten lassen. Es gibt jedoch keinen zwingenden Grund, es anderen vorzuziehen. Bei Menschen, die auf diese Verhaltensweise fixiert sind, spricht man von Konkurrenzhaltung. Sie sind immer auf dem Sprung, andere Menschen auszuspielen, auszumanövrieren und zu besiegen – beim Sport, bei der Arbeit, im Gespräch und selbst in ganz normalen sozialen Beziehungen.«[54]

Im späteren Erwachsenenleben finden wir noch eine ausgeprägte Variante der Machtausübung, die auf den ersten Blick nicht als solche erkenntlich ist: Die Hilfeleistung, die zunächst als das völlige Gegenteil von Verhaltensweisen erscheint, wie z.B. andere auszumanövrieren und konkurrierend zu besiegen.

Wer aber als Empfänger Hilfe entgegennimmt, ist in einer schwächeren Position als die Person, die Hilfe gewähren kann. In diesem Hilfegewähren wird ebenfalls das Machtstreben befriedigt, ermöglicht es doch in subtiler und gesellschaftlich anerkannter Weise, auf andere Einfluß zu nehmen.

Ärzte und Krankenpflegepersonal, Sozialarbeiter und Psychotherapeuten – alle sog. helfenden Berufe sind im Grunde genommen ebenfalls machtausübende Berufe. Macht und Kontrolle und die hier zugrundeliegende Aggression wird in das Gegenteil, in Helfen verwandelt und auf diese Weise kunstvoll maskiert.

Nach dem Motto »Wissen ist Macht« herrscht bei den Wissens- und Informationsvermittlungsberufen wie Lehrer und Journalist, bei allen Experten und ganz besonders bei Politikern ein deutliches, meist aber verleugnetes Machtbedürfnis.

Die pathologischen Formen des Machtstrebens manifestieren sich in tyrannischem Verhalten jeder Art, bis hin zu Kriminalität und dem Einsatz von physischer Gewalt.

In der vierten, der **reifen (genitalen) Phase** wird das Machtstreben rationalisiert und legitimiert, indem man behauptet, lediglich im Dienste einer höheren Autorität, wie z.B. Kirche, Staat oder Unternehmen zu handeln.

»Nicht mein, sondern dein Wille geschehe« – ist hier das Motto:

»Große religiöse und politische Führer von Jesus Christus bis zu Abraham Lincoln und Malcolm X hatten das Empfinden, daß sie Instrumente einer höheren Macht sind, die über sie hinausreiche. Ihr Ziel war es, auf andere im Dienste dieser höheren Autorität einzuwirken. Auf einer säkularen Ebene haben Manager großer Unternehmen, die gewöhnlich über ein hohes Machtmotiv verfügen, ein ähnliches Empfinden: Sie handeln gewöhnlich im Dienste des Kollektivs. Sie sagen: »Dies mag mir oder dir als Individuum nicht nützen, aber es nützt dem Unternehmen.«[55]

Den individualpsychologischen Hintergrund dieses Geschehens sah Freud in der familiären Auseinandersetzung um die Macht, bei der der kleine Junge zum Abschluß der ödipalen Phase erkennt, daß er seinen Vater im Kampf um die Liebe der Mutter niemals besiegen kann und sich schließlich mit dem als Aggressor erlebten Vater identifiziert. Dieser Versuch, sich das Bild des Vaters einzuverleiben und ihm zu gleichen, nährt das Gefühl der Macht aus dem Versuch, ihm immer ähnlicher zu werden.

Die pathologische Form dieses Stadiums äußert sich im kollektiven Machtwahn, bei dem die eigene religiöse oder politische Ideologie anderen aufgezwungen werden soll – ggf. auch mittels Gewalt wie Unterdrückung und Krieg. Im Dienste einer Ideologie ist man schnell bereit, über Leichen zu gehen.

## Macht als Kompensation

Als Hintergrund für das Streben nach Macht sah der Freudschüler Alfred Adler das Gefühl von Minderwertigkeit – die Grundsituation eines jeden Kindes. Schon wegen seiner Kleinheit und Schwäche muß sich das Kind im Vergleich zu seiner erwachsenen Umwelt als ohnmächtig erleben. Die psycho-physische Entwicklung stellt den Versuch dar, dieses Minderwertigkeits- und Unterlegenheitsgefühl zu überwinden.

Bei einer neurotischen Entwicklung droht die Gefahr, daß das Minderwertigkeitsgefühl vertieft wird und es zu einer kompensatorischen Gegenwehr, zum Streben nach Macht kommt. Nach Adler gilt:

Je größer der Minderwertigkeitskomplex, desto stärker der Wille zur Macht. In der Konsequenz: Berufswahl Politiker, Manager, Bischof oder Oberst ...

Überhöhte Ansprüche an die eigene Person, Größen- und Allmachtsphantasien – alles Kennzeichen der narzißtischen Persönlichkeitsstörung und Überkompensation von tiefen Selbstwertzweifeln – führen häufig zu einem ausgeprägten Macht- und Leistungsstreben (zur narzißtischen Persönlichkeitsstörung siehe ausführlicher S. 78).

Da das tiefliegende Gefühl von Minderwertigkeit, Unzulänglichkeit und Unzufriedenheit auch durch die Droge Macht nur kurzzeitig betäubt werden kann, entsteht der zwanghafte Wunsch nach Erhöhung der Dosis, entsteht ein immer stärkeres Machtstreben.

In der Familie entscheidet sich aufgrund der dort herrschenden sozialen und pädagogischen Bedingungen für das Kind, ob es zukünftig zu den Mächtigen oder Ohnmächtigen gehört. Hier werden die Weichen für künftige Gewinner- oder Verliererrollen gestellt, ob man gehemmt oder hemdsärmelig durch die Welt läuft und wie überhaupt das Weltbild aussieht.

Hat ein Mensch ein sicheres Gefühl dafür, wer er ist und was er in seinem Leben verwirklichen möchte, verfügt er in der Regel über ein stabiles, gut entwickeltes Selbstwertgefühl.

Gelingt es in der Kindheit nicht, dieses stabile Selbstwertgefühl, eine sichere Ich-Identität aufzubauen, kann später im Erwachsenen- und Berufsleben versucht werden, Identität durch Macht zu ersetzen. Diese Bemühung ist aber früher oder später zum Scheitern verurteilt.

Machtstreben kann also auch als Versuch angesehen werden, eine als Kind massiv erlebte und schwer erlittene Fremdbestimmung im späteren Berufsleben abzuschütteln, indem man nun seinerseits über andere Menschen triumphierend bestimmt (Passiv-Aktiv-Umkehrung).

Wer sich klein und minderwertig fühlt, muß mächtig werden. Das Bonsai-Syndrom.

## Machtfaktor Aggression

Statt einer Humanisierung der politschen und wirtschaftlichen Kultur erleben wir mitten in den 90ern eine Zunahme von Gewalt auf allen Ebenen, die Horst-Eberhard Richter in seinem Buch »Wer nicht leiden will, muß hassen« so deutet:

»Soziale Unverantwortlichkeit entdecken wir zur Zeit in allen sozialen Schichten. Wir entlarven die Korruption in den Führungsschichten von Politik und Wirtschaft. Wo immer sich Macht angehäuft hat, mißtrauen wir, ob sie nicht mißbraucht wird. Und oft hat unser Mißtrauen recht. Die sozial Schwächeren, einst eine Zielgruppe sozialer Reformen, sehen sich in einem frostigen Ellenbogenklima von zunehmender Desintegration bedroht. Immer mehr Druck wird von oben nach unten weitergegeben – und ganz unten entflammt dann die Gewalttätigkeit, die sich in höheren Etagen mit sublimeren Methoden Luft machen kann, als rohe Barbarei. Die Schwachen reagieren sich an den Allerschwächsten ab.«[56]

Kein Konflikt, in dem es nicht um Macht geht, in dem nicht auch Aggression als Machtmittel gezielt eingesetzt wird. Egal ob unter Familienmitgliedern, zwischen Ehepartnern, Arbeitskollegen oder in der klassischen Chef-Mitarbeiter-Beziehung: Von zentraler Bedeutung ist, wer die Macht hat, wie diese ausgeübt wird und wie man die Abhängigkeit spürt. Aggressive Gefühle und recht häufig auch Taten sind bei Machtmenschen immer mit im Spiel.

Woher kommt Aggression? Vom Lateinischen adgredi (= herangehen) abgeleitet ist Aggression zunächst einmal weder gut noch schlecht, sondern eine für jegliche Aktivität notwendige Grundkraft und Lebensvoraussetzung. Kurz gesagt: Ohne Aggression bewegt sich nichts. Wer aber mit dem Hammer in der Hand herumläuft, um damit nicht den Nagel in die Wand, sondern den Schädel seines vermeintlichen Konkurrenten einzuschlagen, befindet sich am destruktiven Ende der Aggressionsskala.

Genau diese destruktive Art der aggressiven Auseinandersetzung, insbesondere der rüde Umgangsstil von Vorgesetzten mit Mitarbeitern, beschäftigt uns hier. Wer Aggressionen ungehemmt auslebt, um seine Machtziele zu erreichen oder auszubauen, ist – verkürzt gesagt – krank und macht krank.

Ohne jetzt der Versuchung nachzugeben, die zahlreichen psychologischen Theorien zur Entstehung von Aggression detailliert vorzutragen, sei zunächst festgehalten: Aggressionen sind das Baumaterial für zwischenmenschliche Konflikte. Und vice versa sind Konflikte der Hintergrund von Aggression.

Wo Macht im Spiel ist, treten Konflikte auf, wird in der Regel auch immer versucht werden, aggressiv etwas zu bewegen, in seinen Wünschen und Zielen schneller und erfolgreicher voranzukommen.

Was macht Menschen aggressiv? Die zentrale Erkenntnis der Psychologie zu dieser Frage: Frustration erzeugt Aggression. Damit ist gemeint: die Nichterfüllung von Bedürfnissen, Erwartungen und Wünschen macht aggressiv, führt zur Mobilisierung von feindseligen Impulsen, die gegen andere (z.B. die frustrierende Person) oder auch gegen sich selbst (z.B. im Selbstmord als Autoaggression) gerichtet werden können.

Der (oft bereits in der Kindheit) enttäuschte, nicht ausreichend erfüllte Wunsch nach Liebe, Zuwendung und Wertschätzung ist der häufigste Ausgangspunkt, geradezu ein idealer Nährboden für das Entstehen von aggressivem, feindseligem Verhalten gegen andere. Mit den Worten des römischen Satirikers Juvenal (ca. 60–140 n. Chr.): Keiner, der böse ist, ist glücklich.

Einen Schritt weiter im Versuch des Verstehens der Ursprünge von Aggression führt uns das Rachemodell: Was einem selber aggressiv an Leid zugefügt wurde, wird über das Prinzip Vergeltung (Wie du mir, so ich dir) an den Aggressionsverursacher oder (auch später) an stellvertretende Personen weiter- (besser: zurück-) gegeben (Wie es in den Wald hereinruft, so schallt es heraus).

So kann frühes, in der Kindheit passiv erlittenes Leid später in der Erwachsenenzeit (z.B. am Arbeitsplatz) aktiv rächend anderen zugefügt werden. Deshalb prügeln z.B. besonders die Eltern ihre Kinder, die als Kind selbst Prügel von ihren eigenen Eltern bezogen haben (häufige Begründung: »Hat ja nicht geschadet!«).

Das Lernen am Modell, das Imitieren von Vorbildern stellt einen weiteren Erklärungsversuch für aggressives Verhalten dar (siehe auch »Kindheit eines Chefs«, S. 18, 163). Ein Kind, das ständig beobachten kann, wie ein Elternteil aufgrund physischer Gewalt oder sonstiger aggressiver Mittel erfolgreich seinen Willen gegenüber anderen Familienmitgliedern durchsetzt, wird kaum im Erwachsenenalter spontan dazu in der Lage sein, Konflikte friedlich-konstruktiv zu lösen.

Ein anderes Motiv für das Aufrechterhalten eines einmal aufgrund dieser Mechanismen in der Ursprungsfamilie entstandenen aggressiven Verhaltensstils ist die moderne, in einem Werbespruch prägnant ausgedrückte Erfahrung: Frech kommt weiter.

Ein erfolgversprechendes aggressives Verhalten kommt bewußt immer wieder zum Einsatz, um individuelle Ziele durchzusetzen. Da wird am Arbeitsplatz herumgebrüllt, vor Wut geschäumt, da wird eingeschüchtert und offen oder versteckt gedroht, an die Wand geredet, da werden die Ellenbogen eingesetzt, um weitere Stufen auf der Karriereleiter voranzukommen – immer wieder auf Kosten und zum Nachteil anderer.

»Es ist nicht die Aggressivität, die Konflikte, es sind die Konflikte, die die Aggressivität auslösen«[57] – mit dieser These lenkt der Sozialwissenschaftler Norbert Elias den Blick weg von der Auffassung der Aggression als eines lediglich biologisch begründeten Triebes hin zur Klärung dessen, was sich hinter der Fassade eines aggressiv-destruktiven Verhaltens verbirgt.

Es gibt »wesentlich mehr andere Motivationen für die Beteiligung am Krieg als die Aggression«, die lediglich das Instrument des Krieges sei, schreibt der Frankfurter Psychoanalytiker Stavros Mentzos in diesem Sinne in seiner Studie »Der Krieg und seine psychosozialen Funktionen«.[58] Er nennt u.a. folgende Aspekte, die sicherlich auch für den Hintergrund des »Alltagskrieges« am Arbeitsplatz von Bedeutung sind:

Krieg und damit aggressives Agieren ermöglicht u.a.:

- innere Konflikte auf einem äußeren »Schlachtfeld« zur Darstellung zu bringen,
- narzißtische Defizite (= Selbstwertzweifel) zu kompensieren,

- Identitätskrisen zu bekämpfen, das Selbstwertgefühl zu stabilisieren,
- Depressivität scheinbar zu kurieren,
- Gefühle von Sinnlosigkeit, Leere, Langeweile und Monotonie zu überspielen,
- ein pathologisches Machtstreben zu realisieren.

Destruktive Aggression hat jedoch auch folgendes zur Bedingung: Die Ausschaltung des Mitgefühls, die Verdrängung des »Guten, ... die Unterdrückung und Verschüttung prosozialer, spontan freundlicher Gefühle. ... Eine grausame Handlung resultiert meistens aus dem Zusammenwirken von destruktiv-aggressiven Regungen (gleich welcher Genese) und einer Schwächung, eines Ausfalls, eines Ausbleibens von (normalerweise) entgegenwirkenden prosozialen Tendenzen und Mechanismen ...«[59]

Gefühle von Schwäche, Ohnmacht, Hilflosigkeit, Unzufriedenheit, Neid, Angst und Selbstunsicherheit sieht die Münchner Psychoanalytikerin Thea Bauriedl in ihrem Essay »Wege aus der Gewalt« als Ursache von Aggressivität. Das früh erworbene innere Gefühl, nicht gut, sondern »böse« zu sein, wird über den unbewußten Mechanismus der Projektion einem anderen Menschen zugeschoben. Dieser wird so zum Sündenbock und dient dazu, »eigene Schuldgefühle loszuwerden und sich nicht mit der eigenen inneren Misere befassen zu müssen. In diesem Vorgang wird ... nicht die eigene Unsicherheit, sondern die Bösartigkeit anderer Menschen als Ursache der Bedrohtheitsgefühle ausgemacht.«[60] Durch die Projektion ist der Böse der andere, an ihm bekämpfe ich etwas, was eigentlich in mir ist.

## Machtmotiv Angst vor der Frau

Die Tatsache, daß alle Männer ihr Leben der Geburt durch eine Frau verdanken und die erste Lebenszeit elementar abhängig von ihr sind, mag das untergründige Motiv nach sich ziehen, später die Relation umzukehren und Macht über Frauen ausüben zu wollen. Dabei spielt der Neid des Mannes auf die Gebär- und Stillfähigkeit der Frau eine zusätzliche Rolle.

Das frühkindliche Erleben, von einer Frau total abhängig und dieser hilflos ausgeliefert gewesen zu sein, reaktualisiert und mobilisiert unter Umständen im Erwachsenenalter und Berufsleben Ängste vor der Frau als Konkurrentin um die Macht und kann zum patriarchalischen Streben führen, sie von einem bestimmten Einflußbereich fernzuhalten. Hinzu kommt die für Männer irritierende Erkenntnis, daß Frauen bestimmte Dinge einfach besser können (vgl. S. 207).

Gebärneid und Machtstreben des Mannes dokumentiert sich u.a. im Mythos der Geburt der Pallas Athene aus dem Kopf von Zeus und in der biblischen Phantasie der Geburt der Frau aus der Rippe des Mannes:

> Da ließ Gott der Herr einen tiefen Schlaf fallen auf den Menschen, und er schlief ein. Und er nahm seiner Rippen eine und schloß die Stätte zu mit Fleisch. Und Gott der Herr baute ein Weib aus der Rippe, die er von dem Menschen nahm, und brachte sie zu ihm. Da sprach der Mensch: Das ist doch Bein von meinem Bein und Fleisch von meinem Fleisch; man wird sie Männin heißen, darum daß sie vom Manne genommen ist. (1. Mose 2, 21-23)

Berufsfrauen spielen im Weltbild der Chefs keine Rolle, schreibt Nina Grunenberg zum Abschluß ihres Porträtbuches über die Chefs in den Führungsetagen großer deutscher Unternehmen: »Frauen kommen auf dem Olymp nur als Gattinnen, Sekretärinnen und Assistentinnen vor. Und nein, einen weiblichen Konzernchef gibt es nicht. Wenn sie auf dieses Thema kommen, müssen die Chefs immer einen langen Anlauf nehmen. ›Na also, ich fürchte‹, sagt Edzard Reuter leicht sarkastisch, ›das Thema mit der Frau im Management bei Daimler-Benz auf der höchsten Ebene, das steht nicht morgen bevor.‹

Bei der Hundertjahrfeier der Allianz waren alle 780 Plätze des Münchner Prinzregententheaters besetzt – davon höchstens zehn mit Frauen, die sich aufgrund ihrer beruflichen Funktion zu den Eingeladenen zählen durften. Der Rest waren Hostessen. Die Beobachtung genierte einen der Chefs. Um dem Pfeil die Spitze abzubrechen, meinte er freundlich: ›Dabei sind die Frauen doch das Salz in der Suppe.‹ Na also.«[61]

## Machtfaktor Sexualität am Arbeitsplatz

Eine sehr konkrete Variante von Machtausübung und Machtmißbrauch durch Vorgesetzte ist die sexuelle Belästigung.

Dabei geht es nur oberflächlich gesehen um Sexualität: Sie ist lediglich ein Mittel, »das wirkungsvoll eingesetzt werden kann, um Macht zu demonstrieren und auszuüben. Männer haben die Macht, in ihren Arbeitsbereichen das kollegiale Arbeitsklima zu definieren und darüber zu bestimmen, ob eine Frau sich belästigt fühlen darf oder nicht.«[62]

Frauen können sehr wohl unterscheiden zwischen Flirt oder mißlungenem Scherz einerseits und sexueller Belästigung als unerwünschter Annäherung andererseits. Letztere wird von ihnen zu Recht als männlicher Machtmißbrauch empfunden, der vor allem auch die Funktion haben kann, das patriarchalische Macht- und Einflußrevier gegen weibliche Karrierewünsche zu verteidigen.

In einer ersten bundesweiten, branchenübergreifenden Befragung über sexuelle Belästigung am Arbeitsplatz berichteten 72% der Frauen, die den Fragebogen zurücksandten, Vorkommnisse dieser Art selbst erlebt und erlitten zu haben.[63]

In 21% der Fälle erfolgte die Belästigung durch den Vorgesetzten. Die Belästiger sind in der Regel zehn Jahre älter als die angegriffenen Frauen und gehören dem Betrieb schon sehr lange an. Sie agieren aus einer beruflich gesicherten Position heraus. Überwiegend handelt es sich bei diesen um Kollegen, die keine Personalverantwortung gegenüber den betroffenen Frauen haben, sich also auf gleicher Hierarchieebene befinden.

Etwas mehr als die Hälfte der über sexuelle Belästigung klagenden Frauen berichtet über anzügliche Bemerkungen zu ihrer Figur oder ihrem sexuellen Verhalten im Privatleben. Jede dritte Teilnehmerin an der Befragung weiß von unerwünschten Einladungen mit eindeutig sexueller Absicht, Pokneifen oder -klapsen und der Konfrontation mit pornografischen Fotos zu berichten. Jede vierte auskunftgebende Frau ist schon mindestens einmal am Arbeitsplatz an die Brust gefaßt worden.

Das Ergebnis dieser im Auftrage des Bundesministeriums für Jugend, Familie und Frauen durchgeführten Repräsentativbefragung zeigt, daß hauptsächlich alleinstehende Frauen im Alter von 20-30 Jahren zum Opfer sexueller Übergriffe werden. Sie gehören erst kürzere Zeit dem Betrieb an, befinden sich somit noch in wenig geschützten Arbeitsverhältnissen (Probezeit, Ausbildung, Aushilfstätigkeit) und haben meist untergeordnete betriebliche Positionen inne. Aber auch Frauen auf der mittleren Hierarchieebene mit Vorgesetztenfunktion beklagen sexuelle Belästigungen.

Die belästigten Frauen erleben sich häufig in einer doppelten Opferrolle, zunächst durch die sexuellen Übergriffe und anschließend bei Gegenwehr durch betriebliche Anfeindung oder sonstige Schwierigkeiten. Fast die Hälfte von ihnen mußte Nachteile im Beruf hinnehmen, 6% kündigten, 3% wurden versetzt und 2% gaben an, ein schlechtes Arbeitszeugnis bekommen zu haben. Die Angst, nicht nur zum Opfer sexueller Übergriffe, sondern zusätzlich schikaniert, ausgegrenzt und angefeindet zu werden, ist das Motiv, warum viele betroffene Frauen schweigen.

Auf der Gegenseite: Nur 6% der Männer wurden verwarnt, 1% versetzt und nur ein knappes halbes Prozent entlassen. Ausgewählte Fälle der Studie verdeutlichen, daß Personalleitung wie auch Personal- bzw. Betriebsrat in der Regel sehr halbherzig mit dem Problem sexueller Belästigung umgehen. Lediglich bei Auszubildenden und bei ganz gravierenden Fällen wurden innerbetriebliche Konsequenzen gezogen. Die Autorinnen der Studie beklagen den generellen Widerspruch zwischen verbaler Entschlossenheit zum Handeln und der Unsicherheit in der praktischen Umsetzung.

Fazit: Die Erfahrung zeigt, solange es keine Zeugen gibt, wird dem beschuldigten Mann eher geglaubt als der belästigten Frau. Und selbst bei klarer Beweislage mildert die Bewertung der Tat die Bestrafung des Täters, weil alles als »bedauerliche Entgleisung« bagatellisiert wird. Zu guter Letzt ist man gegen die Forderung, den Belästiger zu entlassen und argumentiert mit »unzumutbarer Belastung für ihn und seine Familie«.

Übrigens: Eine repräsentative Befragung des Dortmunder Forsa-

Instituts erbrachte, daß 6% der berufstätigen Frauen am Arbeitsplatz sexuell belästigt wurden.[64]

## Liebe im Büro – jede Menge Nachholbedarf

Viele Menschen verbringen – von Ausnahmen wie dem Öffentlichen Dienst abgesehen – trotz de jure kürzer werdender Wochenarbeitsstundenanzahl de facto immer mehr Zeit im Büro, an ihrem Arbeitsplatz. In wirtschaftlich angespannten Zeiten wird besonders von den gut und außertariflich bezahlten Arbeitskräften die Bereitschaft zur freiwilligen Ausdehnung ihrer Arbeitszeit erwartet. Das bedeutet auch jede Menge Zeit für sexuelle Versuchungssituationen.

In einer Umfrage des Wirtschaftsmagazins *Forbes* zum Thema Liebe und Sexualität im Büro gaben 91% der Frauen und 84% der Männer an, nichts gegen Flirten zu haben, wenn dies keine weiterführenden Konsequenzen habe. Befragt wurden 1967 berufstätige Frauen und 1893 Männer.[65] Interessanterweise gaben in derselben Untersuchung 55% der Frauen und 58% der Männer an, schon einmal eine Liebesbeziehung im Büro erlebt zu haben.

42% der befragten Männer gestanden eine Beziehung mit einer Untergebenen ein, umgekehrt berichteten 44% der Frauen von einem Verhältnis mit einem Vorgesetzten.

Der Arbeitsplatz ist ein diffiziles Biotop für Liebesbeziehungen. Hierarchiestufen, Macht und Abhängigkeit, Karrierewünsche und Konkurrenzneid sind allemal komplizierende Aspekte.

Vor Liebesbeziehungen, die die hierarchische Ebene durchkreuzen, wird von allen Seiten gewarnt. Das »Bureau of National Affairs« der USA bemerkt z.B. zu dieser Thematik: »Der Beziehungstypus, der nach allgemeiner Auffassung im Arbeitsalltag die größten Störungen verursacht und die negativsten Konsequenzen hat, ist das Liebesverhältnis zwischen einer statushöheren und einer untergebenen Person. Andere Mitarbeiterinnen und Mitarbeiter reagieren auf solche Romanzen mit Neid und Mißtrauen; ein allgemeines Absinken der Produktivität kann die Folge sein. Bei Liebesbeziehungen zwischen Personen, die nicht den gleichen Rang einnehmen, kommt es zu Klagen über Begünstigung und Favoritentum. Kolleginnen und Kollegen empfinden oft Wut und Eifersucht und fühlen sich im Stich gelassen.«[66] Einer sexuellen Beziehung zwischen männlichem Vorgesetzten und weiblicher Untergebener liegen häufig beidseitig narzißtische Bedürfnisse zugrunde.

Die Beziehung hat möglicherweise die unbewußte Funktion, ein z.B. durch Midlife-crisis, Berufs- und/oder Eheprobleme brüchiges Selbstwertgefühl des Vorgesetzten zu stabilisieren und ein Gefühl von Jugendlichkeit und Potenz wiederzugewinnen.

Auf seiten des Chefs kann es in der Maske einer sexuellen Beziehung zur Mitarbeiterin in Wirklichkeit um das Nachholen von Nähe, Versorgtwerden und Symbiosesehnsucht gehen – orale Wünsche, die primär der Mutter galten und möglicherweise weitgehend unerfüllt blieben. Demgegenüber steht die Angst vor Nähe und Abhängigkeit, die durch Omnipotenzphantasien, Macht und Kontrolle und seinen Status als Vorgesetzter abgewehrt wird. In der aktuellen Beziehung spiegelt sich auch erneut etwas von einer Umkehr der Machtverhältnisse, eine Wandlung vom ohnmächtig-abhängigen Kind zum Mächtigen, jetzt eine Frau von sich abhängig machend.

Viele Frauen (65% in der *Forbes*-Untersuchung) bekennen, daß es gerade der mächtigere Status des Geliebten in der Firma ist, der den Reiz ausmacht, ihre positiven Gefühle begünstigt und Hemmungen habe fallen lassen. Auch auf seiten der Partnerinnen von Vorgesetzten sind – so läßt sich daraus schlußfolgern – unbewußte Motive mit im Spiel, geht es um mehr als das oberflächlich-aktuelle Geschehen. Der Vorgesetzte kann unbewußt als Vaterfigur erlebt werden, der die verspätete Realisierung ödipaler Wünsche anbietet. Er wird vielleicht auch als Garant eines realen oder phantasierten Zuwachses an Macht und Einfluß gesehen.

Mit einem weiteren interessanten Ergebnis kann die *Forbes*-Untersuchung aufwarten: Sie räumt auf mit der Mär von der Verführung der Frau durch den Mann. So ergab die Beantwortung der Frage »Wer verführte wen?« eine utopisch anmutende Ausgeglichenheit zwischen den Geschlechtern. »Daß die wahre sexuelle Revolution im Büro stattfinden würde«, fragt die amerikanische Expertin Lisa A. Mainiero rhetorisch, »wer hätte das gedacht?«[67]

# Typen

## Von Schlangen, Haien, Opfern, Tätern, Handwerkern, Maulwürfen, Sympathisanten und Spielern

Nach Macht und Liebe: Mit was für Menschentypen, was für Charakteren hat man es speziell am Arbeitsplatz zu tun?

Der Wunsch nach einer handfesten, klaren Typeneinteilung, einer plastischen Charakterbeschreibung sowie zutreffenden Verhaltensvorhersagen und bestmöglichen Umgangsstrategien ist verständlich. Dies alles soll der schnellen Orientierung dienen, dem besseren Verständnis und damit dem Gefühl, besser mit diesen Typen – oder auch mit sich selbst – klarzukommen, wenigstens jedoch geschickter umgehen zu können.

Leider gibt es dabei noch ein Problem: Wie immer, wenn etwas wichtig ist, herrscht in der Wissenschaft, hier im Fall der Psychologie, ein buntes Nebeneinander (um nicht zu sagen Gegeneinander) von verschiedenen Ansätzen, Einteilungen und Erklärungen.

Es hat keinen Zweck, dies leugnen zu wollen, auch wenn es uns schwer fällt, aber – *die* Typenbildung (Typologie), das einzigartig alles erklärende Schema gibt es leider nicht.

Und dennoch: Die Guten und die Bösen, die Mächtigen und Ohnmächtigen kennen Sie aus Ihrer Arbeitsalltagserfahrung. Also gibt es doch so etwas wie eine Typologie.

Haben Sie in diesem Zusammenhang schon mal etwas von Haien, ihren Opfern und denen gehört, die gelernt haben, mit den Haien zu schwimmen?

Nachfolgend stellen wir Ihnen drei Typologieansätze vor:
- einen mit plakativen Analogien aus der Tierwelt,
- einen zur Charakterisierung von Managertypen,
- einen zur Beschreibung von Konflikten am Arbeitsplatz.

## Aus der Tierwelt

Vielleicht kommen Sie in Ihrem Arbeitsalltag mit einer Typeneinteilung gut klar, die besagt: In jedem Betrieb gibt es Adler (0,1%), Schlangen (9,9%) und Maulwürfe (90%).[68]

**Adler**
sind in der Regel Einzelkämpfer. In den höchsten Höhen kreisend, einsam alles beobachtend, erspähen sie ihre Beute und setzen zum Sturzflug an, um sich ihr Opfer zu krallen. Selten verbünden sie sich mit ihresgleichen. Ihr hohes (Selbst-) Bewußtsein, ihre Machtethik läßt das kaum zu.

**Schlangen**
kennen beim Jagen ihrer Feinde höchst individuelle Schleich- und Kriechwege. Bisweilen treten sie aber auch in Gruppen auf. Dann tauschen sie, wie es so schön heißt, ihre Erfahrungen und Meinungen über die lieben Mitkollegen aus, dabei leise geheimnisvoll tuschelnd, welches Gift gerade besonders aktuell und wirksam sei.

**Maulwürfe**
dagegen sind eher gesellige Wesen. Sie sind die geborenen Gruppen- und Gemeinschaftskämpfer. Ihre kleine Statur, ihre Schüchternheit und Schwäche machen sie leicht verletzbar. Dies wissend, schließen sie sich gerne zusammen und gewinnen in der Masse sehr wohl an Bedeutung und vor allem an Sicherheit.

Der Wille zur Macht jedoch ist bei ihnen nicht allzu stark ausgeprägt. Gott-sei-Dank, denken die herrschenden Adler und zischeln die Schlangen. Außerdem macht es Schwierigkeiten, so viele Maulwürfe in ihrer Willensbildung für längere Zeit auf ein gemeinsames Ziel einzuschwören. Und weil sie von Natur aus keine gute Sehfähigkeit mitbringen, ist ihnen ein nahes Ziel lieber als ein Lohnenderes in der Ferne.

Diese eher unterhaltsame Typologie verdeutlicht recht anschaulich die drei wesentlichen Hierarchiestufen.

# Managertypen

Der amerikanische Psychoanalytiker Michael Maccoby unterscheidet vier verschiedene Grundtypen von Managern speziell bezogen auf das mittlere Management:[69]

- den soliden Handwerker,
- den trickreichen Dschungelkämpfer,
- den treuen Firmenmenschen,
- den risikofreudigen Spieler.

**Der solide Handwerker**
ist im besten Sinne konservativ, hat ein traditionelles Wertesystem, ist qualitätsorientiert und denkt wirtschaftlich. Er baut gerne etwas auf und achtet dabei seine Mitstreiter, die er nach Unterstützern oder Behinderern klassifiziert. Dieser Typus ist konstruktiv, verläßlich, kooperativ und recht angenehm im täglichen Umgang. Fazit: kein Problemfall.

**Der trickreiche Dschungelkämpfer**
ist machtorientiert. Seine Devise: fressen oder gefressen werden. Kein Wunder also, daß der größte Teil seiner Energie allein dem Gewinn, dem Ausbau oder der Erhaltung von Macht gilt. Sein Denkschema: Wer nicht für mich ist, ist gegen mich – ergo mein Feind. Untergebene werden von ihm eher wie Objekte behandelt, sie sind beliebig benutzbar.

Zu unterscheiden sind bei diesem Typus übrigens noch Löwen und Füchse.

Den Löwen geht es mehr um die Eroberung bzw. darum, das eigene Territorium, den persönlichen Besitzstand zu mehren und zu pflegen. Direktes, offenes Macht- und Imponiergehabe sowie deutliches Statusdenken zeichnen sie aus, machen sie für jeden leicht erkennbar.

Füchse dagegen sind in der Umsetzung ihrer Macht-Ziele vorsichtiger, halten sich bedeckter, gehen sprichwörtlich schlau vor. Das bedeutet: Ihren Weg nach oben erreichen sie auch mittels geschicker Intrigenpolitik. Vielleicht zum Trost: Eines Tages werden sie selbst zum Opfer einer Intrige derer, die sie benutzt und betrogen haben.

**Der treue Firmenmensch**
lebt aus der meist schon jahrelangen Zugehörigkeit zur Firma. Hier baut er seine Identität darauf auf, daß er ein Teil, ein wichtiges Mitglied der ihn beschützenden Organisation ist. Nicht sein Home ist sein Castle – die Firma, die Behörde, die Partei ist es, und die hat selbstverständlich immer recht.

Das übrigens ist seine Schwäche: er ist übertrieben ängstlich und nachgiebig, denn die persönliche Sicherheit ist ihm wichtiger als sein Erfolg (typisch Beamter). Seine Stärke kommt in der Rücksichtnahme auf die menschliche Seite seines Unternehmens zum Tragen. Wie es den Kollegen geht, mit denen er gerne zusammenarbeitet, interessiert ihn wirklich. Er nimmt echten Anteil, und so gelingt es ihm in der Regel, innerhalb seines Arbeitsteams eine stimulierende und kooperative Arbeitsatmosphäre zu schaffen.

**Der risikofreudige Spieler**
sieht das Arbeitsleben im allgemeinen und seine Karriere im besonderen als die persönliche Herausforderung an. Für ihn ist alles ein Spiel mit riesigen Chancen und großartigen Möglichkeiten, die er gerne bereit ist, positiv anzunehmen. Der Wettkampf stimuliert ihn und von modernster High-Tech ist er bedingungslos fasziniert. Alles scheint machbar, alles ist ihm möglich. Sein Enthusiasmus reißt auch die Kollegen mit. Dabei geht es ihm weniger um Macht und Besitz, wie z.B. dem Löwen, sondern mehr um Ruhm und Anerkennung. Er will Berühmtheit erlangen, als Siegertyp bewundert werden und fürchtet doch nichts so sehr wie den Mißerfolg, das Image, ein Versager zu sein.

## Krieg im Büro

In unserem Buch »Krieg im Büro«[70] berichten wir von sympathischen und unsympathischen Menschen, die Ihnen in der Arbeitswelt begegnen. Als Versuch einer Ordnung und Systematisierung der zahlreichen in Auseinandersetzungen am Arbeitsplatz verstrickten Personen entschieden wir uns für eine Dreiteilung in Täter, Opfer und Sympathisanten.

Dabei ist allen »aktiven Tätern« gemein, daß man unter ihnen extrem leidet. Die Pein, die von ihnen ausgeht, kann den Arbeitsalltag zur Qual werden lassen. Sie sind häufig diejenigen, von denen aus der Krieg am Arbeitsplatz, das Mobbing seinen Anfang nimmt.

Im einzelnen unterscheiden wir folgende »Typen«:

- der Tyrann (der Autoritäre, Strenge, Despot, Sadist),
- der Radfahrer (Buckeln und Treten),
- der Intrigant (die böse Saat des Neiders),
- der Karrierist (mit Narzißmus und Ellenbogen nach oben),
- der Choleriker (Explosion und Sonnenschein),
- der Nörgler (Besserwisser, Schwarzseher, Negativist).

Dabei betrachten wir jeden einzelnen Darsteller unter den folgenden Aspekten:

- Wie sind seine typischen Verhaltensweisen?
- Was sind Ursachen und Hintergrund für dieses Verhalten?
- Wie kann man am besten mit diesem Typus umgehen?

Unsere Quintessenz für die Gruppe der »aktiven Täter«: Allesamt Angreifer und höchst unangenehme Zeitgenossen. Ergo: ernstzunehmende Gegner im Krieg am Arbeitsplatz.

Sie haben die Tendenz, andere zu Opfern zu machen, weil sie selbst lange Zeit Opfer waren. Damit versuchen sie, von den eigenen, noch nachwirkenden Verletzungen, Schwächen und Hilflosigkeitsgefühlen abzulenken, sie quasi ungeschehen zu machen. Das hat viel mit Rache zu tun und dem unbewußten Mechanismus der Passiv-Aktiv-Umkehrung (nach dem Motto: »Was man mir gestern angetan hat, tue ich heute anderen an«). Gesagt werden muß aber auch: Nicht jeder, der Schlimmes erlitten hat, stellt später auch Schlimmes an.

Unsere Empfehlung: Wenn es einem nicht gelingt, sich durch Arbeitsplatzwechsel dem Einflußbereich der Angreifer zu entziehen, muß das Hauptziel einer Bewältigungsstrategie im Sich-Abgrenzen liegen, im Aufbau wenigstens eines Minimums an Respekt, der einem von der Täterseite entgegengebracht wird.

Bei den »scheinbar passiven Opfern« stellen wir leidende Gegenspieler zu den aktiven Tätern vor, die geradezu prädestiniert sind für die Opferrolle im Krieg am Arbeitsplatz:

- der Leidende (Depressive, Enttäuschte),
- der Sündenbock (Opferlamm, Schuldiger, Masochist),
- der Ängstliche (der Gehemmte),
- der Kränkbare (der Verletzbare, das Sensibelchen),
- der Verschlossene (der Schweiger).

Alles gute Menschen, »arme Schlucker«, die im Kampf verschlissen werden, sich aufopfern und wirklich nichts für ihr Schicksal können. So oder ähnlich mögen vielleicht erste Gedanken bei der Vorstellung dieser Typen sein.

Diese Darstellergruppe ist jedoch – wie wir zeigen – keineswegs so unschuldig, wie man auf den ersten Blick vermutet. Sicherlich erscheinen diese Typen in der Arbeitswelt als nicht so bedrohliche Zeitgenossen, verglichen mit den aktiven Täter-Darstellern. Trotzdem geht auch von ihnen eine nicht zu unterschätzende unangenehm-manipulative Einflußnahme aus.

Ohne wirklich immer Opfer eines Angriffes aktiver Täter zu sein, sind sie bei aller scheinbaren Passivität hervorragend dazu in der Lage, als »Solisten« eine Unmut erzeugende Rolle zu spielen. Direkt oder versteckt machen sie ihren Einfluß geltend, üben Macht aus, wirken aggressiv. Sie sind Opfer, die Opfer fordern.

Und zusammenfassend stellen wir fest: Während die erste Gruppe – die aktiven Täter – zuerst Wut und später vielleicht auch Mitleid mobilisiert, ist der Ablauf der Reaktionen bei der zweiten Gruppe genau umgekehrt: Die scheinbar passiven Opfer lösen zunächst Mitgefühl aus und erst im Laufe der Zeit kommt auch Wut auf, z.B. nach fehlgeschlagenen Bemühungen, etwas an ihrer schwierigen Situation zu verändern. Man erlebt sich schnell als hilfloser Helfer.

Wut ist die Reaktion auf die ständige vorwurfsvolle Anklage des traurig Enttäuschten, auf die böse Demut des Gehemmten, auf die Widerständigkeit des Schweigenden. Sie sind wie Sand im Getriebe,

Heckenschützen vergleichbar, mal mehr oder weniger direkt aggressiv. Ihr Ziel ist es, ihre Machtwünsche und ihren Einfluß geltend zu machen.

Was den Arbeitsalltag mit ihnen so erschwert, ist der Frust, den sie auslösen, die Lähmung, die sie in der Lage sind zu verbreiten. Während die aktiven Täter für ein Klima von Angst und Schrecken sorgen, ist hier mit der Atmosphäre von Hilflosigkeit und Resignation fertigzuwerden. Diese subtile Form des Terrors am Arbeitsplatz ist in ihrer Zähigkeit nicht viel weniger quälend als die durch aktive Täter ausgelösten Panikattacken.

Im Umgang mit professionellen Opfern sind maximale Ausdauer, Geduld und Gelassenheit gefordert sowie die Hoffnung, daß sich die Dinge, wenn auch langsam, aber positiv bewegen lassen.

Zwischen den Fronten stellen wir die »Zuschauer und Sympathisanten« vor. Wer kennt sie nicht, die Gaffer, die bei einem Unglücksfall, einer Katastrophe die Szenerie bevölkern. Die wenigsten sind hilfreich, die meisten stehen behindernd im Weg. In ihrer unersättlichen Neugierde und Sensationslust, in ihrem Wunsch dabeizusein, nehmen sie die Rolle der Statisten, die Funktion des Fußvolkes wahr. Aber was wäre auch ein Film ohne Statisten oder ein Fußballspiel ohne Zuschauer.

Die Mitglieder dieser Gruppe zwischen den Fronten scheinen abwechselnd mit der Aggressivität der Täter wie mit dem Leiden der Opfer zu sympathisieren.

Sie sind im Krieg am Arbeitsplatz Verbündete und Gegner in einer Person. Zu unterscheiden sind:

- der Kriecher (Unterwürfige, Konformisten, Jasager),
- der Diplomat (der professionell Ausgewogen-moderate),
- der Ohne-Michel (die Rückzieher, Unzuverlässigen),
- der Scheinheilige (die ewig Unschuldigen),
- der Über-Fürsorgliche (die unheimlich Netten).

Dabei zeigt sich, daß die Sympathisanten beim Krieg am Arbeitsplatz nicht so unbeteiligt sind, wie es auf den ersten Blick scheint. Man findet sie zwar nicht »in vorderster Front«, nicht unter denjenigen, die angreifen oder nach einem (vermeintlichen) Angriff verletzt um Hilfe schreien und Unterstützung einklagen. Jedoch kochen auch sie ihr Süppchen bei Auseinandersetzungen gehörig mit.

Diese Gruppe, so unser Resümee, verunsichert. Man weiß nicht, woran man mit ihnen ist, auf welcher Seite sie wirklich stehen. Bisweilen mag der Wunsch aufkommen, sie auf die eigene Seite hinüberziehen zu wollen. Aber Mitläufer richten sich eben nach der Menge, sie hängen ihr Mäntelchen nach dem Wind. Da kann man Glück haben oder auch nicht. Sie sind keine verläßlichen Verbündeten.

Aus den hier vorgestellten Typen – aus den Adlern, Schlangen, Maulwürfen, den Handwerkern, Dschungelkämpfern, Firmenmenschen und Spielern, den Tätern, Opfern und Sympathisanten – rekrutieren sich Vorgesetzte und Chefs jeder Couleur. So umfassend und plakativ diese hier eben skizzierten Typologien auch sein mögen – das fundierteste Instrument der Menschenkenntnis bleibt die Psychoanalyse mit ihrer Neurosen- und Charakterlehre. Ihre klassische Typologie stellen wir gleich vor. Zunächst jedoch ein Chefporträt.

# Ein Chef in Deutschland

## Im Krieg für den Er-Volkswagen

Je weiter einer oben steht,
um so unwichtiger ist Geld.
Wer sich so einsetzt,
wie ich es erwarte,
dem bleibt keine Zeit zum Ausgehen.
*Ferdinand Piëch über sich und seine Manager*[71]

Ein Durchschnittsmensch sei er nicht, so die Einschätzung des populären Kölner Psychologen Peter Lauster in der *WirtschaftsWoche*[72]. Und wo er recht hat, hat er recht.

Von sich selbst behauptet der so Charakterisierte dann auch in einem Gespräch mit dem *SPIEGEL*-Reporter Jürgen Leinemann: »Ich wurde als ein Hausschwein aufgezogen und muß als Wildschwein leben.«[73]

Ferdinand Piëch, Enkel des legendären Käfervaters Ferdinand Porsche, seit Anfang 1993 Vorstandsvorsitzender von VW, 57 Jahre alt, Vater von 12 Kindern, mit der vierten Frau (34) an seiner Seite und einem geschätzten Privatvermögen von bis zu 5 Milliarden im Rücken sowie einer energisch-ehrgeizigen Mutter im Nacken. Von ihr soll er den Ehrgeiz haben, den ein Porsche-Vorstandsmitglied zu der halb neidvoll, halb erleichterten Bemerkung veranlaßte: Wenn er Louise Piëch als Mutter gehabt hätte, wäre er mindestens Bundeskanzler geworden.[74]

Nicht Bundeskanzler, aber VW-Chef in schwierigen Zeiten. Dem »glühenden Verehrer der japanischen Herrenmenschen«[75], Sammler von Samurai-Schwertern und passionierten Segler ist »ein Schiff im Sturm . . . lieber als Flautensegeln.«[76]

Geradezu visonär beschreibt Werner Hönscheidt im konservativen Berliner *Tagesspiegel* in seinem Piëch-Porträt vom 15. März 93 unter der Überschrift »Der Samurai von Wolfsburg«: »Die Ingenieurleistungen Piëchs als genial zu bezeichnen, ist eine ebenso gängige

Übertreibung seiner Fähigkeiten. Er hat es vielmehr stets verstanden, neben eigenen auch Ideen anderer optimal in die Praxis umzusetzen.«

Einen Tag später gibt Ignacio López seinen Wechsel von General Motors zu Volkswagen bekannt. Am 30. April 93 erstattet Opel Anzeige gegen López und mehrere mit ihm zu VW gewechselte Manager wegen des Verdachts der Industriespionage. Am 24. Mai 93 berichtet erstmalig der *SPIEGEL* in einer Titelgeschichte, wie sich López und seine Mitarbeiter Unterlagen und Daten von Opel beschafften.

»Es gibt Gewinner und Verlierer, ich habe die Absicht, der Gewinner zu sein.« Mit sanfter Stimme spricht VW-Chef Ferdinand Piëch brisante Sätze: Für ihn geht es um den Überlebenskampf, denn es herrscht Krieg.

»Wir führen einen Wirtschaftskrieg«, davon ist er wirklich zutiefst überzeugt. Darüber, daß »die Europäer zwangsläufig hineingezogen werden in den Krieg Japan gegen Amerika, der sich erweitert zu Asien gegen die westliche Welt«, hat er lange nachgedacht und viel geredet. »Wenn Volkswagen nicht in vernünftiger Zeit über die Runden kommt, ist die deutsche Industrie, ist die europäische Autoindustrie kaputt«.

Dann kommt Ferdinand Piëch im *SPIEGEL* ins Schwadronieren. Sein Vater, der einstige »Wehrwirtschaftsführer« Anton Piëch, sorgte dafür, daß das niedersächsische Volkswagenwerk damals noch in der »Stadt des KdF-Wagens« mit dem Titel »Kriegsmusterbetrieb« ausgezeichnet wurde. Und heute raunt Sohn Ferdinand von »Blut und Tränen«, vom »mörderischen Kampf« der in Europa tobt, von »Scharfschützen«, die VW brauche, solche nämlich, wie Ignacio López – und von einer kombinierten Strategie zwischen Produktion und Marketing, die gemeinsam operieren müßten, »ähnlich wie Luftwaffe und Heer«.[77] Zur Erklärung philosophiert er:

»Irgendwie sind wir alle tierähnlich, irgendwie leben wir alle auf Kosten anderer. Es ist geistig höher, wenn man's nicht mehr mit Hammer und Gewehr macht.«[78]

»Automobil-Darwinismus«[79] diagnostiziert *SPIEGEL*-Reporter Leinemann und porträtiert: »Für Kraftakte erschien Piëch in der Tat der richtige Mann. Der Manager, dem ein verheerender Ruf der Unverträglichkeit, des quälenden Mißtrauens und menschlicher Unzugänglichkeit vorauseilt, verdankt die Berufung zum Vorstandsvorsitzenden in Wolfsburg eben nicht in erster Linie seinem Gespür für die wirtschaftliche und emotionale Befindlichkeit der Deutschen. Er drängte sich vielmehr auf, weil er persönlich lebt, was er ökonomisch predigt: gnadenlosen Lebenskrieg. Allein gegen alle. Volles Rohr. Alles oder nichts – Ferdinand Piëch kämpft und kämpft und kämpft.«[80]

Und so beschreibt er sich selbst als ganz »fürchterlich« im Streit: »Da werfe ich meine ganze Person in die Waagschale, mit dem Risiko, daß es auch gegen mich ausgehen kann. Es geht dann existentiell um ihn oder mich, mit allem, was bei dem dranhängt, und bei mir dranhängt.«[81]

Und was hängt an jederMann dran? – möchte der freudkundige Leser fragen. Es geht um die Macht, es geht um die Potenz und das Auto als Ich-, Trieb- und Phallussymbol. Bei Kindern: wer am weitesten schifft, bei Erwachsenen: wer am schnellsten fährt. Und immer lesen wir, daß Piëch »Benzin im Blut hat« und zur Entspannung mit seinem nachtschwarzen Spezial-Audi 200 über die Autobahn jagt und einmal die 69 Kilometer von Ingolstadt nach München in 13 Minuten und 2 Sekunden schaffte: »Aerodynamische Leitbleche verhinderten, daß das aufgemotzte Geschoß bei 280 km/h abhob wie eine Lufthansa-Boeing. Immer an der Grenze der Belastbarkeit, joggt Pilot Piëch, jagt er auf Skiern die Alpen hinunter. Ein Leben auf der Überholspur?«[82]

Piëch attestiert sich Fähigkeiten und Züge von »Genialität«,[83] die er von seinem Großvater ableitet.

**Die Kindheit eines Chefs.** Eltern und Großvater – resümiert Leinemann zur frühen Biographie Piëchs – ließen es an der notwendigen Zuwendung für den kleinen Ferdinand fehlen. »Kränkung und Enttäuschung färben Piëchs karge Auskünfte«[84], wenn das Gespräch auf dieses Thema kommt. Die Mutter (für ihren Sohn auch noch heute eine einschüchternde Respektsperson) habe ihn und seine drei Geschwister weitgehend sich selbst überlassen. Der Vater starb – Ferdinand ist 15 Jahre alt und mitten in der Pubertät – an überraschendem Herztod. Der berühmte Großvater war eigentlich fast nie da, bemerkt Ferdinand Piëch heute.

Die technische Neugier des Jungen wird nicht von seinem Großvater geweckt, sondern von dessen Mitarbeitern. Nach dem Krieg – Ferdinand ist acht – führt die Mutter die Geschäfte mit Resolutheit, weil »wie Ferdinand Piëch es sarkastisch ausdrückt – ›die Herren im Gefängnis saßen‹. Großvater, Vater und Onkel Ferry (der Sohn des alten Porsche; Anm. von H/S) wurden zunächst bei den Amerikanern, dann von den Franzosen wegen ihrer Rolle im Nazideutschland inhaftiert.«[85]

Im Gespräch über seine Biographie betont Piëch, wie wichtig die Zeit im Internat gewesen sei, die eine »krasse Schule fürs Überleben« bedeutet habe. Er lernte zu hungern, um sich Aufmerksamkeit und Fürsorge zu erlisten, begann Geheimnisse zu hüten, Mitmenschen mit Argwohn zu beobachten, einsam in den Bergen herumzuklettern.

Zu einem Schlüsselerlebnis wird folgende Szene im Internat in Zuoz bei St. Moritz: Dem jungen Schüler Ferdinand werden 100 Franken gestohlen. Laut Schulordnung hätte er die aber gar nicht haben dürfen, persönlicher Geldbesitz war nämlich verboten. Jeder Schüler hatte sein Geld abzugeben. Ferdinand meldet den Verlust und muß erleben, wie Schuldirektor und Internatsleiter ihn auf die Anklagebank zerren und »mehrere Tage durch die Mangel drehen«, statt die Aufklärung des Diebstahls voranzutreiben. Fast wäre er – sagt er mit noch heute vor Empörung blitzenden Augen – von der Schule geflogen, er, der den Schaden hat, wird von Leuten, die er für »kerzengerade und ehrlich« hielt, bestraft. »Ich habe die Auflage bekommen, daß mir nichts gestohlen wurde.«[86]

Ferdinand lernt für sein ganzes Leben, »daß Ehrlichkeit bestraft wird«, ein Aha-Erlebnis, das ihn bis heute präge, mit der Folge: »Ein extrem hohes Mißtrauen gegenüber anderen, die man für völlig normal hält.« Eine weitere Konsequenz ist, daß vieles »nur im Alleingang möglich ist, weil man sich nicht verlassen kann.«[87]

**Mitarbeiter.** Wenn Piëch und sein Freund López, der Kostendrücker – »äußerlich auf beinahe lächerliche Weise ähnlich mit Halbglatze, kantigem Kinn und unter Streß mahlendem Unterkiefer« als »Duo Infernale in der Wolfsburger VW-Zentrale durch die Büros hetzt, greifen die Mitarbeiter aus Verlegenheit zum Telefon, um Aktivität vorzutäuschen. Wolfsburg – der Name paßt.«[88]

Nach seinem Ingenieurstudium trat Piëch 1963 in die Porsche AG ein und übernahm 1966 die Versuchsleitung, zwei Jahre später die Entwicklungsleitung des Unternehmens. 1971 wurde er technischer Geschäftsführer. Sein ehrgeiziges Ziel jedoch, bei Porsche Vorsitzender der Geschäftsführung zu werden, erreicht er nicht. »Wie vermutet wurde, gab es sowohl innerhalb der Familie Porsche als auch von Seiten des Betriebsrates Vorbehalte gegen ein weiteres Aufrücken des brillanten, aber menschlich kantigen Technikers, von dem der *SPIEGEL* einmal meinte, er zeige ›beim Umgang mit Nockenwellen mehr Feingefühl als bei der Auswahl und Führung von Mitarbeitern‹«.[89]

Ähnliche Aufstiegsschwierigkeiten hatte er bei Audi, wo Piëch 1972 eintrat und ab 1974 als Entwicklungschef arbeitete. Hier »verschworen sich alsbald Vorstandsvorsitzender Wolfgang Habbel und Konzernchef Carl. H. Hahn, um Piëch den Weg zu verstellen. Habbel mußte seine Amtszeit über Gebühr verlängern, um zu verhindern, daß der ruppige Piëch sein Nachfolger werden konnte. Erst als Piëch zur Konkurrenz abwandern wollte, gaben Habbel und Hahn nach. So wurde der umstrittene Piëch Anfang 1988 Audi-Chef.«[90] Beim Antritt soll er seinen Managern bekanntgegeben haben: »Mit 15% bin ich zufrieden, mit 45% kann ich zusammenarbeiten. Vom Rest werde ich mich trennen müssen.«

Zu erwähnen ist aber auch, daß ihm bei Audi manche erstklassigen Mitarbeiter weggelaufen sind, sofern er sie nicht selbst gefeuert hat – weil er »keine fremden Götter neben sich duldet«, wie es in seiner Umgebung heißt.[91]

Trotz verschiedener Erfolge bei Audi formiert sich im Mutterkonzern in Wolfsburg zunächst »ein Angstbündnis gegen Piëchs Wechsel an die VW-Spitze. Konzern-Chef Hahn installierte den schöngeistigen Franzosen Daniel Goeudevert, um Piëchs Krönung zu verhindern. Es half alles nichts. Ein harter Sanierer mußte ran, Piëch war nicht aufzuhalten. Und er wurde seinem Holzhacker-Ruf gerecht. Ein halbes Dutzend Vorstandsmitglieder – zu guter Letzt auch der Rivale Goeudevert, mußte dran glauben.«[92]

Von der VW-Konzernspitze aus herrscht Piëch weiter mit eiserner Hand, auch in sein ehemaliges Revier hinein. Der Rausschmiß seines Nachfolgers bei Audi, Franz-Josef Kortüm, Anfang Februar 1994 gleicht »einer Exekution«. Der von Piëch nach Wolfsburg zitierte Audi-Chef bat, den Termin um ein paar Stunden verschieben zu dürfen. »Wenn Kortüm nicht pünktlich erscheine, werde er, Piëch, ›zu anderen Maßnahmen greifen‹«.[93]

Als offizieller Entlassungsgrund für den Audi-Chef galten die hohen Verluste 1993. Piëch, resümiert der *SPIEGEL*, wolle aber durch die Entlassung in Wirklichkeit nur davon ablenken, »in welch schlimmem Zustand er Audi an seinen Nachfolger übergab, als er Anfang 1993 an die Spitze von VW wechselte.«[94]

Frühzeitig hatte sich bei Audi noch unter der Führung von Piëch der Auftragseinbruch abgezeichnet. Dennoch ließ Piëch die Produktion weiter auf Hochtouren laufen, um bis zu seinem Wechsel an die VW-Spitze das erfolgreiche Manager-Image aufrechterhalten zu können. Als sein Nachfolger Kortüm Audi übernahm, blieb ihm keine Chance, denn über 100 000 Nobel-Karossen standen auf Halde. Kortüms entscheidender Fehler in dieser Situation: »Er erklärte die schlimme Lage der Firma auch mit den Altlasten, die er von seinem Vorgänger übernommen hatte. Seitdem war sein Schicksal besiegelt.«[95]

»In der Führungsetage von Audi herrscht ein Klima der Angst und des Mißtrauens. Kaum ein Vorstand traut sich, sachliche Kritik an einer Piëch-Entscheidung zu üben. Einige Manager argwöhnen, daß ihre Gespräche am Telefon abgehört werden.«[96]

**Motiv.** »Was veranlaßt einen Mann, der von Haus aus reich und unabhängig ist, sich diesem Haß auszusetzen?« – fragt *Die Woche* und versucht eine Antwort: »Einerseits treibt im Hintergrund die überaus energische Mutter, Louise, eine im Porsche-Clan gefürchtete 89jährige Frau, den Sohn zu immer neuen Heldentaten. Andererseits hat der kleine Ferdy nie verwunden, daß er nicht mit dem weltberühmten Namen Porsche auf die Welt kam. Nun möchte er zeigen, daß er der einzig wahre Porsche ist. Mehr noch: Ahnherr Ferdinand war ein genialer Ingenieur, aber kein begabter Konzernlenker. Enkel Ferdinand Piëch will beweisen, daß er das Geschäft besser versteht als der Opa. ›Es war mein Ziel, einmal eine größere Firma zu leiten als mein Großvater‹, sagt Piëch.«[97]

# Das Kaleidoskop der Neurosen

## Eine Typologie

Wenn man einen Menschen richtig beurteilen will,
so frage man sich immer:
»Möchtest du den zum Vorgesetzten haben -?«
*Kurt Tucholsky*[98]

Um Menschen in der Arbeitswelt – insbesondere Führungskräfte – besser zu verstehen, sind psychoanalytische Grundkenntnisse von Nutzen. Nach den schon vorgestellten populären Typologien folgt jetzt eine ausführlichere psychoanalytisch orientierte Übersicht zu den häufigsten Persönlichkeitsstörungen bei Führungskräften.

Unter Persönlichkeit versteht man die für einen Menschen typischen Erlebnis- und Verhaltensweisen. Jeder Mensch fühlt und verhält sich so, wie es seine Persönlichkeitsstruktur zuläßt. Viele Konflikte und irrationale Vorgänge am Arbeitsplatz haben ihre Ursache auch in der neurotischen, ernsthaft gestörten Persönlichkeitsstruktur eines Vorgesetzten.

Übrigens: Jeder Mensch hat in milderer oder gröberer Ausprägung Züge von einer oder mehreren der folgenden elf Persönlichkeitsstörungen. Auf die qualitative und quantitative Ausprägung jedoch kommt es an. Wir unterscheiden die

narzißtische,
zwanghafte,
paranoide,
schizoide und
aggressiv-autoritäre Persönlichkeitsstörung,

die hysterische,
phobische und
depressive Persönlichkeitsstörung,

sowie die süchtige,
psychosomatische und
kriminelle Persönlichkeitsstörung.

Bei jeder Persönlichkeitsstörung werden einleitend zunächst beispielhaft Kasuistik und generelle Merkmale dargestellt, bevor wir uns den Besonderheiten bei Führungskräften zuwenden. Dies geschieht dann jeweils unter folgenden Aspekten:

**Motiv:** Was treibt jemanden mit dieser speziellen Persönlichkeitsstörung an, eine Führungsposition anzustreben?
**Arbeitsverhalten:** Was kennzeichnet den Arbeitsstil?
**Mitarbeiter:** Wie ist der Umgang mit Mitarbeitern?
**Gefahren:** Wo liegen die Risiken der Persönlichkeitsstörung?
**Positives:** Gibt es eventuell auch Stärken?
**Kindheitserfahrungen:** Wo liegen die Ursachen?
**Beziehungsmuster** in Partnerbeziehung und am Arbeitsplatz.
**Umgangsstrategien** mit der Störung bei sich und anderen.

# BÖSEWICHTER UND QUÄLGEISTER

Gemeinsames Hauptcharakteristikum der ersten hier vorgestellten Gruppe von zu diagnostizierenden neurotischen Persönlichkeitsstörungen bei Führungskräften ist das hohe und teilweise auch gefährliche Aggressionspotential.

## Selbstliebe – Selbstdarstellung – Selbstinszenierung Die narzißtische Persönlichkeitsstörung

B. hatte sich Ende der 60er Jahre aktiv in der studentischen Protest- und Friedensbewegung engagiert. Nach Abschluß seines Studiums arbeitete er zunächst in einer kleineren Firma und bekam dann das Angebot, im Stab eines einflußreichen Regierungsausschusses mitzuwirken. Die Möglichkeit, im Zentrum der Macht zu arbeiten, hatte ihn sofort fasziniert.

Mittlerweile ist B. zum zukünftigen Star der Beratergruppe avanciert und damit beschäftigt, Macht und Glanz seiner Position auszubauen. Seine anfängliche Unsicherheit, dieser Aufgabe wirklich gewachsen zu sein, hat er inzwischen verloren. Manchmal jedoch fühlt er sich – gesteht er ein – immer noch wie ein kleiner Junge in der Welt der Erwachsenen, ängstlich darauf wartend, daß ihm jemand sagt, er habe sich mit dieser Position wohl übernommen. Mit einem selbstsicheren Lächeln relativiert er diese Phantasiebefürchtung jedoch sofort und betont im gleichen Atemzug, daß er sich sehr wohl über seine hervorragenden Fähigkeiten für diese Aufgabe im klaren ist und wisse, von welch entscheidender Bedeutung seine Beiträge für die Arbeitsergebnisse sind.

B. erhielt Erfolg und Anerkennung in seiner Arbeitsumgebung, was seine besonderen Bedürfnisse nach Glanz und Ansehen stimulierte. Die Wichtigkeit seiner Beiträge überschätzte er freilich dabei. Gleichwohl – einmal auf eine gewisse Erfolgsschiene geraten – entwickelte er intrigante Strategien, seine Leistung hervorzuheben und die anderer abzuwerten, um sich den Weg nach oben mit allen Mitteln zu erkämpfen. Erfolgreich am Stuhl seines Vorgesetzten sägend, nahm er bald dessen Position ein und erweiterte so sein Machtfeld, mit dem damit verbundenen Zuwachs an anerkennender Bewunderung.

Im gleichen Zeitraum jedoch entwickelte er auch immer deutlicher ein Gefühl, sich wie ein kleiner Junge nach Liebe und wertschätzender Zuwendung zu sehnen. Aus seiner Biographie ist erwähnenswert, daß er sein ganzes Leben lang von einer besitzergreifenden und fordernden Mutter angetrieben wurde. Sie brachte ihn dazu, bemerkenswerte intellektuelle Fähigkeiten zu entwickeln, die ihm seinen beruflichen Weg ebnen halfen.

Trotzdem fühlte er sich wie ein Scharlatan – unfähig und ohne eigene Entscheidungsfreiheit. Stets blieb in ihm das Gefühl wach, lediglich geliebt zu werden, wenn er den Leistungsanforderungen anderer nachkam. Mit anderen Worten: Sein Bedürfnis nach Ruhm und Anerkennung ließ sich auf die verdrängten Wünsche nach der Liebe der Mutter zurückführen. Er berichtete einen Traum, in dem er einem mächtigen Politiker einen von ihm geschriebenen Bericht in der großen Befürchtung übergab, der Politiker könnte entdecken, daß der Bericht nur aus lauter leeren Seiten bestand. In einem anderen Traum schickte ihn seine Mutter mit zahlreichen kleinen Allerweltsaufträgen los, die er automatisch und roboterhaft ausführte.

B. wurde zunehmend unzufriedener mit seiner psychischen Situation und mußte eingestehen, sich innerlich völlig leer zu fühlen. Auch in seinem Privatleben gab es Probleme. Er erkannte, seine Frau nicht wirklich zu lieben, ja noch niemals im Leben einen Menschen richtig geliebt zu haben. Dabei berichtete er seinem Psychoanalytiker auch über seine ihn erschreckende Phantasie, sich nicht wirklich frei zu fühlen bis zu dem Tage, wo seine Mutter sterben würde.[99]

## Merkmale

Die Bezeichnung »Narzißmus« geht auf die griechische Mythologie zurück. Narkissos, der schöne Sohn des Flußgottes Kephissos verschmäht die Liebe der Nymphe Echo und wird von Aphrodite deshalb »mit unstillbarer Selbstliebe bestraft. Beim Trinken beugt er sich über eine Quelle und verliebt sich in sein eigenes Bild. Da ihm der Gegenstand seiner Liebe unerreichbar bleibt, verzehrt er sich immer mehr vor Sehnsucht, bis er schließlich in die nach ihm benannte Narzisse verwandelt wird.«[100]

Narzißtische Persönlichkeiten sind stark ichbezogen. Neben einer Tendenz zur Grandiosität und zur totalen Überbewertung der eigenen Person sind hintergründig stets auch Minderwertigkeitsgefühle und ein im Grunde labiles Selbstgefühl vorhanden. Sie sind übermäßig von der Bewunderung anderer abhängig. Ihre Beziehungspersonen sind aber keine eigenständigen Individuen, sie existieren lediglich, »um den Glanz des grandiosen Narzißten widerzuspiegeln oder um sich dem Narzißten als Schmuckstück anzubieten«.[101]

Mit ihren Mitmenschen gehen sie dementsprechend häufig manipulativ, abwertend und ausbeuterisch um, sehen das menschliche Zusammenleben als einen vom Egoismus geprägten Kampf aller gegen alle an.

Charakteristisch ist eine Zweiteilung der Welt, eine vereinfachende Spaltung in »gut« und »böse«. Andere Menschen werden vom Narzißten entweder als ideal (nur gut) oder bedrohlich (nur böse und schlecht) wahrgenommen. Diese Spaltung in Gut und Böse dient dazu, sich selbst als vollkommen in Ordnung zu erleben, während alles Negative und Schlechte den anderen zugeschrieben wird. Diesen »Bösen« gilt dann nach einer Enttäuschung ihr oftmals ungezügelter Haß.

Auf den Punkt gebracht: Die narzißtische Persönlichkeitsstörung zeichnet sich aus durch Züge von Großartigkeit (in Phantasie oder Verhalten), einen Mangel an Einfühlungsvermögen und starke Überempfindlichkeit gegenüber der Beurteilung durch andere. Mindestens fünf der folgenden Kriterien müssen erfüllt sein, um zur Diagnose einer narzißtischen Persönlichkeitsstörung zu gelangen:

»Der Betroffene:

(1) reagiert auf Kritik mit Wut, Scham oder Demütigung (auch wenn dies nicht gezeigt wird);
(2) nützt zwischenmenschliche Beziehungen aus, um mit Hilfe anderer die eigenen Ziele zu erreichen;
(3) zeigt ein übertriebenes Selbstwertgefühl, übertreibt z.B. die eigenen Fähigkeiten und Talente und erwartet daher, selbst ohne besondere Leistung als ›etwas Besonderes‹ Beachtung zu finden;
(4) ist häufig der Ansicht, daß seine Probleme einzigartig sind und daß er nur von besonderen Menschen verstanden werden könne;
(5) beschäftigt sich ständig mit Phantasien grenzenlosen Erfolges, von Macht, Glanz, Schönheit oder idealer Liebe;
(6) legt ein Anspruchsdenken an den Tag: stellt beispielsweise Ansprüche und übermäßige Erwartungen an eine bevorzugte Behandlung, meint z.B., daß er sich nicht wie alle anderen auch anstellen muß;

(7) verlangt nach ständiger Aufmerksamkeit und Bewunderung, ist z.B. ständig auf Komplimente aus;
(8) zeigt einen Mangel an Einfühlungsvermögen: kann z.B. nicht erkennen und nachempfinden, wie andere fühlen, zeigt sich z.B. überrascht, wenn ein ernsthaft erkrankter Freund ein Treffen absagt;
(9) ist innerlich sehr stark mit Neidgefühlen beschäftigt.«[102]

## Narzißtische Führungskräfte

**Motiv.** Eine Führungsposition streben Menschen mit einer narzißtischen Persönlichkeitsstörung an, weil sie ihnen Macht und Prestige einbringt, »weil sie sich nur als die Ersten wohlfühlen können«[103] und nicht etwa aufgrund des Gefühls der Verpflichtung gegenüber einer bestimmten Aufgabe oder einem Ideal.

Die herrschende Ideologie der Geschäftswelt entspricht der narzißtischen Charakterstruktur: »Dynamisch-rücksichtslos-selbstbezogen-erfolgreich«.[104]

»Beim pathologischen Narzißmus«, schreibt der angesehene amerikanische Psychoanalytiker Otto F. Kernberg, »konzentrieren sich ... die Bestrebungen der Führungsperson auf primitive Macht über andere, auf eine schrankenlose Bewunderung und Ehrfurcht seitens der anderen, und auf den Wunsch, wegen der persönlichen Attraktivität, des Charmes und der Brillanz bewundert zu werden, nicht etwa wegen reifer menschlicher Qualitäten, moralischer Integrität und Kreativität bei der Durchführung einer aufgabenorientierten Berufs- und Administrationsführung.«[105]

**Arbeitsverhalten.** Die Instrumentalisierung von Mitarbeitern ist ein Hauptmerkmal des Arbeitsverhaltens narzißtisch gestörter Persönlichkeiten.

Als Vorgesetzte sind sie kaum in der Lage, konstruktiv zu kooperieren. Andere Abteilungen der gleichen Organisation werden entweder abgewertet (»Nur Idioten, die alles falsch machen«) oder paranoid in die Rolle des »Bösen« gedrängt. Von diesen geht dann eine (u.U. auch phantasierte bzw. projizierte) mehr oder weniger diffuse Bedrohung und Gefahr aus, so daß es nicht opportun und gerechtfertigt erscheint, Kooperationswünschen oder -angeboten nachzukommen. Noch leichter fällt Narzißten diese Strategie im Umgang mit Konkurrenten.

**Mitarbeiter.** Narzißtische Chefs verlangen – wie ihre zwanghaften und paranoiden Kollegen (s. S. 96, 103) – nicht nur absoluten Gehorsam und Unterordnung, sondern wollen zusätzlich noch von ihren Untergebenen geliebt werden. (Große Herren wollen gefürchtet und dabei geliebt sein. – Dt. Sprichwort.)

Sie bevorzugen als Mitarbeiter Jasager, in deren Bewunderung sie sich sonnen und deren Unterwürfigkeit bis Kriecherei sie fördern. »So direkt und kompromißlos der Narzißt in seinen Kritikäußerungen ist, er selbst reagiert überempfindlich auf jede Kritik oder Weigerung, ihn zu bewundern und zu idealisieren. Wenn eine Beziehungsperson ihn nicht vorbehaltlos unterstützt, so wird sie auf die schwarze Liste gesetzt und ist ausgestoßen. Es wird ihr jede Existenzberechtigung abgesprochen, ... der Bruch ist radikal und endgültig.« Sie leben nach der Devise: Wer nicht für mich ist, ist gegen mich.[106]

Insbesondere die ausgeprägte Neigung der narzißtischen Führungskraft, mehr oder weniger bewußte Neidgefühle gegenüber Mitarbeitern zu entwickeln, vergiftet das Arbeitsklima. Der berufliche Erfolg von anderen und deren aus der Arbeit gewonnene Zufriedenheit erlebt der Narzißt als Gefahr und Kränkung seiner selbst. Ständig lebt er in Sorge, durch einen eventuellen Erfolg anderer in den Schatten gestellt zu werden und fürchtet deshalb besonders die Potentesten und Kreativsten unter seinen Mitarbeitern, die er gerne aus seiner Umgebung auf ungefährliche Positionen weglobt oder gänzlich vergrault.

Auf diese Weise schafft der narzißtische Chef ein Klima, das Können und Vermögen, insbesondere die Entwicklung und Pflege des kreativen Potentials unter den Mitarbeitern massiv behindert, gar verunmöglicht. Der Mitarbeiter spürt instinktiv, daß »zu gute« Vorschläge und Ideen eine Gefahr für seine berufliche Weiterentwicklung bedeuten könnten.

Großzügig unterstützend zeigt sich ein solcher Vorgesetzter bisweilen schwächeren, bedürftigen, insbesondere neuen Mitarbeitern gegenüber, die er gerne anleitet, ausbildet und demonstrativ an seinem grandiosen Erfahrungsschatz teilhaben läßt, um durch sie abgöttische Bewunderung zu ernten. Trägt seine anfängliche Förderung Früchte und die von ihm unterstützten Mitarbeiter entwickeln sich selbständig und unabhängig weiter, kann sein anfänglich wohlwollendes Engagement abrupt in das krasse Gegenteil umschlagen. Die plötzlich Abtrünnigen werden im Kontrast zur ersten Idealisierung nun entwertet und fallengelassen.

Wegen dieses Verhaltensstils und der Unfähigkeit narzißtischer Persönlichkeiten, sich in andere Menschen einzufühlen, herrscht unter den Mitarbeitern oft eine hohe Fluktuation. Scheitern Projekte, die mit der Hoffnung auf einen strahlenden Erfolg begonnen wurden, werden Sündenböcke gesucht. Schuld sind grundsätzlich immer die anderen.

Ein narzißtischer Vorgesetzter ist nicht in der Lage, adäquat auf die emotionalen Bedürfnisse seiner Mitarbeiter nach Unterstützung und Wertschätzung einzugehen, sondern hat umgekehrt die Erwartung, – insbesondere in Krisenzeiten – von seinen Mitarbeitern narzißtisch gestützt zu werden. Dies kann sich soweit verselbständigen, daß einfühlsam-unterwürfige Mitarbeiter im vorauseilenden Gehorsam ihren Chef von allen schlechten Nachrichten abschirmen und durch permanente Beifalls- und Bewunderungsäußerungen eine operettenartig-gespenstische Atmosphäre kreieren. Das geht solange gut, bis die Katastrophe vollends hereinbricht.

**Gefahren.** Führungskräfte mit narzißtischer Persönlichkeitsstörung stellen nach Kernberg das größte Risiko für Unternehmen und Institutionen dar.[107] Ihre ungezügelte Selbstbezogenheit und ihre extremen Phantasien von eigener Größe bzw. Grandiosität kontrastieren zu ihrer permanenten Bereitschaft, andere maßlos zu beneiden. Diese Eigenschaften und ihre Unfähigkeit zur Selbstreflexion und -kritik machen Arbeitsalltag und Umgang mit narzißtischen Charakteren extrem schwierig.

Unfähig, sich und andere differenziert wahrzunehmen und richtig einzuschätzen, demonstrieren sie einen Mangel an Einfühlungsvermögen, der ihren Mitarbeiterführungsstil katastrophal prägt. Bleibt der angestrebte Erfolg aus, scheitern Projekte, entwickeln narzißtische Führungskräfte an Stelle von Depression und dem Gefühl des persönlichen Versagens häufig paranoide Züge (»Schuld sind die anderen – alle sind gegen mich – keiner gönnt mir den Erfolg«).

Dennoch handelt es sich nicht selten, attestiert Kernberg, um hochintelligente, hart arbeitende und auf ihrem Fachgebiet durchaus begabte Personen. Ihre narzißtischen Bedürfnisse jedoch neutralisieren oder zerstören früher oder später ihr kreatives Potential für das Unternehmen.[108]

**Positives.** Wie alles im Leben hat auch der Narzißmus zwei Seiten. Auf das Maß kommt es an. Die Konsequenzen eines Zuviel haben wir ausführlich beschrieben. Die positiven Aspekte eines begrenzten Ausmaßes an Narzißmus, quasi einer homöopathischen Dosis, sollen nicht unerwähnt bleiben. Ohne ein gewisses Maß an Selbstliebe geht es im Leben nicht, schon gar nicht in dem einer Führungskraft: Ohne hohe Selbstwertmeinung, eine gewisse Begabung für effektvolle Repräsentation und schaupielerische Selbstdarstellung würde eine ganze Reihe von Führungspositionen glanzlos und damit langweilig wirken. Die Bemühungen, eine Führungsposition zu erreichen und beizubehalten, können neben einer Portion Narzißmus auch mit idealistischen und altruistischen Motiven verbunden sein.

## Ursachen: Kinheitserfahrungen des Narzißten

Ein Mensch mit einer narzißtischen Persönlichkeit wurde – aus welchen Gründen auch immer – von seiner Mutter (den Eltern) nicht wichtig genommen, d.h. seine Bedürfnisse wurden als Kind nicht adäquat befriedigt oder gar nicht erst erkannt. Um dieser grundlegenden Verletzung des Selbstwertgefühls zu entgehen, entwickeln sich Phantasien von eigener Größe, Unabhängigkeit und vom Unwichtigsein anderer Personen.[109] Die spätere ständige Suche nach Bewunderern soll den frühen Mangel doch noch ausgleichen helfen. Statt Liebe verschafft sich der Narzißt Bewunderung und Erfolg.

Charakteristisch für die Kindheit von Narzißten ist weiterhin, daß deren Mütter sie nur als Teil ihrer selbst wahrnahmen, als Wesen ohne Recht auf Individualität und Autonomie. Als Kind mußten sie lernen: »Ich bin nur ich selbst, wenn ich nach dem Bild der Mutter bin, wenn ich aber so bin, wie ich mich fühle, bin ich nicht ich selbst.«[110]

Unter derartigen Bedingungen kann das Kind kein eigenes Selbst, keine eigene Identität entwickeln. Die Folgen sind Selbstunsicherheit, Minderwertigkeitsgefühle und tiefgreifende Selbstwertzweifel, die später in eine Fassade von scheinbarer Großartigkeit verkehrt werden, oft in ein die Ohnmacht kaschierendes, durch tiefen Haß geprägtes Machtgebaren.

## Typische Beziehungsmuster

**Partnerbeziehung.** In der Liebe sind narzißtische Persönlichkeiten naturgemäß schnell überfordert. Weil sie vor allem sich selbst lieben und den Anspruch haben, im Mittelpunkt zu stehen, fällt ihnen die Zuwendung zu einem anderen Menschen schwer – besonders aber die Respektierung von dessen Bedürfnissen und Ansprüchen. Nicht selten werden ausschließlich Beziehungen zu Prostituierten unterhalten, deren Verzicht auf jegliche emotionale Ansprüche der Bindungsunfähigkeit des Narzißten entgegenkommt.

Kommt es dennoch zu einer Partnerbeziehung, neigt der Narzißt zu der Erwartung, der Partner müsse sich für ihn aufgeben. Er wird – wenn er nicht das Singledasein vorzieht – die/den Partner/in primär unter dem Aspekt auswählen, seinen beruflichen Aufstieg zu unterstützen bzw. sogar aktiv zu fördern, aber implizit verlangen, eigene Ansprüche und Bedürfnisse weitgehend zurückzustellen.

Für diese dienende Rolle eignen sich vor allem depressiv strukturierte Persönlichkeiten, die die scheinbare Unabhängigkeit des Narzißten und dessen nach außen hin stark ausgeprägtes Selbstbewußtsein bewundern – beides Eigenschaften, die bei den Depressiven nicht vorhanden sind.

Diese narzißtisch-depressive Paarbildung ist jedoch meist nicht sehr haltbar. Der Depressive reagiert auf die emotionale Unterversorgung von seiten des Narzißten früher oder später mit einer Eskalation seiner depressiven Symptomatik. Eine Trennung steht dann meist am Ende eines langen Leidensweges. Als plastisches Beispiel – wenngleich auch nicht offiziell getrennt – könnte das holländische Königspaar Beatrix/Claus angesehen werden.

Erfolgversprechendere Partnerbeziehungen als die von Narzißt und Depressivem sind eher solche, in denen sich zwei narzißtisch strukturierte Persönlichkeiten zusammenfinden, wobei aber intern abgestimmt werden muß, daß eine/r von beiden die zweite Geige zu spielen hat. Als aktuell-zeitgeschichtiches Beispiel für eine derartige Paarbildung könnte das amerikanische Präsidentenehepaar Clinton gelten.

**Arbeitsplatz.** Narzißtisch strukturierte Persönlichkeiten wünschen sich von ihren Mitarbeitern vor allem, bewundert zu werden. Sie ziehen besonders Personen mit einem schlechten Selbstwertgefühl an, das sich jedoch durch die Nähe zu einem »so wichtigen« Menschen, wie es der Narzißt dazustellen scheint, »aufladen« läßt.

In der Fachsprache formuliert bedeutet dies für die vom Narzißten Angelockten: Sie suchen sich jemanden, den sie idealisieren können, um damit ihr eigenes Ideal-Selbst auf den Narzißten zu projizieren. Durch die dann folgende Identifizierung borgen sie sich quasi ein akzeptables Selbst.

Als Beispiel für eine derartige narzißtische Kollusion (d.h. unbewußtes Zusammenspiel) führt der Paartherapeut und Psychoanalytiker Jürg Willi die typischen Chefsekretärinnen an: »Sie sind ganz identifiziert mit ihrem Chef, den sie verehren und dessen Ruhm und Glanz sie überhöhen. Sie stellen sich ganz in seinen Dienst, fühlen sich in ihn ein und kommen jedem seiner Wünsche zuvor. Sie bilden gleichsam die Infrastruktur ihres Chefs, erledigen seine Telefonate, vereinbaren seine Termine, ordnen seine Akten, bereiten ihm Kaffee, und wenn sie einige Jahre in dieser Stellung gestanden haben, sind sie diejenigen, die alles wissen und alles kontrollieren, während ihr Chef sich ohne sie gar nicht mehr zurechtfindet. Der Chef ist zwar weiterhin der Große, aber ohne seine Sekretärin ist er nicht mehr funktionsfähig. Sie bildet nicht nur seine rechte Hand, sondern den Boden, auf dem er steht und wächst. Sie wird für ihn – gerade wegen ihrer scheinbaren Anspruchslosigkeit und Dienstbarkeit – absolut unentbehrlich. Er ist schließlich mehr auf sie angewiesen, als sie auf ihn. Sie füllt ihn aus und lenkt sein Tun und Denken. Er ist zu einem Teil von ihr geworden und sie zu einem Teil von ihm. Oft ist sie es, die den Chef erst richtig zum Chef hochstilisiert. Im Vorzimmer sitzend, hütet sie den Zutritt zu ihm wie ein Cerberus und überhöht so die Distanz zu seinen Untergebenen. Der Besucher, der bei ihr die Zulassung zu dem heiligen Gemach erwartet, wird von Ehrfurcht ergriffen und von Herzklopfen befallen, bei all der Geschäftigkeit, die die Sekretärin vor seinen Augen entwickelt und mit der sie die Bedeutung des Chefs unterstreicht. Keiner soll sich unterstehen, es ihrem Chef gegenüber an Respekt mangeln zu lassen.«[111]

## Umgangsstrategien

**Selbsterkenntnis.** Ein normal ausgeprägtes Maß an Eigenliebe, wie es für Karriere und Aufgabenbewältigung bei einer Führungskraft geradezu Voraussetzung ist, ist in der Regel unproblematisch. Bemerkt man bei sich selbst Ausformungen eines übermäßigen, sich selbst und andere in Leidenszustände versetzenden Narzißmus, führt kein Weg an der Konsultation eines erfahrenen Psychotherapeuten vorbei. Die Gefahr zunehmender Isolation und Vereinsamung sowie das Überhandnehmen des Gefühls eines unerfüllten, unglücklichen Lebens wären ein zu hoher Preis für das ständige Ausweichen vor sich selbst und seinen inneren Defiziten und Konflikten.

**Selbstbehauptung.** Beim Umgang mit dem Problem-Chef-Typus »Narzißt« geht es zunächst einmal um die Frage, ob es sich wirklich um eine Persönlichkeit mit pathologischen Charakterzügen handelt.

Die »Diagnose« ist oft keineswegs so einfach, wie es hier bei der Lektüre erscheinen mag. Erforderlich ist ein gewisses Maß an kritischer Distanz dem anderen gegenüber, die es erlaubt, eine richtige Einschätzung aufgrund der hier beschriebenen Verhaltensmerkmale vorzunehmen.

Gleichzeitig ist aber immer auch eine kritische Distanz sich selbst gegenüber angezeigt, um nicht der Gefahr einer spontan-affektiven Reaktion auf den Narzißten zu erliegen, z.B. einer Idealisierung aus einer eher depressiven Position heraus (s.o.). Genauso unreflektiert wäre es, sich zum Spielball der ausbeuterischen, herrschsüchtig-manipulativen Tendenzen des Narzißten machen zu lassen. Die Leitfragen »Was macht er mit mir?« / »Was löst er in mir aus?« können bei diesem Erkenntnisprozeß und dem Bemühen um kritische Distanz recht hilfreich sein.

Daß man es mit einer narzißtischen Persönlichkeit zu tun hat, signalisieren z.B. folgende, bei einem selbst wahrzunehmende Gefühlsreaktionen: Deutliche Schwierigkeiten, dem Gegenüber bei seinen vereinnahmenden Monologen zuzuhören; Langeweile, Schläfrigkeit; das zunehmende Gefühl, keinen echten Kontakt mehr halten zu können; aufkommende Ironie; der Wunsch, die eigenen Gefühle deutlich zu betonen – als Reaktion auf die uneinfühlsame Art des anderen; aufkeimender Ärger über die kühle, selbstverständliche Ansprüchlichkeit des Gegenübers; Gefühle von Gekränkt- und Verletztsein.

Das Ansinnen, narzißtische Persönlichkeiten durch eine Art geduldiges gutes Zureden verändern zu wollen, hätte Züge genau der Größenphantasien, mit denen man es beim Narzißten zu hat. Wenn es nicht gelingt, sich diesen Typus auf Abstand zu halten oder seinen Wirkungskreis stark zu begrenzen, drohen wie beschrieben echte Gefahren für die Mitarbeiter und das Unternehmen selbst. In diesem Fall muß von seiten der Unternehmensleitung auch an die Versetzung einer Führungskraft mit einer derartigen Charakterpathologie bzw. an eine Trennung gedacht werden – oft die einzige Möglichkeit, einen Wandel zu initiieren.

Kommt eine Trennung nicht in Betracht, kann man versuchen, den

Einfluß der narzißtischen Führungskraft zu beschränken, indem durch organisatorische Maßnahmen die Macht breiter verteilt wird.

Je mehr Personen in strategisch wichtige Entscheidungsprozesse mit einbezogen, funktionsübergreifende Ausschüsse und Projektgruppen mit Verantwortung ausgestattet werden, desto effektiver kann man den krankhaften und unrealistischen Einflüssen einer narzißtischen Führungskraft gewisse Grenzen setzen.

Der beste Weg für eine Prävention wäre eine adäquate Aufmerksamkeit für die pathologische Ausprägung narzißtischer Persönlichkeitsmerkmale bereits bei Bewerbern im Vorstellungsgespräch sowie bei (Be-)Förderungsmaßnahmen.

Versagen diese Interventionsmöglichkeiten, gilt der Rat des amerikanischen Psychoanalytikers und Organisationsberaters Manfred F.R. Kets de Vries: »Dann braucht man externe professionelle Hilfe, sofern das Individuum bereit ist, diese Alternative zu akzeptieren. Der Schmerz, der viele dieser narzißtischen Verhaltensmuster begleitet, ist normalerweise die treibende Kraft. Das normale Anzeichen, daß eine allgemeine Aufnahmefähigkeit für Veränderung besteht, ist die Manifestation gewisser Streßsymptome. In solchen Fällen erkennt die Führungskraft letztlich vielleicht, daß etwas nicht stimmt. Was nicht stimmt, ist eher unklar, kann aber um vage Klagen über Unzufriedenheit mit dem Leben, Gefühle von Sinnlosigkeit, Mangel an Antrieb und sogar das Gefühl, betrügerisch zu sein, kreisen.«[112]

Ob sich allerdings die Inanspruchnahme professioneller psychotherapeutischer Hilfe – auch in Form von Teamsupervision – in Deutschland so ohne weiteres in einem breiteren Umfang realisieren läßt, wagen wir nach unseren Erfahrungen zu bezweifeln. Eher wird jede Menge Geld für Unternehmensberater lockergemacht, als den Gang zum Psychotherapeuten anzutreten. Die Einsicht, daß auf der emotionalen Ebene Defizite oder Defekte bestehen, ist immer noch so angstauslösend, daß neben dem hartnäckigen Verdrängen eher die Bereitschaft vorhanden sein dürfte, »bis zum Umfallen« zu kämpfen, statt die verborgenen wirklichen Ursachen der Symptome und Konflikte effizient zu bearbeiten.

# Kühl – distanziert – mißtrauisch – verschlossen
# Die schizoide Persönlichkeitsstörung

Der Chefarzt einer Psychiatrieabteilung hatte deutlich schizoide Züge mit starken Isolations- und Rückzugstendenzen. Er vermittelte seinen Mitarbeitern den Eindruck, daß keiner von ihnen den Laden so richtig in Schwung halten würde. Der größte Teil der alltäglichen Verantwortung für die Arbeit lag in den Händen des Oberarztes, der von den Mitarbeitern als der eigentliche Leiter angesehen wurde. Er verfügte über eine gute soziale Kompetenz im Umgang mit dem Krankenpflegepersonal und sorgte für eine Abgrenzungsfunktion zwischen dem Chef und seinen Mitarbeitern.

Dabei kamen aber die Bedürfnisse der höheren Mitarbeiter – insbesondere der medizinischen Kollegen – nach Unterstützung, Kontakt und Austausch zu kurz. Dies führte zum generellen Eindruck unter den Mitarbeitern, daß jeder auf sich selbst gestellt sei und daß es wenig Gemeinsamkeiten gab.

Auch wenn die Abteilung als ein Ort eingeschätzt wurde, der für die unabhängige und selbständige Entwicklung der Mitarbeiter einen genügend großen Spielraum ließe, wenn man nur wolle, vermochten zahlreiche Mitarbeiter in diesem Klima – einer Art humaner Isolation – nicht zu arbeiten und beschlossen zu kündigen.[113]

*

Der amerikanische Psychoanalytiker und Unternehmensberater Kets de Vries berichtet über den Präsidenten eines der größten amerikanischen Lebenmittelkonzerne, Eli Black: Geschäftspartner und Freunde beschrieben Black als einen reservierten, förmlichen Mann, der zwar häufig lächelnd, aber nie wirklich lachend gesehen wurde. Black war der Typ, der nie die Ruhe verlor und kontrolliert genug war, um nicht vor Wut loszubrüllen. Für Small Talk hatte er nicht viel übrig, es war schwierig, mit ihm ins Gespräch zu kommen. Er vermied es, sich in der Öffentlichkeit zu zeigen und war peinlich darauf bedacht, nicht fotografiert zu werden.

Bisweilen führte er das Unternehmen mit eiserner Hand, aber es gab auch Zeiten, da ließ er seine Manager recht selbständig schalten und walten.

Nachdem eine schwere wirtschaftliche Krisenzeit dank seines Engagements einigermaßen gut überstanden war, erstaunte sein Suizid, sein Sprung aus dem 44. Stock des Bürogebäudes in Manhattan, um so mehr. Er hatte das Fenster geöffnet, zunächst seinen Koffer hinausgeworfen und war dann gesprungen.[114]

*

Die ZEIT-Journalistin Nina Grunenberg schreibt in ihrem Porträt-Buch »Die Chefs« über den 1989 ermordeten Deutsche-Bank-Chef Alfred Herrhausen:

»Manchmal sah man ihn dort (in Frankfurt; H/S) auf einem Sektempfang mit einem Glas Bier in der Hand – die Kellner wußten das schon. Einsam stand er dann in der Gegend, ein Einzelkämpfer von etwas mürrischer Arroganz, dem man den Elfenbeinturm der Deutschen Bank anmerkte. Meist war er recht bald wieder verschwunden. Auf Einladungen, die nicht geschäftlich interessant waren, sondern nur der Pflege menschlicher Beziehungen dienten, war er selten zu sehen. Anders als sein großer Vorgänger Abs ... fehlte Herrhausen ein Quentchen warmer menschlicher Ausstrahlung.«[115] (vgl. a. S. 41 f.)

*

Ein Maschinenbaufertigungstechniker:

»Etwas ändern kann ich sowieso nicht, also muß ich es hinnehmen. Der Mißstand ist der, daß man sich gar nicht geachtet fühlt von der Geschäftsleitung. Man wird nicht gelobt, man wird nicht getadelt. Man kriegt gar keine Resonanz. Deshalb stelle ich mir manchmal die Frage: Mensch, was sollst du überhaupt hier? Jeder Mensch muß doch das Gefühl der Anerkennung haben. Wenn man zusammen zum Beispiel abends länger gemacht hat, daß die sich von der Geschäftsleitung mal sehen lassen, daß man mal ein paar Worte zusammen spricht. Es geht ja nicht nur ums Geld. Es gibt bei den Mitarbeitern keinen Stolz auf die Firma. Keiner sagt zum Beispiel ›bei uns‹, sondern sie nennen alle den Namen der Firma. Das sagt ja eine Menge aus. Man geht auf Distanz.«[116]

## Merkmale

Schizoide Persönlichkeiten (von griech. schízein = spalten) wirken kühl-distanziert, mißtrauisch, verschlossen, unpersönlich, unbeteiligt, manchmal auch arrogant. Es fehlt ihnen an Wärme, sie selbst verspüren häufig ein Gefühl der Entfremdung. Ihre zwischenmenschlichen Beziehungen bleiben irgendwie emotionslos, oberflächlich und leer. Wenn man eben noch meinte, ihnen nähergekommen zu sein, reagieren Schizoide oft schroff, nehmen eine feindselige, abweisende Haltung ein, ziehen sich zurück oder brechen Beziehungen ab.

Sie fallen häufig durch verbal verletzendes Verhalten auf, durch zynische Bemerkungen mit im doppelten Wortsinn treffenden Inhalten, oft auch durch selbstüberhebliche Kritik. Die Variationsbreite ihrer Gefühlspalette reicht von mimosenhafter Empfindlichkeit bis zur regelrechten Stumpfheit bei Ausschaltung jeglicher Gefühle. Ihre Höflichkeit jedoch wirkt nicht echt, sondern krampfhaft-erzwungen und man fürchtet sich vor dem, was sie hinter ihrer Fassade verbergen. Gerne bleiben sie unverbindlich, achten peinlich auf ihre Unabhängigkeit, sind kaum begeisterungsfähig.

Auch wenn sie auf den ersten Blick einen weitgehend normalen Eindruck machen, merkt man im Umgang mit ihnen relativ bald: ihr Verhalten wirkt unecht und aufgesetzt. Unter diesem Gefühl der Unwirklichkeit leiden sie selbst, bis hin zu Depersonalisationszuständen (neben sich stehen, nicht sicher sein, ob man wirklich existiert). In der Beschreibung schizoider Persönlichkeiten wird auch vom Eindruck eines »falschen Selbst« und einer »Als-ob-Persönlichkeit« gesprochen.

Auf den Punkt gebracht: Hauptmerkmal der schizoiden Persönlichkeitsstörung ist ein in den verschiedensten Lebenssituationen auftretendes konstantes Verhaltensmuster, das durch Gleichgültigkeit in zwischenmenschlichen Beziehungen und eine erheblich eingeschränkte emotional-affektive Erlebnis- und Ausdrucksweise gekennzeichnet ist.

Mindestens vier der folgenden Kriterien müssen erfüllt sein, um die Diagnose einer schizoiden Persönlichkeitsstörung gerechtfertigt erscheinen zu lassen:

Der Betroffene
(1) hat weder den Wunsch nach engen Beziehungen, noch Freude an solchen (einschließlich seiner Rolle als Familienmitglied);
(2) sucht sich fast immer Unternehmungen/Aktivitäten aus, die er allein machen kann;
(3) berichtet distanziert über sich bzw. scheint nur selten oder gar nicht starke Emotionen wie Zorn und Freude zu empfinden;
(4) zeigt, wenn überhaupt, nur wenig Interesse an sexuellen Beziehungen/Kontakten;
(5) wirkt gleichgültig gegenüber Lob und Kritik;
(6) hat keine engen Freunde und Vertrauten – oder höchstens eine Person (außerhalb des Kreises seiner Verwandten ersten Grades);
(7) läßt nur einen eingeschränkten Affekt erkennen, d.h. er macht einen kalten, unnahbaren Eindruck (auch die affektive Resonanz in Mimik und Gestik ist gleich null).[117]

## Schizoide Führungskräfte

**Motiv.** Das Bedürfnis, sich unabhängig und autonom zu fühlen, nicht angewiesen auf andere und auf eine besondere Weise – wie durch eine unsichtbare Wand – vor den Mitmenschen geschützt zu sein, kann zum Motor für den Aufstieg bis in die abgeschirmte Chefetage sein. Eine Flucht nach oben (vgl. S. 36 f.), etwa nach dem Leitsatz: Lieber selber herrschen als beherrscht werden, lieber Boß als Roß. Aber auch das macht schizoiden Führungskräften nicht die rechte Freude, bringt sie in Schwierigkeiten, denn wo immer es zu Kontakten mit den Mitmenschen kommt, entwickeln sie Ängste, fürchten sie, sich selbst zu verlieren.

**Arbeitsverhalten.** Schizoide Chefs versuchen, alle Probleme »rein sachlich« anzugehen – objektiv, verstandesmäßig und kühl. Es geht um das Wohl der übergeordneten »Sache«, menschliche Schicksale sind für sie weniger interessant. Persönlichen Kontakten gehen sie eher aus dem Weg. »Sie verbreiten die Aura geschäftsmäßiger technokratischer Nüchternheit und wirken häufig im lockeren sozialen Kontakt unbeholfen und linkisch. Ihre Persönlichkeit verschanzen sie hinter ihrer Rolle, den Fakten, dem Sachzwang.«[118] Schizoide Persönlichkeiten sind häufig Zahlenfetischisten, verstecken sich gern hinter abstrakten Plänen und der weitreichenden Quantifizierung und Technisierung von Arbeitsabläufen.

Nicht selten erleben sie in ihrer Tätigkeit ein Gefühl der Langeweile und Entfremdung und beklagen die Qualität ihres Arbeitsfeldes. Dies kann eine eventuell schon vorhandene Unzufriedenheit noch vertiefen und Gefühle der generellen Sinnlosigkeit und Leere verstärken.

**Mitarbeiter.** Es als Mitarbeiter einem schizoiden Vorgesetzten recht machen zu wollen, ist wirklich nicht einfach. Die auf unangenehme Weise distanzierte, immer auf Abstand bedachte, zum Rückzug tendierende Führungskraft frustriert durch ihre kühl-unzugängliche Wesensart die angemessenen Wünsche nach Beziehung und Unterstützung.

Ihre eigene hintergründige Feindseligkeit projizieren schizoide Chefs oft auf andere Menschen. Diese werden dann – innerhalb oder außerhalb des Unternehmens – als Bedrohung erlebt. Schizoide verbreiten auf diese Weise im Unternehmen ein Klima paranoiden Mißtrauens, das sich z.B. in ausgeklügelten Überwachungssystemen oder willkürlichen Anweisungen ausdrücken kann, denen sich die Untergebenen kritiklos unterzuordnen haben. Hinter der Feindseligkeit gegenüber den eigenen Mitarbeitern steckt häufig ein verborgener (verdrängter und unbewußter) Kontakt- und Abhängigkeitswunsch.

Für den Führungsstil von schizoiden Persönlichkeiten ist die grundverschiedene Behandlung von Mitarbeitern charakteristisch.

Diese werden als Genies, als nützliche Trottel oder schlicht als Idioten eingeschätzt, was zu Spannungen und Konflikten mit dem Vorgesetzten und unter den Mitarbeitern selbst führt.[119] Deren Bedürfnisse nach Verständnis und Unterstützung kommen zu kurz oder werden übergangen. Entsprechend unzufrieden bis unglücklich sind diese, und ein schlechtes Betriebsklima ist das Ergebnis.

**Gefahren.** Ein solcher Cheftypus beschwört über kurz oder lang gravierende Personalprobleme herauf. Seine Mitarbeiter fühlen sich von ihm frustriert, im Stich gelassen. Insbesondere vermissen sie klare Aufgabenstellungen und ein angemessenes Feedback zu ihren Arbeitsergebnissen. Ein schizoider Chef ist der Tod jeder kreativen Teamarbeit und fördert unbewußt durch seine Kontakt- und Führungsschwäche Machtkämpfe und Intrigen.

**Positives.** Als Einzelkämpfer sind Schizoide durchaus in der Lage, Überdurchschnittliches zu leisten. Ihre scharfe Beobachtungsgabe, ihre Fähigkeit, abstrakt und kritisch zu denken, effizient zu analysieren und »der Sache wegen« Unannehmlichkeiten zu ertragen, macht sie für spezielle schwierige Aufgaben gut einsetzbar.

## Ursachen: Kindheitserfahrungen des Schizoiden

Die schizoide Persönlichkeitsstruktur basiert auf Störungen in der frühen Kindheit, in der es an »Nestwärme«, liebevoller Geborgenheit und vor allem auch an emotionaler Sicherheit fehlte. Anstelle eines Ur-Vertrauens, eines zuversichtlichen Sich-verlassen-Dürfens entwickelte sich deshalb ein Ur-Mißtrauen. Um einer Wiederholung der enttäuschenden Kindheitserfahrungen und erneuten Verletzungen vorzubeugen, geht die schizoide Persönlichkeit auf Distanz, konzentriert sich lieber »auf das Sachliche«. Enttäuscht von den ersten Liebesobjekten, täuscht und enttäuscht der Schizoide im Erwachsenenleben nun seinerseits andere Menschen.

## Typische Beziehungsmuster

**Partnerbeziehungen.** »Gleich und gleich gesellt sich gern« ist oft das unbewußte Partnerbeziehungsmotto schizoider Persönlichkeiten. Am liebsten wählen sie sich Partner, mit denen sie sich wortlos verstehen, die ebenfalls Angst vor allzu großer Nähe haben. Wegen eben dieser Angst bleiben viele Schizoide auch lieber gleich allein. Der Charakterforscher König wählt als populäre Illustration für die Partnerwahl dieser Persönlichkeiten Frank Sinatras berühmten Song »Strangers in the night ...«: »Zwei Menschen, die sich als Fremde begegnen und plötzlich entdecken, daß sie einander vollkommen verstehen.«[120] Wie im Song so ist es häufig auch im Leben mehr die Phantasie und das Wunschdenken, das das Paar – wenn überhaupt – für längere Zeit zusammenhält.

**Arbeitsplatz.** Der introvertierte, kühl-distanzierte, vor allem rational planende Chef sucht sich als »Adjutant« oder rechte Hand zum Ausgleich dieses Defizits – wenn er klug ist – einen emotional wärmeren extrovierten Menschen, der (z.B. auf der mittleren Managementebene) für die psychosoziale Betreuung der Mitarbeiter zuständig ist.

## Umgangsstrategien

**Selbsterkenntnis.** Wenn Sie das Gefühl haben, Nähe nicht oder nur schlecht ertragen, nicht zulassen zu können, versuchen Sie trotzdem, im notwendigen Umgang mit anderen nicht verletzend zu sein. Ihr Potential steht Ihnen durch die energieverzehrende Abschirmung nach außen nur eingeschränkt zur Verfügung. Es ist lohnenswert, sich – am besten mittels professioneller psychotherapeutischer Hilfe – mit den Mechanismen und Hintergründen Ihrer Zurückgezogenheit zu beschäftigen, um versuchs- und ansatzweise halbe Schritte nach vorn auf andere Menschen zuzugehen. Sie werden sehen: Vieles wird leichter.

**Selbstbehauptung.** Jemandem, der aufgrund seiner Charakterstörung viele hundert Stunden Psychoanalyse benötigt, um wirklich

»aufzutauen«, ist natürlich in wenigen, auf den Arbeitsplatz begrenzten Begegnungen nicht beizukommen. Ein Fehler wäre es auf jeden Fall, zu viel Kontakt und Nähe anzubieten, die eng gesteckten Grenzen des Schizoiden nicht zu respektieren. Also: Kein Zeitdruck, keine übermäßigen Erwartungen und Ansprüche (bewahrt vor Enttäuschungen).

## Die Projektion der Feindseligkeit
## Die paranoide Persönlichkeitsstörung

Der Abteilungsleiter Entwicklung eines Maschinenbaukonzerns, Manfred P., arbeitete eng mit den Kollegen anderer Abteilungen gleicher Ebene zusammen. Dennoch fühlte er sich ständig in einer enormen Anspannung, weil er Intrigen und Machtkämpfe der anderen Abteilungsleiter gegen sich vermutete und ihnen unterstellte, sie würden seine persönlichen Leistungen und die seiner Abteilung nicht recht zu schätzen wissen. Um in diesem Gefühl nicht allein zu sein, weihte er seine engsten Mitarbeiter ein und bat sie um Mithilfe und Unterstützung, in dem Bemühen, das *standing* seiner Abteilung zu verbessern.

Das Stimmungsbild unter den leitenden Mitarbeitern der Abteilung Entwicklung verbesserte sich, weil sie sich gemeinsam gegen einen äußeren Gegner verbündet wußten. Durch nun beginnende und immer aggressiver werdende Auseinandersetzungen zwischen dem Abteilungsleiter Entwicklung – der gestärkt durch seine eigenen Mitarbeiter glaubte, es seinen Kollegen zeigen zu müssen – veränderte sich das zunächst kollegiale Klima unter den Abteilungsleitern wirklich zum Negativen. Jetzt hatte sich P. seine Abteilungsleiter-Kollegen wirklich zu Feinden gemacht. Die notwendige Kooperation zwischen den Abteilungen funktionierte nur noch sehr schlecht, und von der Geschäftsführung auf zu verantwortende Probleme angesprochen, reagierte Herr P. aggressiv-vorwurfsvoll gegenüber seinen eigenen Mitarbeitern und beschuldigte sie der Sabotage und der »Kollaboration« mit den anderen »feindlichen« Abteilungsleitern.

Seiner Meinung nach versuchten leitende Angestellte seiner eigenen Entwicklungsabteilung auf diese Weise am Stuhl ihres Chefs, an seiner Position zu sägen.

*

Eine Chefsekretärin berichtet über das Verhalten ihres Chefs nach einer Attacke gegen sie:

»Mein Chef kam wenig später und fragte nach einem Kaffee. Dabei verhielt er sich so, als ob nichts vorgefallen wäre. Er merkte natürlich an meinem Verhalten und an meinem verweinten Gesicht, was los war, und sagte dann doch tatsächlich: Ich wollte Ihnen doch nichts Böses! Da habe ich mich zum ersten Mal gewehrt. Und ihm gesagt, wieviele Überstunden ich machte und daß ich großes Interesse an meiner Arbeit hätte. Und er solle aufhören, es an mir auszulassen, wenn er sich über andere ärgere. Zu meinem größten Erstaunen sagte er dann: Er fühle sich der ganzen Sache nicht gewachsen. Die anderen würden ihn an die Wand drücken und sich über ihn lustig machen, und er hätte das Gefühl, ich spiele da mit.«[121]

## Merkmale

Paranoide Persönlichkeiten zeichnen sich durch ihr tiefgreifendes Mißtrauen gegenüber anderen Menschen aus. Die Handlungen ihrer Mitmenschen werden von ihnen als absichtlich erniedrigend oder bedrohlich erlebt. Schnell fühlen sie sich aufgrund ihres starken Beziehungserlebens irgendwie ausgenutzt und benachteiligt, stellen die Loyalität oder Glaubwürdigkeit ihrer Umgebung wiederholt radikal in Frage. Hinter allem vermuten sie List, Betrug und Täuschung.

Weitere Merkmale sind ihre Überempfindlichkeit und die aufs äußerste angespannte Wachsamkeit, immer aus einer Furcht heraus, Schaden erleiden zu können. Stets sind sie bereit, (eingebildete) Bedrohungen abzuwehren. »Ihr mangelndes Vertrauen ist Symptom für ihre Überbeschäftigung mit versteckten Motiven und speziellen Bedeutungen und führt zu einer Störung der Wahrnehmungen, Gedanken und Erinnerungen. Auch wenn sie keine Bestätigung für Verdächtigungen finden, bauen sie sie zu einem verwickelten Netz aus und verweisen auf die Unaufrichtigkeit ›der anderen‹«.[122]

Schnell fühlen sich paranoid veranlagte Persönlichkeiten übergangen und mißachtet. Sie sind geradezu streitsüchtig, werden leicht zornig, machen »aus einer Mücke einen Elefanten« und überreagieren mit Gegenattacken. Ihr Groll gegen eine andere Person wird lange gehegt und diese mit Mißachtung gestraft. Beleidigungen oder verletzende Äußerungen gegen die eigene Person können schlecht vergeben werden.

Gerne leugnen sie persönliche Schwächen oder Verantwortung, verhalten sich blind gegenüber eigenen Fehlern und beschuldigen statt dessen andere. Kritik an ihrer Person lassen sie in ihrer aggressiven Gereiztheit nicht zu.

Zu ihren Hauptabwehrmechanismen gehören Spaltung (Neigung, die Welt in gut und böse aufzuteilen) sowie vor allem Projektion, die dem irrationalen Erleben, sich verfolgt und bedroht zu fühlen, zugrundeliegt. Mit Hilfe der Projektion verschiebt die paranoide Persönlichkeit (vor allem) feindselige Impulse auf andere Menschen, etwa nach der Formel: »Nicht ich bedrohe und bin feindselig – die anderen sind es.« (Übrigens: Die Projektion ist eine beliebte Methode politischer Propaganda aller Zeiten.)

Auf den Punkt gebracht: Eine durchgängige, ungerechtfertigte Neigung zum Mißtrauen, wodurch die Handlungen anderer als absichtlich erniedrigend oder bedrohlich interpretiert werden, ist Hauptkennzeichen der paranoiden Persönlichkeitsstörung.

Mindestens vier der folgenden Kriterien müssen erfüllt sein:

Der Betroffene
(1) fühlt sich – ohne triftigen Grund – von anderen ausgenutzt, benachteiligt oder bedroht;
(2) bezweifelt grundlos die Loyalität oder Glaubwürdigkeit von Menschen seiner Umgebung;
(3) mißt harmlosen Bemerkungen oder Vorkommnissen eine versteckte, für ihn abwertende oder bedrohliche Bedeutung zu;

(4) hegt lange einen Groll gegen andere, ist extrem nachtragend, kann nicht verzeihen;
(5) vertraut sich nur zögernd anderen Menschen an, hat große Angst, Informationen könnten gegen ihn verwandt werden;
(6) hat die Neigung, sich übergangen, mißachtet zu fühlen, wird schnell zornig und reagiert unangemessen;
(7) ist extrem eifersüchtig und unterstellt grundlos Untreue des Partners.[123]

## Paranoide Führungskräfte

**Motiv.** Die Möglichkeit, in einer Führungsposition Macht, Kontrolle und aggressive Impulse realisieren zu können, treibt derart strukturierte Persönlichkeiten fast manisch auf der Karriereleiter voran. Dabei wirken sie aufgrund einer subjektiv permanent empfundenen Bedrohung gehetzt und unfähig zur Entspannung. Ständig umgeben von vermeintlichen Feinden, müssen sie es sich und ihrer Umwelt beweisen. Die Schuldigen aufzuspüren und zu bestrafen, ist ein wichtiger Antrieb, der von einer Vorgesetztenposition aus leichter zu realisieren ist.

Gerade in Krisenzeiten von Unternehmen erscheint dies alles gut möglich. Diese beinhalten für die paranoide Führungskraft die Chance, ein übertrieben mißtrauisches Verhalten zu rechtfertigen. Ist die Krise erfolgreich überwunden, besteht die Gefahr, unbewußt ständig neue Krisensituationen zu provozieren oder heraufzubeschwören, um ihr mißtrauisches Verhalten aufrechterhalten zu können.

Noch einmal der amerikanische Psychoanalytiker und Institutionsberater Kets de Vries, der Persönlichkeiten mit einer paranoiden Charakterstruktur als ausgesprochen anfällig für die Psychodynamik von Macht einschätzt: »Sie taxieren sorgfältig Status und Position und sind neidisch und eifersüchtig auf diejenigen auf höheren Stufen. ... Je höher jemand steigt, desto mehr Neid kommt zum Vorschein und desto verletzlicher und empfindlicher fühlt sich jemand gegenüber den Angriffen anderer. Es ist nicht verwunderlich, daß diese Neigungen sich verstärken, wenn ein paranoides Individuum Macht erlangt. Paranoia und Führung scheinen nahe beieinander zu liegen.«[124]

**Arbeitsverhalten.** Im Zentrum der Aktivitäten steht die Abwehr von vermeintlichen feindlichen Angriffen oder die Suche nach Schuldigen, nach Sündenböcken, die verantwortlich sind und bekämpft und bestraft werden müssen. Dabei wird viel Energie freigesetzt, die eine sachliche Rechtfertigung bei weitem überschreitet. Die schwer gestörte, durch Wahrnehmungsverzerrungen geprägte zwischenmenschliche Kommunikation wirkt sich massiv behindernd auf Arbeitsergebnis und -verhalten aus. Die Kosten für Vorsichts- und Kontrollmaßnahmen stehen in keinem vernünftigen Verhältnis.

**Mitarbeiter.** Das Bedürfnis, vor allem kritisch erlebte Mitarbeiter zu unterdrücken und zu kontrollieren, ist bei paranoiden Führungskräften extrem unangenehm ausgeprägt. »Da es der Führungsperson so leicht fällt, das, was ›die anderen sagen‹ als mangelnden Respekt, als falsche Behandlung und als verborgene Feindseligkeit gegen sie zu deuten, kann beim Personal die Angst davor aufkommen, sich frei auszusprechen.«[125] Diese Zurückhaltung aus Ängstlichkeit von seiten der Mitarbeiter verstärkt im Sinne eines circulus vitiosus das Mißtrauen der Führungskraft.

**Gefahren.** Paranoide Persönlichkeiten stellen für jedes Unternehmen ein ernsthaftes Gefahrenpotential dar. Sie tragen dazu bei, daß das Betriebsklima extrem schlecht und die Personalfluktuation hoch ist und belasten aufs äußerste die funktionalen Beziehungen, die sie zu ihren Mitarbeitern herstellen und unterhalten müssen. Die radikale Aufspaltung in »gut« und »böse« trägt nur eine sehr begrenzte Zeit, hat schnell höchst destruktive Auswirkungen. Die Negativliste der Charaktereigenschaften ist beeindruckend genug.

»Innerhalb der Organisation kann die rachsüchtige Verfolgung all jener, die die paranoide Führungsperson als mögliche Feinde verdächtigt, die kreative Kritik in einem viel erheblicheren Maße zunichte machen, als im Falle der zwanghaften Persönlichkeit mit sadistischen Zügen.«[126]

**Positives.** Kontroll- und Verteidigungssysteme können auch Vorteile beinhalten. Der positive Nutzen einer paranoiden Führungspersönlichkeitsstruktur für ein Unternehmen und seine Ziele ist im besten Fall jedoch nur äußerst kurzfristig. Die Konzentration auf einen möglichen Außenfeind kann vorübergehend zu einer Energiebündelung führen, zu einer Konzentration aller Kräfte auf ein gemeinsames Ziel.

## Ursachen: Kindheitserfahrungen des Paranoiden

Hintergrund dieser Persönlichkeitsstörung ist häufig eine Erziehung durch extrem eindringliche, eine autonome Sphäre des Kindes nicht respektierende Eltern. In einem Netz von Projektionen und Zuschreibungen durch andere ist das sich entwickelnde Kind gefangen und schafft es nicht, sich einen eigenen psychischen Raum zu kreieren. Dadurch verunsichert in bezug auf das eigene Ich, ist es verwirrt und im unklaren darüber, wo sein eigenes Ich endet und ein anderes beginnt. Der Versuch des Kindes, Autonomie und Fortschritte auf dem Weg zur Individuation zu erreichen, wird von den Eltern sabotiert und unterdrückt. Dies wird vom Kind zurecht als Verfolgung, Angriff und Kampf erlebt. Die späteren Verfolgungs- und Bedrohtheitsängste basieren (neben dem schon genannten Projektionsmechanismus) meist auf diesem realen biographischen Hintergrund.

## Typische Beziehungsmuster

**Partnerbeziehung.** Ähnlich wie am Arbeitsplatz strebt die paranoide Persönlichkeit in Partnerbeziehungen nach Macht und Kontrolle, sucht ein Gegenüber, das sich beherrschen läßt. Der Hauptkonfliktstoff entsteht, wenn eigene aggressive sowie Untreueimpulse auf den Partner projiziert und dann bei diesem bekämpft werden. Die mangelnde Bereitschaft zu einem konstruktiven Konfliktlösungsverhalten, die fehlende Fähigkeit zu Reflexion und Selbstkritik, die Unfähigkeit zum Verzeihen machen eine Partnerbeziehung mit diesem Charaktertypus extrem schwierig.

**Arbeitsplatz.** Krisensituationen provozieren wie beschrieben ein übertrieben mißtrauisches Verhalten und ein extremes Kontroll- und Sicherheitsbedürfnis. Hier kann es bei Führungskräften, die mit einem Krisenmanagement beauftragt sind, »leicht zu paranoiden Entwicklungen kommen, bei denen sich Größenphantasien mit Verfolgungsideen vermischen. Gemeinsam regredieren die Führungspersonen und ihre Mitarbeiter dann nicht selten auf die Ebene eines kindlichen Beziehungsmusters mit Allmachtsphantasien und bestärken sich gegenseitig in ihren Überzeugungen.«[127]

Auf seiten der Mitarbeiter kommt es häufig zu einer Identifizierung mit der paranoid strukturierten Führungskraft. Diese wird in der Übertragung zu einer nicht nur gefürchteten, sondern auch bewunderten Elternfigur, mit der man sich aufgrund eigener entsprechender Kindheitserlebnisse leicht identifizieren kann. Hintergrund ist die Hoffnung, an der phantasierten Omnipotenz der Führungskraft teilhaben zu können.

Manche Chefs nutzen diese unbewußten Zusammenhänge aus, indem sie ein gewisses Maß an Konflikten unter den Mitarbeitern schüren, um dadurch ständig ein Klima des Mißtrauens aufrechtzuerhalten. Dies ermöglicht dann, von allen Seiten Bedrohungen und Anfeindungen wahrzunehmen, die es zu bekämpfen gilt.

## Umgangsstrategien

**Selbsterkenntnis.** Durch die teilweise selbstgewählte, teilweise institutionell bedingte Isolation einer Führungskraft kann leicht ein paranoides Potential geweckt werden. Mit anderen Worten: »Es besteht – besonders in Organisationen mit mehreren Hierarchieebenen – immer ein Potential des Mißtrauens und der Versuchung, sadistische Kontrolle auszuüben und die Wut der Führungsperson auf das Personal zu projizieren.«[128]

Sollten Sie jetzt nicht mehr absolut stolz darauf sein, sich für unfehlbar objektiv, rational und kühl-sachlich zu halten, gehen Sie die ersten mühsamen Schritte auf dem Weg zu einem kritischeren Selbstverständnis. Befreien Sie sich von dem äußeren (wie auch inneren) Druck durch fachlich-professionelle Hilfe.

**Selbstbehauptung.** Ein häufig gewählter Weg im Umgang mit paranoiden Vorgesetzten ist der Rückzug auf Routinetätigkeiten, die Bemühung um Distanz, ggf. auch ein Arbeitsplatzwechsel.

Eine andere Möglichkeit besteht darin, aus opportunistischen Gründen »gute Miene zum bösen Spiel« zu machen und ohne innere Überzeugung an den irrationalen Verhaltensmustern des paranoiden Vorgesetzten zu partizipieren. Die Gefahr, sich »anzustecken« und Schaden zu erleiden, ist nicht zu unterschätzen.

## Ordnen, kontrollieren, beherrschen
## Die zwanghafte Persönlichkeitsstörung

Günter Wallraff läßt in seiner berühmten Reportage »Als Portier und Bote« im Gerling Konzern den persönlichen Butler von Hans Gerling zu Wort kommen:

»Er war sehr penibel mit dem Decken. Obwohl ich's schon mit dem Metermaß genommen habe, den Abstand der Bestecke zueinander und genau abgemessen vom Besteck bis zur Tischdecke und die Bügelfalte genau unter der Lampe. Das Blumenarrangement mußte auf dem Tisch genau in der Mitte exakt unter der Lampe stehen. Das hat vier Füße gehabt, zwei Füße mußten genau auf der Bügelfalte stehen. Die Blumen mußten strahlenförmig wiederum so ausgerichtet werden, daß sie genau mit den Linien des Leuchters übereinstimmten. Er hat da ein Auge für gehabt, es unwahrscheinlich genau genommen. Wenn da was nicht total im Lot war, hat er es nachher ärgerlich korrigiert. Ich hab mich nachher sogar in den Stuhl gesetzt, wo der Chef saß, und hab das ausprobiert, mich in ihn hineinversetzt, mit seinen Augen kritisch den Blick schweifen lassen, was er auszusetzen haben könnte, und das dann noch korrigiert. Er hat seinen festen Platz gehabt, wollte immer auf demselben Stuhl sitzen, wir haben ihn unauffällig gezinkt, weil er merkte, wenn es nicht der gleiche war.«[129]

*

Eine Anekdote über den Konzernherrn Robert Bosch beleuchtet nicht nur dessen ausgeprägten Sparsamkeitssinn: Es wird berichtet, daß Bosch bei einem Firmenrundgang eine auf der Treppe liegende Büroklammer aufhob und diese den ihn begleitenden Führungskräften mit der Frage zeigte: »Was ist das?« Als sich jemand aus der Begleitung zur Antwort »Eine Büroklammer, Herr Bosch!« verleiten ließ, entgegnete dieser: »Ach was, das ist mein Geld, das hier am Boden herumliegt!«[130]

*

Kets de Vries skizziert den ehemaligen FBI-Chef Edgar J. Hoover:

»Hoover schreckte viele als ein unberechenbarer Autokrat ab, verbannte aus den seltsamsten Gründen Agenten auf obskure Posten und terrorisierte sie mit so vielen Regeln und Vorschriften, daß die Befolgung aller eine Unmöglichkeit gewesen wäre. Hoover sah seine Leitung des FBI als unfehlbar an. Die Angestellten lernten bald, daß eine Meinungsverschiedenheit einer Untreue gleichkam. Keine von Hoovers Launen wurde als zu unbedeutend angesehen, als daß man sie hätte ignorieren können. Die Weigerung, an einem Abmagerungsprogramm teilzunehmen, konnte zum Beispiel seine Wut hervorrufen, und es ging das Gerücht, daß die Fahrer, wenn sie ihn chauffierten, es vermeiden mußten, linksherum zu fahren (offenbar war sein Auto einmal von einem anderen gerammt worden, als er eine Linkskurve fuhr.«[131]

## Merkmale

Zwanghafte (oder auch sog. anale) Charaktere sind nach der klassischen Beschreibung Freuds durch die Trias Ordentlichkeit, Sparsamkeit und Eigensinn gekennzeichnet. Sie sind rechthaberisch und perfektionistisch. Alles Spontane, Impulsive, Triebhafte, Ungeregelte und Schmutzige macht ihnen Angst und muß deshalb beseitigt oder zumindest streng kontrolliert und beherrscht werden. Zwanghafte Persönlichkeiten können sich schlecht entspannen, sind zweifelnd, ängstlich, entschlußunfähig, umständlich, peinlich genau bis zur Pedanterie, mit einer Vorliebe für unwichtige Details.

Weitere Charakteristika sind das Streben nach emotionaler Autonomie (»Ich brauche niemanden«) sowie ein permanentes Gefühl des Getriebenseins. Zwanghafte Persönlichkeiten haben das Gefühl, ihnen sitze »immer ein imaginärer Aufpasser im Nacken«.[132] In zwischenmenschlichen Beziehungen geht es um Dominanz oder Unterwerfung. Sie haben eine Freude am Beherrschen und Beherrschtwerden, manchmal auch am Quälen und Gequältwerden.

Auf den Punkt gebracht: Ein durchgängiges Muster von Perfektionismus und Starrheit ist charakteristisch für die zwanghafte Persönlichkeitsstörung. »Mindestens fünf der folgenden Kriterien müssen erfüllt sein:

(1) Nichterfüllung von Aufgaben durch Streben nach Perfektion, z.B. können Vorhaben aufgrund der übermäßig strengen eigenen Normen häufig nicht realisiert werden;
(2) übermäßige Beschäftigung mit Details, Regeln, Listen, Ordnung, Organisation oder Plänen, so daß die Hauptsache dabei verloren geht;
(3) unmäßiges Beharren darauf, daß die eigenen Arbeits- und Vorgehensweisen übernommen werden, oder unvernünftiger Widerwille dagegen, anderen Tätigkeiten zu überlassen, aus Überzeugung, daß diese nicht korrekt ausgeführt werden;
(4) Arbeit und Produktivität werden über Vergnügen und zwischenmenschliche Beziehungen gestellt (nicht nur bei offensichtlicher finanzieller Notwendigkeit);
(5) Unentschlossenheit: Entscheidungen werden vermieden oder hinausgezögert, z.B. können Aufträge nicht rechtzeitig erledigt werden, weil der Betroffene sich nicht über die Prioritäten klar wird (nicht zu berücksichtigen ist die Unentschlossenheit, die

von einem übermäßigen Bedürfnis nach Ratschlägen oder Bestätigung durch andere herrührt);

(6) übermäßige Gewissenhaftigkeit, Besorgtheit und Starrheit gegenüber allem, was Moral, Ethik oder Wertvorstellungen betrifft (nicht zu berücksichtigen sind kulturelle oder religiöse Identifikationen);

(7) eingeschränkter Ausdruck von Gefühlen;

(8) mangelnde Großzügigkeit hinsichtlich Zeit, Geld oder Geschenken, sofern kein persönlicher Vorteil zu erwarten ist;

(9) Unfähigkeit, sich von verschlissenen oder wertlosen Dingen zu trennen, selbst wenn diese keinen Gefühlswert besitzen.«

Der Psychoanalytiker Jürg Willi hält den zwanghaften (analen) Charakter für »die häufigste Charakterstruktur unserer Mittel- und Oberschicht. Eigenschaften wie Pünktlichkeit, Fleiß, Sauberkeit, Korrektheit, Sparsamkeit und Ordnungsliebe sind Qualitäten, die auf dem Tugendweg der Leistungsgesellschaft in besonderer Weise prämiert werden.«[133]

## Zwanghafte Führungskräfte

**Motiv.** In einer festgefügten Firmen- oder Institutionshierarchie fühlen sich zwanghafte Persönlichkeiten wohl. Hier werden sie kontrolliert, können aber auch als autoritäre Vorgesetzte mit rigidem Machtgebaren andere kontrollieren und beherrschen. Der Antrieb ihres Tuns ist, mehr Macht und Kontrolle über andere zu gewinnen.

**Arbeitsverhalten.** Wichtige Entscheidungen werden bevorzugt auf der Grundlage von Vorschriften und Regeln getroffen. Zwanghafte Führungskräfte »scheinen in besonderer Weise den Anforderungen bürokratischer Großorganisationen zu entsprechen: Planbarkeit, Systematik, Ordnung, Berechenbarkeit, Kontrolle, Disziplin sind die Forderungen, die sie an sich und andere stellen.«[134] Andererseits führt ihre kleinliche Kontrollsucht oft zum regelrechten Schikanieren von Mitarbeitern, zu »Zeitfetischismus, Paragraphenreiterei und minutiöser Verplanung von Arbeits- und Freizeit«.[135]

**Mitarbeiter** sind für die zwanghafte Führungskraft nichts weiter als Untergebene, die ständig kontrolliert und regelmäßig autoritär reglementiert werden müssen. Die dadurch oftmals ausgelöste übertriebene Unterwürfigkeit von Mitarbeitern führt zu Passivität und mangelnder Kreativität im Unternehmen. Probleme entstehen meist bei der Zusammenarbeit auf gleicher Ebene. Da Zwanghafte nur die Kategorie Dominanz oder Gefügigkeit kennen, ein Oben oder Unten, versuchen sie meist nach oben an die Spitze zu kommen oder – wenn dies nicht möglich ist – sich notgedrungen zu unterwerfen. »Eine kollegiale Zusammenarbeit auf gleicher Ebene ist mit ihnen schwer vorstellbar.«[136]

**Gefahren.** Die Störung wirkt sich im beruflichen Bereich häufig leistungsmindernd aus – sowohl beim Zwanghaften selbst wie auch in seiner Umgebung. Sein ausgeprägtes Bedürfnis, Untergebene sadistisch unter Kontrolle zu halten, hat in der Regel demotivierende Auswirkungen auf die Mitarbeiter und damit negative Konsequenzen für die gesamte Funktionsstruktur einer Organisation. Das ausgeprägte Kontrollbedürfnis führt häufig zur weiteren Verstärkung bereits vorhandener bürokratischer Strukturen im Unternehmen. Ergebnis: allseitige Lähmung.

**Positives.** Zwanghafte Persönlichkeiten sind verläßlich, verantwortungsbewußt und ausdauernd. Was sie erledigen, machen sie gründlich – sofern sie wegen ihres Perfektionismus überhaupt damit fertig werden. »Positiv gesehen kann die Konzentration auf Ordentlichkeit, Genauigkeit, Klarheit und Kontrolle bei Entscheidungsprozessen eine gute und stabile Delegation von Autorität sowie Klarheit fördern.«[137]

## Ursachen: Kindheitserfahrungen des Zwanghaften

Die Bedingungen, die zur zwanghaften Persönlichkeitsstörung führen, sind ein rigider, autoritärer, einengender Erziehungsstil vor allem im zweiten und dritten Lebensjahr. Eigenwille, Spontaneität, lebhafte Motorik und Aggressivität des Kindes werden von seiten der Eltern rigoros unterdrückt und müssen in Zukunft mit Angst- und Schuldgefühlen abgewehrt werden. »Der äußere Zwang wird so zu einem inneren. Statt eines Autonomiegefühls entstehen im Kind Scham und Zweifel.«[138]

Prägend sind auch erste Machtkämpfe mit den Eltern, die dann entstehen, wenn diese das Kind während der analen Phase durch eine frühe oder strenge Sauberkeitserziehung daran hindern, seine Schließmuskeln und sonstigen Körperfunktionen allmählich und nach eigenem Willen beherrschen zu lernen. Das Kind wird so in einen Zustand von Rebellion, Niederlage, Selbstbezogenheit und überstrenger Gewissensbildung getrieben.

Aus diesem Erziehungsstil entstehen die für den zwanghaften Charakter typischen Ambivalenzen bezüglich folgender Gegensatzpaare:

»Aktivität steht gegen Passivität
Autonomie (Selbständigkeit) gegen Heteronomie (Abhängigkeit)
Eigensinn gegen . . . Nachgiebigkeit
Herrschen gegen Gefügigkeit
Sadismus gegen Masochimus
Sparsamkeit gegen Verschwendung
Ordnungsliebe und Pedanterie gegen Nachlässigkeit
Sauberkeit gegen Beschmutzungslust.«[139]

Auch wenn jemand in seinem Verhalten nur die eine Seite eines Gegensatzpaares zeigt – sozusagen nur die eine Seite der Medaille – so ist doch die andere Polarität immer latent vorhanden. Das Manifeste symbolisiert die Abwehr des Latenten. So bekämpft der Ordentliche das Unordentliche in sich (und an anderen), der Geizige das Verschwenderische usw.

## Typische Beziehungsmuster

**Partnerbeziehungen.** Persönlichkeiten mit zwanghafter Charakterstruktur suchen sich Partner, die sie kontrollieren können, was sich besonders auf deren größere Spontaneität, Triebhaftigkeit und Willkür bezieht. Der Partner repräsentiert dabei (unbewußt) die eigene verdrängte Triebhaftigkeit, die stellvertretend am anderen bekämpft wird. Die ganze Beziehung kreist um das Thema, inwieweit autonome Bestrebungen des Partners zugelassen werden dürfen, ohne daß es zu ernsthafteren Konflikten kommt und durch welche Führungs- und Kontrolltechniken die gegenseitige Abhängigkeit und Sicherheit in der Paarbeziehung aufrechterhalten werden kann. Die häufige Folge eines derartigen Beziehungsmusters: Der Herr ist karg, die Frau ist wunderlich (dt. Sprichwort).

**Arbeitsplatz.** Wie der Narzißt Mitarbeiter benötigt, die ihn bewundern, der Schizoide solcher bedarf, die seine Kontaktscheu ausgleichen, sucht der Zwanghafte in seiner Umgebung nach Mitarbeitern, die sich ein autoritär-beherrschendes strenges Reglement wünschen oder zumindest bieten lassen. Seine Existenz und damit seine subjektive Berechtigung wären ohne geeignete Gegenspieler nicht denkbar. Genauso wie der Arzt den Kranken braucht, um zu existieren, braucht dieser Vorgesetztentypus die »schwarzen Schafe« in seinem Bereich, über die er sich zwar beklagt, ohne die er aber auch nicht »glücklich« wäre.

## Umgangsstrategien

**Selbsterkenntnis.** Der erste und sicherlich nicht ganz leichte Schritt ist die kritische Distanz zu den eigenen Kontroll- und Machtwünschen über andere. Ist es unbedingt notwendig, ein aus der Kindheit stammendes Szenario tagtäglich zu wiederholen? Warum machen Sie es anderen und letztendlich sich selbst so schwer?

Eine Veränderung dieses Verhaltensstils in »Heimanalyse« oder à la Münchhausen, der sich am eigenen Schopf aus dem Sumpf ziehen konnte, erscheint jedoch letztlich kaum möglich. Das »Erinnern, Wiederholen, Durcharbeiten« (Freud) der pathogenen Bedingungen, die zur zwanghaften Persönlichkeitsstörung führten, und der Versuch einer schrittweisen Lockerung ist nur im professionellen Gespräch mit einem Psychotherapeuten erfolgreich möglich.

**Selbstbehauptung.** Die zentrale Frage im Umgang mit Zwanghaften ist, inwiefern es gelingt, sich einer Rolle als Objekt für die beherrschend-kontrollierenden Tendenzen dieser Menschen zu entziehen. Häufig leichter gesagt als getan. Aber wo bereits Fachleute von nur äußerst schwer zu therapierenden Persönlichkeiten sprechen, braucht sich der Laie nicht zu wundern, wenn er auf schier unüberwindbare Alltagsbarrieren stößt. Sorry ...

## Tyrannei und Rücksichtslosigkeit
## Die aggressiv-autoritäre Persönlichkeitsstörung

»Es gibt keinen anschaulicheren Ausdruck für Macht als die Tätigkeit des Dirigenten«, schreibt Elias Canetti in »Masse und Macht.«[140] Die Machtposition des Dirigenten beinhaltet eine starke Versuchungssituation für aggressiv-autoritäres Verhalten gegenüber Orchestermusikern und Solisten, wie die folgende Begebenheit zeigt:

Der in seiner Zeit vor allem als Chefdirigent des Bayreuther Festspielorchesters international hoch angesehene Dirigent Carl Muck (1859-1940) wartete einmal mit dem Hamburger Philharmonischen Staatsorchester eine Stunde lang vergeblich auf den berühmten Geiger Georg Kulenkampff, mit dem ein Violinkonzert geprobt werden sollte. Endlich kam dieser in den Saal gerannt, stellte sich vor und entschuldigte sich für seine Verspätung. Schuld sei die Eisenbahn gewesen. Carl Muck: »Hier entschuldigt nur der Tod.«[141]

*

Der ehrgeizige amerikanische Top-Diplomat Felix Bloch, über dessen Schreibtisch in der Wiener US-Botschaft streng geheimes Material im Zusammenhang mit den Wiener Abrüstungsverhandlungen ging, wird verdächtigt, jahrelang für den KGB gearbeitet zu haben. 1989 feuerte man ihn, strich seine Pensionsansprüche, brachte ihn aber nicht vor Gericht, vermutlich aus Sorge, in einem Prozeß könne zu viel Staub aufgewirbelt werden und der unberechenbare Bloch würde höchst unangenehme Interna auspacken.

Der Fall ist so bizarr wie sein Hauptdarsteller. »Als Vorgesetzter war Bloch streng und herrisch. Der Karrierediplomat, der sich Hoffnungen machte, zum Botschafter ernannt zu werden, litt darunter, daß ihm mit Helene von Damm, einer Ex-Sekretärin, und Ronald Lauder, dem Sohn der Kosmetik-Millionärin Estée Lauder, zweimal Leute vor die Nase gesetzt wurden, die er für Polit-Dilettanten hielt. Seine Mitarbeiter beschrieben ihn als ›verschlossen, steif, ohne jede Ausstrahlung‹. Sein rüder Ton ließ das weibliche Personal öfter in Tränen ausbrechen.«[142]

Seine sexuellen Vorlieben – so die Spionage-Aufklärungsexperten des CIA – machten den ehrgeizigen und karrieresüchtigen Spitzendiplomat vermutlich für den KGB leicht erpreßbar. »Jeden Samstag um zehn Uhr kam Felix Bloch in mein Apartment und wollte gedemütigt werden... Er mochte es nicht so extrem streng, aber doch so ein bißchen halt...«

Die etwas mollige Domina Tina berichtet aus ihrer Praxis, einem Apartment am Wiener Prater, der Diplomat Bloch habe sie von 1980 bis 1987 regelmäßig aufgesucht. Wenn er kam, mußte er sich hinknien und ihre Stiefel küssen. Auf allen Vieren hatte er ihr die 250 Dollar Lohn in einem Kuvert, das er im Mund trug, zu bringen. »Meistens hat es eine Stunde gedauert«, und wenn Tina nicht mehr wußte, was sie mit ihm machen sollte, »habe ich ihn auch mal eine halbe Stunde knien lassen«.[143]

Sie schildert Bloch als einen treuen Kunden, der sie bis zu seiner Versetzung regelmäßig besucht habe.

## Merkmale

Ein fast durchgängig feindselig-aggressives Auftreten, das zwischen Strenge und Grausamkeit oszilliert, kennzeichnet das Verhalten dieses Typus gegenüber Menschen, die er nicht fürchtet und von denen er sich nicht abhängig fühlt. Scheinbar lustvoll verbreitet er Angst und Schrecken und setzt mehr oder weniger subtile Methoden des Psychoterrors ein, um seine Ziele zu erreichen.

Er scheint es regelrecht zu genießen, andere zu beleidigen und einzuschüchtern – soweit sie in der Hierarchie unter ihm sind bzw. ihm nicht gefährlich werden können. Sein Ziel ist die Durchsetzung seiner Wünsche und Vorstellungen. Er will herrschen. Gezielt wird mit Worten und Taten verletzt. Wutanfälle und massive Sanktionsandrohungen sind seine Reaktion, wenn etwas nicht genau nach seinen Vorstellungen läuft. Alles, was er wünscht, hat möglichst schnell zu geschehen. Geht etwas schief und die Frage der Verantwortung stellt sich, sind grundsätzlich immer die anderen schuld.

Der Aggressiv-Autoritäre scheint weder zuhör- noch kompromißfähig. Sein Einfühlungsvermögen in andere ist ebenso begrenzt wie die Fähigkeit, die eigene Person selbstkritisch reflektierend in Frage zu stellen.

In Gestalt des Tyrannen präsentiert sich dieser Typus als kalt berechnender Machtmensch, der nur dann in der Maske der freundlichen Ergebenheit auftritt, wenn er es mit hierarchisch übergeordneten Personen zu tun hat.

Auf den Punkt gebracht: Macht, Herrschaft und Angriff sind Schlüsselworte der aggressiv-autoritären Persönlichkeit. Ihre skrupellose Taktik ist es, andere Menschen zu entwerten und in ihrem Selbstwertgefühl zutiefst zu verletzen.

Mindestens sechs der folgenden Merkmale müssen erfüllt sein:

Der Betroffene

(1) übt mit aggressiv-rücksichtslosen Mitteln auf andere Druck und Macht aus;
(2) strebt die (alleinige) Herrschaft über andere an;
(3) neigt zu Impulsivität und erscheint unberechenbar;
(4) hat eine Tendenz, andere zu unterdrücken, zu bestrafen und zu entwerten;
(5) wirkt kühl und berechnend, destruktiv und zynisch;
(6) verlangt unbedingten Gehorsam, absolute Loyalität – ohne Gegenleistung;
(7) zeigt keine Tendenzen zu kritischer Reflexion und Selbstkritik;
(8) neigt zu Vorurteilen, Stereotypen und zum Schwarz/Weiß-sowie zum Oben/Unten-Denken;

(9) rationalisiert die eigene Aggressivität gegen andere;
(10) hat deutliche Züge von Autoritätshörigkeit gegenüber ranghöheren, ihm u.U. »gefährlich« werdenden Personen und zeigt diesen gegenüber Tendenzen gefügiger Unsicherheit.

## Aggressiv-autoritäre Führungskräfte

**Motiv.** Hintergrund und Quelle eines tyrannischen, angsteinflößenden Verhaltens kann eigene, unbewußte, uneingestandene Angst sein. Wer sich selbst klein, hilflos und zutiefst selbstunsicher fühlt, muß eine Führungsposition anstreben, in der er die anderen »dekkeln« kann, um so groß und mächtig zu erscheinen. Statt sich mit seiner eigenen Angst auseinanderzusetzen, versetzt der Aggressiv-Autoritäre andere in Angst und Schrecken. Das genießt er, weil es ihn von seiner eigenen Angst ablenkt.

Bis zu ihrem Aufstieg in eine Chefposition können diese Persönlichkeiten als eine Art »Wolf im Schafspelz« imponieren. Um ihre Karriere nicht zu behindern, kaschieren sie ihre hostilen Valenzen solange, bis eine Machtposition erreicht ist, von der aus sie ihre aggressiven Impulse für sich relativ gefahrlos realisieren können.

**Arbeitsverhalten.** Im Vordergrund steht der Ausbau von Macht und Einfluß. Da wird mit harten Bandagen gekämpft, notfalls auch »über Leichen gegangen«. »Wo gehobelt wird, da fallen Späne« ist die Rechtfertigung für die quasi kriegerischen Aktivitäten. Immer wieder geht es um Eroberung und Unterwerfung. Sogar Übergänge in die Kriminalität sind möglich.

Ihre impulsiv-unberechenbare Art erschwert jede konstruktive Planung. Für eine wirklich erfolgreiche Führung fehlt ihnen die Fähigkeit, Kooperations- und Bündnispartner zu gewinnen und zu halten.

Angemerkt werden muß jedoch auch, daß das aggressiv-autoritäre Verhalten einer Führungsperson durch autoritär-hierarchische Merkmale der Organisationsstruktur begünstigt werden kann (z.B. Militär, Krankenhaus, Gefängnis), also nicht allein auf eine durch die Kindheit determinierte Charakterpathologie zurückzuführen ist.

**Mitarbeiter.** Kaum einer hält es längere Zeit in seiner Umgebung aus. Bei seinen Kontakten ist er wählerisch. Umgang pflegt er nur mit denen, die ihm willig untergeben sind, die seinen egoistischen Macht- und Durchsetzungsplänen nützen.

Eine aggressiv-autoritäre Persönlichkeit muß nicht immer an der Spitze der Hierarchie stehen. Sie kann auch als Abteilungsleiter oder in einer anderen Position der mittleren Führungsebene die ihm anvertrauten Mitarbeiter drangsalieren und tyrannisieren. Selbst in der Stellung eines Büroleiters kann dieser Typus dafür sorgen, daß das Arbeitsleben für alle, die ihm ausgesetzt sind, zur Hölle auf Erden wird.

Sadismus und Mobbing sind zwei wichtige Stichworte, für die der aggressiv-autoritäre Typus häufig verantwortlich zeichnet. Arbeitszufriedenheit und Leistungsmotivation der Mitarbeiter eines tyrannischen Chefs sind denkbar schlecht. (Ein keifender Herr macht einen trägen Knecht. – Dt. Sprichwort.)

**Gefahren.** Sie liegen auf der Hand und sind ausführlich beschrieben. Totale Demotivation und eine hohe Fluktuation der Mitarbeiter wird das Unternehmen bzw. die Institution früher oder später in größte Schwierigkeiten bringen.

**Positives** ist kaum zu entdecken, auch die vermeintliche Tatkraft dieses Typus kann die katastrophal-negativen Eigenschaften nicht einmal ansatzweise ausgleichen.

## Ursachen:
## Kindheitserfahrungen des Autoritär-Aggressiven

In der Kindheit war dieser Persönlichkeitstyp enormer Feindseligkeit und Zurückweisung von seiten seiner Eltern oder stellvertretender Erziehungspersonen ausgesetzt. Aus unterschiedlichen Gründen kann das Kind zum Empfänger von verdrängtem oder verschobenem Ärger der Eltern werden. Es ist das schwächste Glied in der Familie und damit ein bequemes Ziel für Enttäuschung, Wut und Feindseligkeit, die meistens aus der Beziehung zu den eigenen Eltern stammt.

Dieses Modell feindseliger Interaktion wird verinnerlicht und im Racheprinzip wiederholt: Was einem selbst in der Kindheit an aggressiv-autoritärem Verhalten von seiten der Eltern widerfuhr, kann man nun als (scheinbar) Erwachsener anderen in einer Passiv-Aktiv-Umkehrung rächend zufügen (vgl. dazu die Selbstdarstellung eines aggressiv-autoritären Chefs, S. 18).

## Typische Beziehungsmuster

**Partnerbeziehung.** Geglückte, längerfristige Partnerbeziehungen sind bei diesem Typus selten. Oftmals herrscht der sadomasochistisch strukturierte Herr-Knecht-Beziehungsmodus vor. Dabei kann im privaten Bereich die Rollenverteilung durchaus umgekehrt sein. Ein im Arbeitsbereich extrem dominant orientierter Chef sucht sich in seinem kargen Freizeitbereich z.B. eine dominierende Partnerin, der er sich unterwerfen kann.

**Arbeitsplatz.** So wie sanfte Chefs sich häufig als engsten Mitarbeiter in der zweiten Reihe einen »Beißer« halten, um das ausführen zu lassen, wozu sie selbst weniger gut in der Lage sind, trifft man in der Umgebung eines aggressiv-autoritären Chefs durchaus einen eher warmherzig-zugewandten, weicheren Charakter, der die Latenz des tyrannischen Typus auslebt und insofern in gewisser Weise ausgleichend wirken kann. Durch diese Konstellation wird häufig ein schneller Niedergang des Unternehmens vermieden bzw. in die Länge gezogen.

## Umgangsstrategien

**Selbsterkenntnis.** Hinter der Fassade von Herrschaft und Unnahbarkeit befindet sich beim Aggressiv-Autoritären meist ein zutiefst verunsichertes, von Selbstwertzweifeln und Minderwertigkeitsgefühlen geplagtes Ich. Die durchaus überzeugend nach außen zur Schau getragene Macht verbirgt die innere Ohnmacht.

Fraglich allerdings, ob dieser Typus derlei kritische Selbstreflexion zuläßt, weil sie für sein in Wahrheit labiles Selbstgefühl eine zu große Gefahr bedeuten würde. Alles könnte wie ein Kartenhaus in sich zusammenfallen. Dagegen muß angekämpft werden, hartes Durchsetzen und -greifen ist stets angesagt.

Haben Sie das wirklich nötig? – wäre die Frage an Betroffene, und hinzuzufügen: Nein, in Wirklichkeit haben Sie etwas ganz anderes nötig . . .

**Selbstbehauptung.** Verschließen Sie sich nicht der Erkenntnis: Mit einem Aggressiv-Autoritären »Marke Tyrann« kann man nicht reibungslos umgehen. Da die seelische Verletzungsgefahr durch ihn so enorm groß ist, kommt es darauf an, sich besonders klug zu schützen.

Versuchen Sie, Ihre durch ihn ausgelöste Angst, Wut oder Verzweiflung beherrschen zu lernen, statt sich von diesen spontanen Reaktionen, von Selbstwertzweifeln oder gar Depressionen überwältigen zu lassen. Zugegeben: Leichter gesagt, als getan. Der Tyrann erwartet, daß nach seinen donnernden Befehlen jeder kuscht. Die Kunst besteht jedoch gerade darin, nicht zu kuschen, aber auch nicht offen gegeneinander zu kämpfen.

Vermeiden Sie also die direkte Konfrontation, ohne jedoch gleich wegzulaufen. Lassen Sie sich aber auch nichts gefallen, nicht beliebig herumschubsen. Sie würden Gefahr laufen, daß der Druck auf Sie eher zunimmt, daß der Tyrann Ihnen gegenüber nun jede »Beiß-Hemmung« verliert.

Selbstbehauptung ist das Ziel und nicht Kampf. Dazu ist es notwendig, mit diesem zugegebenermaßen unangenehmen Typus auf jeden Fall in Kontakt zu bleiben. Das bedeutet, bei seinem ersten Bluffen nicht gleich umzukippen, wegzulaufen oder noch lauter zurückzubrüllen, sondern flexibel zu reagieren, sozusagen wie das Gras im Sturm.

Wenn nun ein aggressiv-autoritärer Chef Sie nicht auf seine für ihn typische Art und Weise »umgeblasen« oder zum Schreien gebracht hat, Sie also immer noch »aufrecht« und »beherrscht« präsent sind, wird er sich in einem zweiten Anlauf (Angriff) erneut mit Ihnen auseinandersetzen müssen. Und wenn Sie auch diesen zweiten, vielleicht schon etwas freundlicheren Aushebelungsversuch durch Ruhe und Gelassenheit überstehen, erhöht sich die Chance, daß der Tyrann in Zukunft möglicherweise anders mit Ihnen umgeht, als mit den Umfallern, Wegläufern und Jasagern. Man könnte dies die Strategie des Respekterzeugens nennen.

Es geht also darum, sich nicht einschüchtern zu lassen (bzw. Anzeichen dafür geschickt zu kaschieren) und nicht der Versuchung zu erliegen, mit direkter Aggression (»gleicher Münze«) zurückzuzahlen (die Gefahr wäre übrigens, »den kürzeren« zu ziehen).

Gewinnen Sie Zeit, damit sich Ihr Gegenüber abregen kann. Nutzen Sie diesen Moment, um Ihre nächsten verbalen Schritte zu überlegen. Jetzt kommt alles darauf an, gelassen-freundlich zu bleiben und Ihr Anliegen oder Ihren Vorschlag nochmals – vielleicht mit anderen Worten, aber vor allem ohne Unsicherheit – vorzutragen. Helfen können dabei Formulierungen, die dem anderen signalisieren, man habe sich vielleicht noch nicht deutlich genug ausgedrückt, man sei vielleicht mißverstanden worden usw.

Ziel sollte es sein, dem anderen eine »goldene Brücke« zu bauen, d.h. dem Tyrannen zu ermöglichen, ohne besonderen Gesichtsverlust noch einmal auf Argumente einzugehen, die er bereits als »Schwachsinn« grollend vom Tisch gefegt hat.

Vermeiden Sie dabei kleinkarierte Rechthabereien und wenig konstruktive Streitereien, z.B. wer, wie, wann, was gesagt, getan oder auch nicht getan hat. Es kommt mehr auf den großen Bogen als auf das kleine Detail an.

## ANSTRENGENDE UND NERVIGE

Wer andere trotz (oberflächlich gesehen) bester Absichten durch seine Ichhaftigkeit, Verstimmung oder Ängstlichkeit leiden läßt, braucht sich nicht zu wundern, wenn Sand in das Getriebe der zwischenmenschlichen Beziehungen kommt. Die jetzt vorgestellten Chefquälgeister können ihre neurotische Persönlichkeitsstörung eine Zeitlang gut maskieren.

## Mehr Schein als Sein
## Die hysterische Persönlichkeitsstörung

Bereits mit 32, nach lediglich anderthalb Jahren Firmenzugehörigkeit, wurde John, nach Einschätzung seiner Umgebung »ein echt smarter Typ mit partiellen Dressmanallüren« geschäftsführender Direktor der bedeutendsten Tochtergesellschaft eines namhaften Lebensmittelkonzerns. An seinem dritten Arbeitsplatz bereits an der Spitze des Topmanagements zu stehen – John genoß diesen Erfolg sichtbar, denn erst vor knapp vier Jahren hatte er sein BWL-Studium abgeschlossen. Ein funkelnagelneuer Porsche war das Geschenk, das er sich selbst zu diesem Anlaß machte. Das Heck zierte ein »Undtschüss . . .«-Aufkleber.

Die guten Beziehungen, die er als persönlicher Assistent des Vizepräsidenten knüpfen konnte, mögen maßgeblich dazu beigetragen haben, daß John so schnell die Leiter »hinauffiel«. Seine freundliche, stets kommunikative, liebenswürdige Art schien dem »alten Herrn« und auch einigen anderen einflußreichen Leuten im Konzern gut zu gefallen. John wußte manchem von ihnen Interessantes zu berichten – unter dem Siegel der Verschwiegenheit und genoß schnell ein hohes Maß an Vertrauen. Schnell Vertraulichkeit herzustellen, war eines seiner Hobbys, ließ er am Stammtisch seine ihn bewundernden Freunde wissen.

Alles zusammen, besonders aber sein demonstrativer persönlicher Einsatz, sein Feuerwerk an kreativen Ideen – gab den Ausschlag, ihn schnell in diese mit den entsprechenden Kompetenzen ausgestattete Position zu »hieven«. Ungeduldig hatte er schon ein knappes halbes Jahr darauf gewartet, berufen zu werden. Endlich – er beschäftigte sich schon im Geiste mit Kündigungsabsichten – war es soweit.

John genoß die Bestätigung und erklärte seinen Freunden, sie würden noch Spektakuläres von ihm hören. Beim ersten Meeting mit seinen leitenden Mitarbeitern kündigte er großartig binnen einer Jahresfrist eine Verdoppelung des Umsatzes an. Seine zunächst ungläubig dreinschauenden Manager wußte er durch eine zündende, rhetorisch geschickte Ansprache zu begeistern. Das Gefühl, im Mittelpunkt eines selbstentfachten Interesses zu stehen, machte ihn stolz und glücklich. Er wollte Bewunderung, seine Mannschaft einschwören auf ein Konzept, das sichtbar schnellen Erfolg bringt.

Der von ihm propagierte Plan B sollte die Struktur des Vertriebs total umkrempeln. Vorsichtig vorgetragene Bedenken wußte er radikal beiseite zu räumen. Sein Interesse und die Bereitschaft für eine kritische Reflexion und die Erarbeitung langfristig orientierter strategischer Analysen nahmen in dem Maße ab, wie sich der Anfangserfolg einstellte. Nach zunächst hoffnungsvollem Start stagnierten die Zahlen. Johns Suche nach Schuldigen führte dazu, daß kurzerhand drei seiner fünf führenden Manager abgelöst wurden. Gleichzeitig warb er in einem besonderen Meeting der Konzernspitzenmanager für ein neues, recht abenteuerliches Projekt. Nach anfänglichem Zögern bekam er grünes Licht. Wieder einmal hatte er zu begeistern verstanden. Er stellte neue hochkarätige Mitarbeiter ein und versprach, innerhalb kürzester Zeit für einen spektakulären Aufschwung zu sorgen.

Die kritischen Hinweise zu seinem neuen Projekt sowie die deutlichen Zeichen einer gesamtwirtschaftlichen Rezession ließ er nicht an sich heran, gab sich zugeknüpft, überhaupt nicht zuhörbereit, aber immer optimistisch. Der Start des Projektes erwies sich als ein krasser Fehlschlag, dessen Hauptpannen in der unausgereiften Vorbereitung lagen. Nachdem die hierfür Verantwortlichen durch John abgestraft und seine Zornausbrüche wieder auf ein normales Maß zurückgegangen waren, sollte ein erneuter Start dem Projekt zum Durchbruch verhelfen und die bereits in größerem Umfang investierten Summen rechtfertigen.

John fieberte den neuen Zahlen entgegen ...

## Merkmale

Hysterische Persönlichkeiten neigen zu theatralisch-dramatischen Auftritten und versuchen ständig, im Mittelpunkt zu stehen. Ihr Hauptziel ist, die Aufmerksamkeit, Sympathie und Bewunderung der Mitmenschen auf sich zu lenken. Sie sind stolz auf die eigene Erscheinung und versuchen, sich in ihren Selbstinszenierungen als lebendig, aktiv und begehrenswert zu präsentieren. Sie lieben Abwechslung und Maskierung, scheuen Bindung, Festlegung und Verantwortung.

Menschen mit hysterischer Charakterstruktur sind empfänglich für Suggestion und emotional eher labil, charakterisiert durch Launenhaftigkeit und Ausbrüche von Lachen oder Weinen. Verführerisches, sexuell provozierendes Verhalten steht ebenfalls im Dienst einer starken Ichbezogenheit, mit dem Ziel, von anderen gemocht und bewundert zu werden. Häufig ist »Mehr Schein als Sein« die (un)bewußte Devise hysterischer Persönlichkeiten. Ein Mangel an Echtheit wird bei ihnen spürbar, auch wenn sie vordergründig charmant und herzlich wirken.

Auf den Punkt gebracht: Ein durchgängiges Muster übermäßiger Emotionalität und Theatralik sowie ein übergroßes Verlangen nach Aufmerksamkeit und Zuwendung kennzeichnen die hysterische Persönlichkeitsstörung.

Mindestens vier der folgenden Kriterien sollten erfüllt sein:

Der Betroffene

(1) verlangt ständig von anderen Bestätigung, Anerkennung und Lob;

(2) gibt sich übertrieben attraktiv und verführerisch im Äußeren und im Verhalten;

(3) ist ständig in großer Sorge um sein Äußeres; zeigt übertriebene emotionale Reaktionen (z.B. innige Umarmung flüchtiger Bekannter; inadäquate Zorn- und Wutausbrüche; Larmoyanz und zur Schau gestellte Sentimentalität);

(4) fühlt sich unwohl in Situationen, in denen er nicht im Mittelpunkt steht;

(5) zeigt oberflächliche und rasch wechselnde Emotionen;
(6) ist stark egozentrisch, Denken und Handeln sind auf unmittelbare Befriedigung ausgerichtet, Frustrationen und Befriedigungsaufschub können nur schwer ertragen werden;
(7) fällt durch einen übertrieben impressionistischen Sprachstil auf, der sich nicht an Details festhält (z.B.: Auf die Frage nach dem vergangenen Geschäftsjahr: »Ein großartiger Erfolg!«, auf die Frage nach dem letzten Urlaub: »Einfach fantastisch!«).[144]

Der Wunsch der Hysteriker, sich einzuschmeicheln, zu gefallen und bewundert zu werden, »ist symptomatisch für das zentrale Thema, das ihr inneres Theater einrahmt: Abhängigkeit und Hilflosigkeit.«[145]

## Hysterische Führungskräfte

**Motiv.** »In der Anerkennung durch andere befriedigt der Hysteriker seine phallischen Ängste, unzulänglich und ungeachtet zu sein. Deshalb kommt es ihm auch darauf an, seine Erfolgssymbole demonstrativ zur Schau zu stellen (Luxuswagen, Titel, Teppiche, Zimmergröße, Mitarbeiterzahl, Stockwerkshöhe, Rangstufe). Er triumphiert im phallischen Konkurrenzkampf, wenn ein anderer ›den kürzeren zieht‹, er richtet sich auf an Potenzsymbolen, die seine Macht und seinen Status verkünden.«[146]

Andererseits: Manche hysterisch strukturierten Männer fürchten auch, »andere Männer zu übertreffen, weil die sich rächen könnten ... Angst vor Rivalität, aber auch – übertriebenes Rivalisieren können das berufliche Fortkommen behindern.«[147]

**Arbeitsverhalten.** Keine Gelegenheit zur eindrucksvoll inszenierten Selbstdarstellung wird ausgelassen, »Public Relations«, Feste und Präsentationen spielen eine große Rolle. Erfolge werden effektiv in der Öffentlichkeit präsentiert.

Hysterische Persönlichkeiten »sind in vieler Hinsicht Gegentypen zu den zwanghaften: Sie sind ständig auf der Suche nach Neuerungen, haben immer wieder frische Ideen, die sie genau so schnell fallenlassen, wie sie sich dafür begeistern, fühlen sich durch ›Ordnungen‹ gefesselt und gelähmt, lieben Bewegung, Hektik, Termindruck, Abwechslung.«[148] Konzentrations- und Zuhörfähigkeit sind nicht ihre Stärken. Das gleiche gilt für die Beständigkeit: Arbeitsstellen werden entsprechend häufig gewechselt.

**Mitarbeiter.** Erhebliches Konfliktpotential schüren hysterische Chefs, weil sie generell ihren Mitarbeitern nicht die Freiheit zugestehen, die sie sich selber nehmen. Ein zusätzlicher Aspekt: »Weil der hysterische Chef in seiner Institution der potenteste Mann sein möchte und die Konkurrenz anderer Männer fürchtet, umgibt er sich gern mit weiblichen Mitarbeiterinnen, die seine Potenz bewundern. Potente Männer versucht er loszuwerden, wenn sie ihm in ihrer Entwicklung nahekommen. ... An einer Institution, die von einem hysterischem Chef geleitet wird, kommt es zu häufigem Wechsel des Personals, wobei viele im Streit gehen.«[149]

Infolge ihres geschäftigen und aufgeregten Habitus haben sie nur wenig Verständnis für die von ihren Mitarbeitern verursachten Verzögerungen und Fehlschläge. Die emotionale Übererregbarkeit führt schnell zu schlechter Laune oder gar Wutausbrüchen.

**Gefahren.** Sie liegen auf der Hand: Ein grandioses Feuerwerk, das schnell verglüht, betriebsame Hektik, allzuoft mehr Schein als Sein, mangelnde langfristige Planung und ein Fehlen jeglicher Liebe zum Detail. Beim Auftauchen der ersten Schwierigkeiten droht häufig der Zusammenbruch. Versprechungen werden gemacht, Hoffnungen geweckt, aber wenig davon eingelöst. Unzuverlässigkeit und die Neigung zum Intrigantentum erschweren den Umgang mit diesem Persönlichkeitstypus.

**Positives.** Im Glücksfall verfügt der Hysteriker über die Kraft, andere zu motivieren und zu begeistern, besonders in der Anfangsphase von Projekten. Kontaktfähigkeit und die Gabe, Sympathie erzeugen zu können, sind positive Züge im Umgang mit anderen Menschen.

Ihr Optimismus ist ansteckend, ihre Kreativität begeistert und ihre risikofreudige Neugierde kann sich belebend auswirken. Für eine kurze Zeit können sie viel bewegen, neue Impulse setzen, eine Menge in Gang bringen.

## Ursachen: Kindheitserfahrungen des Hysterikers

Hysterische Persönlichkeitsstrukturen basieren auf Entwicklungsstörungen im ersten Lebensjahr sowie in der sogenannten ödipalen Phase der psychosexuellen Entwicklung (ca. 4.-7. Lebensjahr), in der es zu spezifischen Konflikten, Bindungen und Rivalitäten mit den Eltern kommt.

Die permanente Suche des Hysterikers nach Zuwendung und einer Mittelpunktrolle ist das Ergebnis einer defizitären Bedürfnisbefriedigung des Kindes bezüglich Zuneigung und Aufmerksamkeit der Eltern. Eventuell hatte das Kind lediglich der Verwirklichung egoistischer Motive der Eltern zu dienen und mußte erfahren, daß nur ganz bestimmte Verhaltensweisen von den Eltern zustimmend aufgenommen wurden. Um überhaupt Aufmerksamkeit zu erreichen, war ein fast theatralisches Übertreiben der Bedürfnisse notwendig.

## Typische Beziehungsmuster

**Partnerbeziehung.** Hysterische Persönlichkeiten versuchen, ihren Partner zu beherrschen, aus Angst, sich in eine Abhängigkeit von ihm zu verlieren. Ihre zwischenmenschlichen Beziehungen verlaufen in der Tendenz eher stürmisch, wenngleich unbefriedigend. Häufig flüchten sie in romantische Phantasien, können schnell Freundschaften schließen, die jedoch – erst einmal aufgebaut – bald durch Egozentrik und Rücksichtslosigkeit gekennzeichnet sind.

**Arbeitsplatz.** Nach dem Prinzip »Gegensätze ziehen sich an« werden zwanghafte Persönlichkeiten oft Mitarbeiter von hysterischen Vorgesetzten. Das führt nicht selten zu Spannungen und Konflikten, weil der hysterische Chef schnell mit seinen um Leistung und Perfektion bemühten Angestellten ungeduldig wird, wenn diese nicht fix genug mit Projekten fertigwerden und Erfolge vorweisen. Andererseits benötigt der zwanghaft Strukturierte das kreative, bisweilen auch chaotische Pendant – wie der Feuerwehrmann das Feuer braucht, um es zu bekämpfen.

## Umgangsstrategien

**Selbsterkenntnis.** Der erste Weg zur Besserung. Wie immer. Salopp ausgedrückt: Haben Sie es nicht 'ne Nummer kleiner? Und wenn nein – warum nicht? Was sind die Motive, unbedingt immer geltungssüchtig im Mittelpunkt stehen zu müssen?

Oder – mit Mies van der Rohe: Weniger ist mehr. Und was für die Architektur und die Ästhetik gilt, kann sich auch im Arbeitsleben als effektiver erweisen, als man zunächst vielleicht glaubt. Wer schreit, oder besonders überschwenglich ist, hat deshalb noch lange nicht mehr recht. Ein deutliches Mehr an Ausdauer, Geduld und Gelassenheit wären Grundsteine eines verhaltenstherapeutischen Kurztrainingsprogramms.

**Selbstbehauptung.** Bei aller notwendigen Aufmerksamkeit: Nicht zu ernst, nicht alles »für bare Münze« nehmen. Die eigene Frustrationstoleranz erweitern, natürlich nicht weiter als bis zu dem Punkt, an dem Gegenwehr angezeigt ist, z.B. bei groben Tendenzen zu Unzuverlässigkeit und Herrschsucht. Wenn irgend möglich, Grenzen aufzeigen, sich abgrenzen gegenüber Vereinnahmungsattacken.

# Sorge – Angst – Panik
# Die phobische Persönlichkeitsstörung

Als stellvertretender Leiter des Referates Soziales und Gesundheit bei einer kommunalen Verwaltung erwarb sich Herr Dr. B. Anerkennung und Vertrauen. Er war zuverlässig und einsatzstark, wenn es galt, politische Vorgaben umzusetzen, die Verwaltung in Bewegung zu bringen. Seinen vielen Gesprächspartnern imponierte er durch seine freundliche, ruhige, unaufdringliche Wesensart.

Als sein Chef die politische Karriereleiter »herauffiel« und sich der entsprechende verantwortliche Personenkreis Gedanken darüber machte, wer die Leitung des Referats nun übernehmen sollte, konnte man sich zunächst auf keinen Kandidaten einigen. Nach geraumer Zeit und einigen mißglückten Versuchen bestand Einigkeit darüber, den bisherigen zweiten Mann, Herrn Dr. B., zum zukünftigen ersten zu machen.

Die vermeintlich gute Nachricht der »Beförderung« traf Herrn Dr. B. nicht ganz unerwartet, löste in ihm jedoch kein Glücks- oder Zufriedenheitsgefühl aus. So im Licht der Öffentlichkeit zu stehen und allein Verantwortung tragen zu müssen, ängstigte ihn eher. Um seine Befürworter nicht zu enttäuschen, nahm er nach anfänglichem Zögern die ihm gebotene Chance dankend an. Im engsten Familien- und Freundeskreis hatte er das Für und Wider ausführlich diskutiert. Seine Entscheidung war ihm nicht leichtgefallen, letztendlich hatte seine Frau den Ausschlag gegeben und ihm Mut gemacht, ihm gut zugeredet.

Schon bei der Auswahl seines persönlichen Referenten sah sich Herr Dr. B. vor eine schwierige Entscheidung gestellt. Als dieses Problem endlich bewältigt war, und es darum ging, durch geeignete Maßnahmen innerhalb der ersten 100 Tage nach Amtsantritt ein deutliches Profil klar werden zu lassen, nahmen seine skeptischen Gefühle überhand. Obwohl ihm die Materie keineswegs fremd war, fühlte er sich orientierungslos. Was war es, was man von ihm erwartete? Bis in seine Träume hinein beschäftigte er sich mit realen oder vermeintlichen Attacken, die politische Gegner auf den Plan rufen würden, wenn er dieses oder jenes täte.

Statt beherzt Entscheidungen zu treffen, schob er wichtige Dinge wie eine Bugwelle vor sich her, verhielt sich zögerlich-abwartend und ging wichtigen Besprechungsterminen aus dem Weg, wann immer es möglich war. Dies führte zu schwierigen administrativen Situationen, die vor allem auf seine mangelnde Entscheidungsbereitschaft und sein ängstliches Taktieren zurückzuführen waren. Die zwischenmenschliche Atmosphäre gegenüber seinem Vorgesetzten war gespannt, ohne daß es zwischen den Beteiligten zu klärenden Aussprachen kam.

Sein persönlicher Referent bat ein halbes Jahr nach Amtsübernahme um Versetzung . . .

## Merkmale

Phobischen Persönlichkeiten (von griech. phóbos = Furcht) sitzt fast ständig die Angst im Nacken. Es besteht ein diffuses, unbehagliches Gefühl der Beklemmung, des Bedroht- und Ausgeliefertseins, der Verschüchterung. Ängste können sich in der Vermeidung bestimmter Situationen oder Objekte manifestieren und auch körperlich (z.B. als Herzrasen) spürbar werden. Ein Phobiker braucht zur Angstvermeidung oft jemanden, der ihn an die Hand nimmt. Typische Ängste sind die Angst vor Trennung und Liebesverlust, vor dem Verlust der Autonomie, vor narzißtischer Kränkung (vor Versagen), vor vernichtender Verurteilung oder Verachtung anderer, vor Bestrafung.

Auf den Punkt gebracht: Menschen mit einer phobischen Persönlichkeitsstörung fallen durch übertriebene Sorge, Angst und Furcht auf, was zu einem spezifischen Vermeidungsverhalten in verschiedenen Lebensbereichen führt.

Mindestens fünf der folgenden Kriterien müssen erfüllt sein:

Der Betroffene
(1) zeigt ein Verhalten aus einer Mischung diffuser bis konkreter Sorge und Angst;
(2) zögert notwendige Entscheidungen heraus, schiebt Aufgaben vor sich her;
(3) fühlt sich häufig unsicher, gefährdet bis bedroht und entwickelt Vermeidungsstrategien für die angstauslösenden Situationen;
(4) versucht sich nach allen Richtungen und Eventualitäten abzusichern;

(5) klammert sich an Personen, die Schutz und Orientierungshilfe bieten;
(6) hat Angst vor und meidet deshalb offene Auseinandersetzungen;
(7) ist schnell unter Druck zu setzen und zu beeinflussen;
(8) verhält sich Veränderungen und Neuem gegenüber skeptisch und wenig aufgeschlossen.

## Phobische Führungskräfte

**Motiv.** Phobisch strukturierte Menschen gelangen eher selten in allerhöchste Chefpositionen, sie spielen lieber »die zweite Geige«: Der Erste ist dann sein beschützendes, »steuerndes Objekt«[150], jemand, den er in seiner Entscheidungsunsicherheit um Rat fragen kann. Auch ein Team kann für einen phobischen Vorgesetzten eine haltgebende, schützende Funktion haben.

Im Öffentlichen Dienst und seinen Institutionen trifft man diesen Typus deutlich häufiger auf der mittleren Führungsebene an, weil seine guten Leistungen irgendwann auffallen und oftmals dann automatisch eine Beförderung ansteht, ohne daß wirkliche Führungsqualitäten vorhanden sind. »Bei Bewerbungen machen sie oft den Eindruck, gut kooperieren und sich vorhandenen Strukturen gut anpassen zu können, und gefallen so einem Auswahlgremium, das jemanden sucht, der voraussichtlich keine Schwierigkeiten machen wird.«[151]

**Arbeitsverhalten.** Phobische Führungskräfte haben häufig Angst, initiativ zu werden und Entscheidungen zu treffen. Sie befürchten, das Ergebnis könne schlecht ausfallen und Unzufriedenheit auslösen. Das führt nicht selten zu einem ängstlichen Rückzug, zu wenig produktiven Arbeitsergebnissen, wobei Routineaufgaben deutlich besser bewältigt werden als kreative. Situationen, in denen es auf schnelle Entscheidungen ankommt, überfordern diesen Typus, weil eine gründliche Vorbereitungszeit zum Abwägen aller Aspekte – insbesondere der Risiken – nicht zur Verfügung steht.

**Mitarbeiter.** Phobische Chefs vermeiden in der Regel offenen Ärger und Streit mit ihren Mitarbeitern. Dafür brechen um so leichter innerhalb der Mitarbeiterschaft stellvertretende Konflikte und heftige Auseinandersetzungen aus, weil die Führungsschwäche und das Verdrängen von Aggression diese zu Machtkämpfen einlädt.

Identifiziert sich die phobische Führungskraft mit seiner ängstlich-einengenden Mutter, wird er seinen Mitarbeitern ebenfalls nichts zutrauen, sie versuchen zu gängeln, bei gleichzeitiger Überforderung, alles perfekt zu machen. Dabei gehört er zu den Chefs, denen man es als Untergebener nie hundertprozentig recht machen kann.

**Gefahren.** Jede Kreativität bleibt auf der Strecke, ängstliche Lähmung und Mangel an Initiative kennzeichnen die Atmosphäre. Es scheint, als ob die Angst des Phobikers ansteckend wirke. Ungeduld und zunehmende Unzufriedenheit macht sich bei den Mitarbeitern schnell breit und sorgt oft für Kündigungen von seiten der fähigen Köpfe.

**Positives.** Mit einer gewissen Unterstützung und angemessener Begleitung kann sein sorgfältiges, vorsichtiges und kooperationsfreudiges Planungsverhalten nutzbringend einbezogen werden.

## Ursachen: Kindheitserfahrungen des Phobikers

Phobische Persönlichkeiten haben die Lebenseinschätzung und den Erziehungsstil ihrer ängstlichen Eltern verinnerlicht, die sie in ihrer Kindheit nicht selbständig gewähren ließen, weil »ja so viel passieren kann«. Deshalb trauen sie sich häufig viel weniger zu, als sie eigentlich leisten können, bleiben initiativlos und entscheidungsschwach. Es fehlten die Voraussetzungen für die Entwicklung eines stabilen Ich- und Selbstbildes.

## Typische Beziehungsmuster

**Partnerbeziehung.** Phobisch strukturierte Persönlichkeiten suchen in der Partnerbeziehung ein Gegenüber, an das sie sich schutzsuchend anlehnen können, bei einem gleichzeitigen (mehr oder weniger latenten) Anspruch, die/den Partner/in deutlich zu beherrschen. »Tun sich zwei phobisch strukturierte Menschen zusammen, kann jeweils der eine für den anderen als steuerndes Objekt fungieren. Das ist möglich, weil man nicht nur durch Stärke, sondern auch durch Schwäche die Funktionen eines steuernden Objekts ausüben kann.«[152]

**Arbeitsplatz.** Der phobisch strukturierte Vorgesetzte sucht Schutz und Unterstützung bei seinen Mitarbeitern, kann sich aber gleichzeitig auch von einem Team ähnlich eingeengt fühlen wie von seiner ängstlichen, überbehütenden Mutter, die ihm in der Kindheit immer alles aus der Hand nahm. Am Arbeitsplatz bringt er – diese Situation wiederholend – das Team unbewußt in eine vergleichbare Position.

## Umgangsstrategien

**Selbsterkenntnis.** Wer sich nach einem langen Klärungs- und Abwägungsprozeß endlich zu dem Eingeständnis durchringen kann, bei sich phobische Charaktermerkmale zu erkennen, befindet sich bereits auf dem Weg in eine Richtung, die einen konstruktiven Veränderungsprozeß einleiten könnte. Die Entscheidung zu treffen, psychotherapeutische Unterstützung in Anspruch zu nehmen, fällt naturgemäß nicht leicht, andererseits ist man als phobisch Strukturierter aber für Kooperation, insbesondere auch Orientierungshilfe und Unterstützung ja durchaus aufgeschlossen.

Zögern Sie noch? Nur Mut – möchte man an dieser Stelle wünschen. Gleichwohl, gerade das bleibt häufig ein frommer Wunsch ...

**Selbstbehauptung.** Daß man es mit einem zögerlichen, ängstlichen und furchtsamen Vorgesetzten zu tun hat, ist unschwer zu erkennen. Die ausgelösten Gefühle reichen von Mitleid über die Befürchtung, von der Angst selbst erfaßt und angesteckt zu werden, bis hin zu aufkommender Verzweiflung und Wut. Wegen seiner überängstlichen

Bremser-Funktion provoziert der phobische Chef Ungeduld und Frust.

Ansprech- und Zuhörbereitschaft und damit Kontakt entlasten diesen Typus. Er braucht ein Ohr, in das er jammern kann. Durch Unbeeindruckbarkeit und gleichbleibend-zugewandte Aufmerksamkeit besteht – wenn überhaupt – die Chance, seinen phobischen Tendenzen quasi per positiver Vorbildfunktion ein wenig den Wind aus den Segeln zu nehmen. Dadurch, daß man die Katastrophe nicht auf sich zukommen sieht, die der Ängstliche ständig befürchtet, hilft man ihm vielleicht, seine verzerrte Wirklichkeitswahrnehmung zu korrigieren. Am Beispiel von demonstrativer Unerschrockenheit sollte er sich orientieren können. Zugegeben: Leichter gesagt, als getan.

## Der Bremser
## Die depressive Persönlichkeitsstörung

Der Hauptabteilungsleiter einer großen Rundfunkanstalt hatte seine Karriere zielstrebig vorangebracht, machte aber innerhalb eines Jahres nach Erreichen der von ihm angestrebten Spitzenposition eine Wandlung durch, die den engeren leitenden Mitarbeitern nicht verborgen blieb.

Es begann damit, daß er die Zahl der wöchentlichen Besprechungen mit den Abteilungsleitern von drei auf eine reduzierte. Obwohl sich die Notwendigkeit für eine Programmstrukturreform deutlich abzeichnete, verschob er immer wieder die entsprechenden Entscheidungsfindungstermine mit der Begründung, man müsse sich hierzu zunächst noch mit diesem und jenem besprechen. Über Ergebnisse dieser Besprechungen berichtete er nicht, und er verstand es, Anfragen dazu abzublocken, immer mit dem Hinweis verbunden, das aktuelle Programmschema sei so schlecht ja nun auch nicht.

Vorschläge für neue Sendereihen nahm er interessiert auf und versprach, sich um die Projekte zu kümmern, ohne daß letztendlich jemals etwas real umgesetzt wurde. Ein auf diese Art und Weise hingehaltener Abteilungsleiter verließ nach sechs Monaten zäher Auseinandersetzung über seine Vorschläge das Funkhaus, um bei einem Privatsender sein Projekt innerhalb kürzester Zeit erfolgreich zu realisieren. Der Hauptabteilungsleiter fühlte sich persönlich verraten und schwer enttäuscht. Seine Mitarbeiter versuchte er mit dem Hinweis zu trösten, die von dem abgewanderten Kollegen vorgeschlagenen Programmveränderungen seien »völlig unreife Experimente« gewesen.

Der Nachfolger des abgewanderten Abteilungsleiters erwarb sich schnell das Vertrauen seines Chefs und galt bei ihm bald als die Kreativkraft par excellence. Ihm attribuierte der Chef die innovative Kraft für die Konzeption einer völlig neuen Programmstruktur. Weitere sechs Monate waren vergangen, ohne daß ein konkretes Ergebnis vorlag. Die Einschaltquoten gingen drastisch zurück, was der Hauptabteilungsleiter mit den Worten quittierte: Guter Geschmack läßt sich immer nur schwer durchsetzen. Darauf habe man eben leider keinen Einfluß, man müsse damit leben.

## Merkmale

Menschen mit einer depressiven Persönlichkeitsstörung sind häufig gedrückter Stimmung, anklammernd, antriebslos und aggressionsgehemmt. Sie leiden unter Initiativemangel, Gefühlen von Schuld, mangelndem Selbstvertrauen, Hilf- und Hoffnungslosigkeit.

In der Regel unterschätzen Depressive in passiver Zurückhaltung und Bescheidenheit ihre Chancen und Möglichkeiten. Selbst kaum in der Lage, Forderungen zu stellen, lassen sie sich leicht überfordern, vermeiden (vordergründig) aggressive Selbstbehauptung und gehen Auseinandersetzungen gerne aus dem Weg. Ihr Mangel an Selbstvertrauen und positivem Selbstwertgefühl läßt sich vor den Augen anderer kaum verbergen. Ihre größte Sorge gilt der Gefahr, alleingelassen bzw. verlassen zu werden. Andererseits zeigen sie aber auch ein gutes Einfühlungsvermögen, wirken warmherzig und anpassungsfähig.

Auf den Punkt gebracht: Depressive Persönlichkeiten zeichnen sich durch Gefühle von Hilf- und Hoffnungslosigkeit, Verlassenheitsängste und eher abhängiges und unterwürfiges Verhalten aus.

Mindestens fünf der folgenden Kriterien müssen erfüllt sein, um zur Diagnose einer depressiv-abhängigen Persönlichkeitsstörung zu kommen:

Der Betroffene
(1) ist weitgehend unfähig, alltägliche Entscheidungen zu treffen, ohne ständig die Meinung oder den Rat anderer einzuholen bzw. sein Verhalten »genehmigen« zu lassen;
(2) läßt gerne andere die wichtigsten Entscheidungen für sich treffen;
(3) pflichtet anderen gerne auch dann bei, wenn er diese im Unrecht weiß, nur um Auseinandersetzungen aus dem Weg zu gehen;
(4) hat Schwierigkeiten bei allen Arten von Eigeninitiative oder Eigenaktivität;
(5) hat die Tendenz, Aufgaben, die für ihn unangenehm oder erniedrigend sind, zu übernehmen, um die Zuneigung anderer zu gewinnen;
(6) leidet unter Einsamkeitsgefühlen und fühlt sich allein unwohl und hilflos (versucht, diese Situation zu vermeiden);
(7) ist am Boden zerstört oder hilflos, wenn enge Beziehungen in die Brüche gehen;
(8) hat gewöhnlich Angst davor, verlassen zu werden;
(9) ist bei Kritik oder Ablehnung leicht zu verletzen.[153]

## Depressive Führungskräfte

**Motiv.** »Die Karrieren depressiver Führungspersonen sind in der Regel von Stagnation und Rückschritt gekennzeichnet; wenn sie überhaupt trotz ihrer Passivität Spitzenpositionen erreichen, können sie sich dort normalerweise nicht lange halten.«[154] Nicht selten kann jedoch eine reaktive depressive Persönlichkeitsentwicklung bei Führungskräften eintreten, die z.B. eine Serie von Fehlschlägen zu verkraften haben.

**Arbeitsverhalten.** Vorgesetzte mit einer depressiven Persönlichkeitsstruktur verkörpern das krasse Gegenteil des gängigen Managerideals, das ein starkes Selbstbewußtsein und ein gutes Durchsetzungsvermögen verlangt. Selten sind sie autoritär, eher auf die Harmonie einer Nähe garantierenden Teamarbeit aus, denn ihr Selbstwertgefühl ist beschädigt und dies hat seine Auswirkungen: Oft verspüren sie ein erhebliches Gefühl der Machtlosigkeit, was häufig nicht verwunderlich ist angesichts anachronistischer Führungs- und Marketingstrategien und organisatorisch-konzeptioneller Stagnation.

Neben mangelnder Initiative und Risikobereitschaft dominiert die Angst vor dem Erfolg. Dahinter steckt primär die Sorge, daß mit dem Erfolg auch die Neider auf den Plan treten, aggressive Auseinandersetzungen sich anbahnen könnten. Die Produktion von Mittelmäßigkeit bis Mißerfolg ist als eine Art selbstauferlegte Strafe zu verstehen.

**Mitarbeiter.** Mangel an Initiative sowie Lustlosigkeit kennzeichnen die Mitarbeiterführung eines depressiven Vorgesetzten. Am besten, alles geht seinen gewohnten, geordneten Gang. Bloß keine Veränderungen, bloß kein Risiko. Der Einfluß der Mitarbeiter wird als störend empfunden und deshalb auf ein Minimum reduziert. Die wichtige interne Kommunikation gleicht ein wenig den drei berühmten chinesischen Affen (nichts sehen, nichts hören, nichts sagen).

Andererseits beherrscht ein bürokratisches Reglement den Umgang miteinander und die Lösung von Problemen. Für alles und jedes sind Anträge, Genehmigungen und weitschweifige Erklärungen oder Rechtfertigungen notwendig. Bekommt man endlich von ihnen das, was man will und ausführlich beantragt hat, ist es in der Regel zu spät. Wieder einmal hat der Depressive etwas blockiert.

**Gefahren.** Aufgrund ihrer Unsicherheit und ihres Grundgefühls, auf die Dinge letztlich wenig Einfluß ausüben zu können, verursachen depressive Chefs »ein Führungsvakuum – ihre Abteilung oder ihr Unternehmen treibt mehr oder weniger ziel- und planlos dahin. Innerlich haben sie resigniert und den Versuch aufgegeben, ihr Unternehmen wirklich zu leiten ... Das durch diese Führungspersonen entstehende politische Vakuum ermuntert die Mitarbeiter der nächstniedrigen Hierarchieebene nicht selten zu Intrigen und Machtkämpfen.«[155]

Als Resultat depressiven Führungsstils verfällt das ganze Unternehmen nicht selten in ein Klima von Passivität, Lethargie und Negativismus. Neben dem Ansteckungseffekt für die Mitarbeiter besteht eine weitere Gefahr darin, daß aktive und kreative Kräfte das Unternehmen verlassen. Veränderungen des Marktes werden nicht oder zu spät wahrgenommen. Depressive leben von den Erfolgen ihrer Vergangenheit (wenn es diese gab), denken traurig an die Zeiten, als alles besser war.

**Positives.** Es fällt nicht ganz so schwer, an depressiven Persönlichkeitsstrukturen auch einige gewinnende, positive Züge auszumachen, denn sie gehören im Vergleich zu anderen Charaktertypen noch zu den vergleichsweise harmlosen Zeitgenossen. Eigenschaften wie zeitweilige Warmherzigkeit und Zugewandtheit, Asketen- und Duldertum, Verzichts- und Hilfsbereitschaft sowie treue Anhänglichkeit können bei bestimmten depressiven Persönlichkeiten Anflüge von Beliebtheit auslösen.

## Ursachen: Kindheitserfahrungen des Depressiven

Von seiten der Eltern kommt es (meist schon im ersten Lebensjahr, in der oralen Phase der psychosexuellen Entwicklung) zu einer Versagung der elementaren Bedürfnisse nach Liebe, Zuwendung und Versorgung. In Reaktion auf diese Enttäuschungen entsteht eine massive Wut, die aber gegen die eigene Person gewendet wird. Auf eine Kurzformel gebracht: Depression ist nach innen gewendete Aggression, niedergedrückte Wut.

Dem späteren abhängigen Verhaltensmuster und dem Mangel an Selbstvertrauen und Konkurrenzgeist kann aber auch elterliche Überbehütung und extreme Verwöhnung zugrunde liegen: »Die Unfähigkeit der Eltern, ihrem Kind die selbständige Entwicklung zur

Einzelperson zu erlauben, erstickt die Entwicklung des Individuums zum autonomen Wesen. Insofern wird es diesen Kindern nicht erlaubt, weniger abhängig zu werden, ihre eigenen Wünsche zu befriedigen und für sich selbst zu sorgen. Zusätzliche Faktoren können eine überängstliche Mutter sein, der Gedanke, daß das Kind alles ist (ein Verhalten, das sich vielleicht während einer Krankheit des Kindes herausgebildet hat), oder die Angst der Eltern davor, ›das Baby zu verlieren‹, was für sie selbst mit dem Älterwerden und der Einsamkeit verbunden ist.«[156]

## Typische Beziehungsmuster

**Partnerbeziehung.** Das zentrale Thema in der Zweierbeziehung eines Depressiven ist ein Orales und lautet: Versorgen und Versorgtwerden. Dabei kann sich die depressive Persönlichkeit entweder in der Position des aktiven mütterlichen Pflegecharakters befinden, der seine eigenen Versorgungswünsche durch die Versorgung des anderen befriedigt oder aber sich in der Position des Pfleglings passiv oral versorgen lassen.

Generationen von Männern gefielen sich in der Rolle des Ernährers und alleinverdienenden »Haushaltsvorstandes«, wobei die Ehe- und Hausfrauen mit den großen Ks abgespeist wurden (Kinder, Küche, Kirche, Kosmetik). Als Gegenleistung für die materielle Versorgung hatten sie für das leibliche Wohl zu sorgen und in einer abhängigen Position auf jegliche Autonomiebestrebungen – z.B. auf eigene Berufstätigkeit – weitgehend zu verzichten.

Dabei ist der orale Charakter – so der Zürcher Paarforscher Jürg Willi – »in seinen Partnerbeziehungen ambivalent. Einesteils sucht er Partner, die unbegrenzt spenden, und von denen er sich passiv verwöhnen lassen kann. Andererseits fürchtet er, von diesen abhängig zu werden und die Frustration der Zurückweisung nicht verkraften zu können. Er haßt oftmals gerade die Partner, die seinen Wünschen entsprechen, weil sie ihn gerade durch ihr Spenden in seinem Selbstgefühl kränken.«[157]

**Arbeitsplatz.** Depressive Führungskräfte suchen Schutz und Halt, und fürchten sich, wichtige Entscheidungen zu treffen. Aus diesem Grund benötigen sie die Nähe zu einem Kreis von Beratern, den sie idealisieren. Diese Tendenz kann soweit gehen, quasi heilsartige Erwartungen an jemanden zu richten und zu glauben, daß von der auserkorenen Person alle Probleme gelöst werden könnten – bei minimaler Veränderung der bestehenden Strukturen.

## Umgangsstrategien

**Selbsterkenntnis.** Wenn auch nicht in allen hier angesprochenen Details, so ist doch eine depressive Grundstimmung so schwer nicht einzugestehen. Die Chancen psychotherapeutischer Hilfe sind bei dieser gut erforschten Persönlichkeitsstörung durchaus optimistisch einzuschätzen.

**Selbstbehauptung.** Die passive, abhängige, niedergeschlagene Gemütsverfassung von Menschen mit einer depressiven Persönlichkeitsstruktur mobilisiert nicht selten beim Gegenüber Aggressionen. Die Wut, den Zorn, die der Depressive unterdrückt, verspürt man selbst, aber auch das Quälende, das von seinem Verhalten ausgeht. Bertolt Brecht formulierte diesen Zusammenhang prägnant in seinen Gedichtzeilen »Die Enttäuschten und Vergrämten / sind die wahrhaft Unverschämten«.

Der Versuch, dieser deutlich spürbaren Aggression gegenüber dem Depressiven freien Lauf zu lassen, in der guten Hoffnung, ihn dadurch zu mobilisieren und aus seiner Depression herauszureißen, ist zum Scheitern verurteilt: Der Betreffende würde sich verletzt noch mehr in sich zurückziehen und weiter passiv vor sich hin leiden. In der Tendenz gilt es, die Ich-Kräfte des Depressiven zu stärken, soweit es der Arbeitsalltag zuläßt, indem man z.B. seinen Bemühungen, Entscheidungen auszuweichen und diese zu delegieren, nicht nachgibt.

# KRANKE UND ENTGLEISTE

Vor dem Hintergrund einer neurotischen – d.h. immer emotional defizitären – Fehlentwicklung in Kindheit und Adoleszenz kann im Erwachsenenalter eine neurotische Persönlichkeitsstörung entstehen. Es besteht jedoch auch die Möglichkeit, daß die zugrundeliegende Fehlentwicklung in der Kindheit deutliche »Entgleisungen« und Ausweitungen in Form von süchtiger Fehlhaltung, psychosomatischer Erkrankung oder Kriminalität nach sich zieht.

Sucht, psychosomatische Erkrankung und kriminelles Verhalten – unsere folgenden Themen – sind lediglich Symptome. Entscheidend ist das psychische Entwicklungsdefizit und der Konflikt, der sich dahinter verbirgt.

## Gier, Trost und Selbstzerstörung
## Die süchtige Persönlichkeitsstörung

Immer am Freitagnachmittag rastete es bei dem Oberstudiendirektor Klaus P. aus. Dann zog er sich zurück, mal mit Freunden, häufiger allein und trank sich ins Wochenende. Mit zittrigen Händen wurde die erste Flasche Bier geköpft, dann schnell mit eisgekühltem Klaren nachgespült. Gegen 22 Uhr dümpelte der Mann bewegungsunfähig in seinem Arbeitszimmer auf dem Sofa.

Samstag und Sonntag lagen vor ihm und der Familie. Die Regenerationszeit wurde immer kürzer, so daß bereits am nächsten Nachmittag weitergesoffen werden konnte. Wenn dies auch am Sonntagnachmittag geschah, weil er »die Kurve nicht kriegte«, gab es den »Blauen-Montag-Effekt« und Frau P. mußte die Schulsekretärin mit immer neuen Krankheitslegenden füttern.

Unter der Woche – wenn ihr Mann trocken blieb – litt sie unter seiner schlechten Laune oder der kühlen, in sich zurückgezogenen Art, die es ihr verunmöglichte, sich mit ihm auszusprechen. Stumm saß er nach getaner Arbeit im Wohnzimmer und schaute in die Röhre oder zog sich zurück, um administrative Planungsaufgaben vorzubereiten. Insgeheim wartete er auf den für ihn befreienden Freitag. Die bürokratische Schulmühle, als deren erster Repräsentant und Opfer er sich selbst sah, galt es runterzuspülen. Die ewigen Querelen im Lehrerkollegium und die sich immer unerträglicher gebärdenden Schüler mußten möglichst schnell vergessen werden.

Seine Frau haßte diese Wochenenden und zunehmend ihren Mann. Jedoch immer, wenn es Schulferien gab, nahm der Oberstudiendirektor sich auch vom Alkohol frei. In dieser Zeit wurde nicht getrunken, kein Tropfen, schien die Welt für eine begrenzte Zeit rosig und heil, zeigte er sich von einer ganz anderen, sympathischen Seite.

Die selbstverordneten und erstaunlich diszipliniert durchgehaltenen Zwangspausen zogen das Leiden in die Länge. Fast über zehn Jahre fiel der exzessive Alkoholmißbrauch nicht sonderlich auf, Klaus P. hielt die Fassade aufrecht. Insbesondere seiner Frau fühlte sich P. dankbar verbunden, da sie ihn immer wieder vor schulrechtlichen Disziplinarmaßnahmen und dem wirklichen »Abstürzen« rettete.

## Merkmale

Süchte sind jedem bekannt. Zunächst die mehr oder weniger wohlgelittenen Alltagssüchte wie Nikotin- und Koffeinabhängigkeit, Freßsucht und König Alkohol, der gesellschaftlich in Maßen akzeptiert und ritualisiert ist, dessen Mißbrauch jedoch zu schwerster Abhängigkeit und Schädigung führt. Neben der Droge Alkohol spielt auch Medikamentenmißbrauch auf Chefetagen zunehmend eine Rolle. Arbeits-, Spiel- und Sexsucht sind andere Suchtformen bzw. süchtige Fehlhaltungen, die aber die gleichen ruinösen Konsequenzen heraufbeschwören wie alle Drogen.

Beim Genuß der meisten Suchtmittel – angefangen vom Alkohol, über Tabletten (Psychopharmaka, Analgetika), aber selbst schon bei der Zigarette und der Tasse Kaffee geht es um den bewußt angestrebten Prozeß der Erleichterung von den Mühen, Sorgen und Nöten des Lebens (wieder aktuell: Morgens einen Joint, und der Tag ist dein Freund).

Über die Konditionierung wird die Wahl der Droge zur Bewältigung von Situationen, die mit unlustbetonten Gefühlen einhergehen, immer häufiger, gezielter und regelrecht zwanghaft eingesetzt. So lassen sich scheinbar Depressionen, Schlafstörungen, Ängste und Hemmungen leichter überwinden, Beziehungen und sexuelle Kontakte schneller und erfolgreicher herstellen. Dosissteigerung, Nichtaufhören-können und Abhängigkeitsgefühle (physisch wie psychisch) sind die Charakteristika, die z.B. beim Nikotinabusus ebenso wie bei der Arbeitssucht zum Tragen kommen.

Auf den Punkt gebracht: Die süchtige Persönlichkeitsstörung ist primär durch psychische und/oder physische Abhängigkeit von einem Suchtmittel charakterisiert. Dabei geht es hier um

Nikotin, Koffein, Eßsucht
Alkohol, Medikamente (u.a.)
Arbeitssucht, Sexsucht, Spielsucht

Mindestens fünf der folgenden Kriterien müssen erfüllt sein.

Der Betroffene
(1) macht regelmäßig Gebrauch von der Droge, ggf. immer häufiger, in kürzeren Abständen, unter Erhöhung der Dosis;
(2) hat nach Drogenkonsum kurzfristig Empfindungen von Erleichterung und Entspannung;
(3) leidet unter Anspannungssymptomen, wenn die Droge nicht verfügbar ist (bis hin zu stärkeren Entzugserscheinungen);
(4) zeigt psychische und/oder körperliche Symptome bzw. Auffälligkeiten im Zusammenhang mit dem Drogenkonsum;
(5) entwickelt Sicherheits- und Vorratsdenken in bezug auf die Droge;
(6) bevorzugt Kontakte mit Personen, die ebenfalls diese Form der Droge konsumieren;
(7) reagiert gekränkt, u.U. auch aggressiv auf das Ansprechen der Problematik bzw. auf Vorwürfe, die seinen Umgang mit der Droge betreffen;

(8) erklärt demonstrativ, er könne jederzeit ohne die Droge gut auskommen;
(9) zeigt gelegentlich Schuldgefühle oder signalisiert selbstkritische Einsicht und verspricht, zukünftiges Verhalten im Umgang mit der Droge zu ändern;
(10) hat gescheiterte Versuche hinter sich, von der Droge loszukommen bzw. ohne sie zu leben.

## Süchtige Führungskräfte

**Motiv.** Erfolgssucht, Machtgier und Herrschsucht bilden sich meist auf dem Hintergrund von frühen defizitären emotionalen Kindheitserfahrungen, die ein lebenslanges Gefühl des Unterversorgtseins und Zukurzgekommenseins zur Folge haben. Spitzenpositionen und Erfolg sollen die fehlende frühe Liebe vergessen machen und dafür Ersatz schaffen.

So werden narzißtische Löcher in Gestalt von gravierenden Selbstwertzweifeln mit Drogen als eine Art fataler Selbstheilungsversuch gestopft, Ängste mit Alkohol heruntergespült oder mit Medikamenten betäubt, Depressionen mit allen möglichen schon genannten, kurzfristig stimmungsaufhellenden Suchtmitteln bekämpft.

Böse Introjekte, von denen man sich nie hat wirklich befreien können, die immer noch mit Sätzen wie »Das schaffst du nicht, aus Dir wird nie was« in den Ohren klingen, sollen in einem selbst vernichtet, zum Schweigen gebracht werden, auch um den Preis der schweren Selbstschädigung.

**Arbeitsverhalten.** Führungskräfte mit süchtiger Persönlichkeitsstruktur arbeiten über einen längeren Zeitraum gut, vielleicht sogar sehr gut, bis dann wegen der sukzessive erfolgenden Dosissteigerung von Drogen aller Art ein jäher Absturz erfolgt. »Der dynamische, perfektionistische Manager, der nicht einmal übermäßig trinkt, kann schon auf dem Wege sein, ein Alkoholiker zu werden. Die Forschung hat große Ähnlichkeit zwischen der Persönlichkeit von Alkoholikern und Managern nachgewiesen. Viele Alkoholiker beten den Erfolg an, haben Angst vor persönlichen Beziehungen und sind autoritär ... und perfektionistisch eingestellt. Dieselben Eigenschaften, die einem Menschen zum Erfolg verhelfen, können ihn daher auch zum Alkoholiker machen.«[158]

**Mitarbeiter.** Mit dem ihm anvertrauten Personal kann der süchtig Strukturierte aufgrund seiner oralen Gier kaum anders umgehen als aussaugend und ausbeutend. Dies geschieht mal mit mehr oder weniger Einfühlungsvermögen und macht ihn über lange Strecken seines Berufslebens zu einem unter ökonomischen Aspekten erfolgreichen Chef, für den man sich durchaus gerne voll und ganz »ins Zeug legt«. Bisweilen hat er das Image »hart, aber gerecht« zu sein, und solange er sich selbst nicht schont und Enormes leistet, genießt er durchaus Sympathien und Vorbildfunktion.

**Gefahren.** Jeder Sucht wohnt eine selbstzerstörerische Komponente inne. Irgendwann droht der Absturz, und dann kommt an den Tag, was lange Zeit verborgen werden konnte. Da süchtig strukturierte Persönlichkeiten meist über gute schauspielerische Fähigkeiten verfügen und so ihrer Umwelt über einen langen Zeitraum eine Fassade des Funktionierens und der Wohlanständigkeit präsentieren, wird der Tag des Erwachens um so furchtbarer.

**Positives.** Wer nicht liebt Wein, Weib und Gesang, bleibt ein Narr sein Leben lang, weiß der Volksmund. Nur auf das Maß kommt es an. Die Dosis bestimmt das Gift. Und nicht jedem ist es vergönnt, den Kontrollverlust ewig hinauszuschieben. Das Positive – so man denn in diesem Zusammenhang überhaupt von Erfreulichem berichten kann – ist die anfängliche Leistungsmotivation, das Erreichen von ehrgeizigen Zielen und die schauspielerische Begabung.

## Ursachen: Kindheitserfahrungen des Süchtigen

Einsamkeit – und zwar schon die Einsamkeit des ganz kleinen Kindes – ist der Ausgangspunkt des ganzen Elends: Es sind häufig grobe Einsamkeits- und Trennungserfahrungen im ersten Lebensjahr, die Säuglingen von ihren Müttern zugemutet werden. Sie führen zu einer lebenslangen Fixierung (Bindung) an die orale Phase, mit der Folge von unstillbarem Hunger, Durst oder wie es eine junge eßsüchtige Frau formulierte: »Die Leere im Mund muß ständig gefüllt werden. Essen wurde mein Freund.«

Die Droge – gleich welcher Art – wird zu einem perfekten Ersatz für das Liebesobjekt, das ständig verfügbar und zu kontrollieren ist, immer wieder von neuem zu vereinnahmen.

Die jeder Sucht immanenten selbstzerstörerischen Impulse sind ursprünglich hostile Valenzen gegen die Mutter, die nun aber gegen die eigene Person gerichtet werden.

Nach den Beobachtungen des Psychoanalytikers Wolf-Detlev Rost handelt es sich bei den Müttern von Alkoholikern häufig »entweder um sehr ambivalente, schwankende, teils vernachlässigende, teils verwöhnende Mütter, die mit dem Kind wenig anzufangen wußten, durch ihre Mutterrolle überfordert und oft von den eigenen Eltern noch vollständig abhängig waren. Oder es handelt sich um ... mächtige, dabei kalte, unsensible, untergründig aggressiv-sadistische Mütter mit freundlicher altruistischer Fassade.«[159]

In der Psychotherapie mit Alkoholikern machte der Suchtexperte W.-D. Rost die Erfahrung, daß es offenbar leichter ist, »die ambivalente Mutter zu erkennen und sich von ihr abzugrenzen, als das bei der pseudo-guten, dabei tatsächlich sadistisch-destruktiven Mutter zu leisten. Gerade an die letztgenannte bleiben Kinder meist zeitlebens verhängnisvoll gebunden. Ich denke hier an die Alkoholiker, die zeitlebens bei ihrer ›Mami‹ bleiben und manchmal unter Tränen der Rührung schildern, was die gute Mutter alles für sie tue. Erlebt man diese Beziehungen anläßlich von Familiengesprächen in natura, so ist man gelähmt, erschlagen und hilflos angesichts des destruktiven sadistischen Potentials, das hier untergründig wirkt. Der Suchttherapeut lernt gar nicht selten Mütter (manchmal auch Ehefrauen) kennen, die ganz bewußt den Tod ihres Sohnes in Kauf nehmen, nur um diesen nicht hergeben zu müssen.«[160]

## Typische Beziehungsmuster

**Partnerbeziehung.** Die süchtig strukturierte Persönlichkeit neigt zu zwei Arten von Beziehungsmustern: Zum einen geht es um die Suche nach einer versorgenden, liebevoll zugewandten Mutterfigur, die das Suchtverhalten zumindest gnädig toleriert, totschweigt und nach außen hin eine heile Welt aufrechterhält (Co-Abhängiger); zum anderen wird häufig ein noch schwächerer Partner gewählt, der abhängig gehalten werden kann und den man mit dem sowohl aggressiven wie autodestruktiven Suchtverhalten quält.

**Arbeitsplatz.** Hier sucht der Süchtige ähnlich wie in der Partnerbeziehung jemanden, der abschirmt und von dem täglichen Einerlei befreit, eine Person, die dem süchtig strukturierten Chef im Idealfall die Wünsche »von den Lippen ablesen« kann. Die gute Sekretärin, der fähige Referent, die »rechte Hand« wird es schon machen, richten, das Schlimmste verhüten, die Karre aus dem Dreck ziehen. Alternativ werden Personen bevorzugt, die schwach sind und vom Süchtigen in einer (beruflichen) Abhängigkeitsposition dominiert oder sogar schikaniert werden können.

## Umgangsstrategien

**Selbsterkenntnis** – ein Hauptproblem bei Süchtigen aller Art, und wer ist heutzutage nicht irgendwie süchtig. Wenn Sie betroffen und hinsichtlich der Selbsterkenntnis etwas weitergekommen sind, besteht Anlaß zur Hoffnung, daß Sie die dornige Reststrecke vielleicht doch schaffen. Derzeit bewährteste Therapiemethode bei vielen Suchtformen: Stationärer Entzug und anschließend Besuch einer Selbsthilfegruppe (mit-geteiltes Leid ist halbes Leid).

**Selbstbehauptung.** Durchschauen Sie beim Süchtigen die Mechanismen der Ausbeutung. Fangen Sie an, sich zu schützen, grenzen Sie sich ab. Spielen Sie das Spiel, das auch auf Ihre Kosten geht, nicht länger mit. Wenn Sie damit Probleme haben, beschäftigen Sie sich mit Ihren eigenen Suchtpotentialen.

## Mit Leib und Seele
## Die psychosomatische Persönlichkeitsstörung

Der 48jährige Bauleiter Bernhard M. fährt sich selbst Freitagabend gegen 22 Uhr in seinem neuen 7er BMW, begleitet von seiner Ehefrau, in die Notaufnahme des Bezirkskrankenhauses. Trotz seiner stechenden Herzschmerzen und des massiv beklemmenden Gefühls, einen eisernen Ring um den Brustkorb zu tragen, hat er es sich nicht nehmen lassen, auch jetzt noch das Steuer in die Hand zu nehmen.

Gegen 20 Uhr kam er heute schon früher als sonst von der Arbeit nach Hause – eher ungewöhnlich für einen Freitagabend. Aber seit zwei Tagen hatte er bereits Beschwerden, die sich heute im Laufe des frühen Abends extrem zuspitzten. Allein, um seine Frau zu beruhigen, sei er in die Notaufnahme gefahren, erklärt er dem erstaunten Arzt. Auf die Frage nach seinem Befinden bietet er dem erstaunten Doktor an, zehn Liegestütze vorzuführen und erklärt großspurig, so ein bißchen Schmerz könne ihn nicht daran hindern. Als die Gelegenheit sich ergibt, flirtet er mit der Krankenschwester, die die Drähte des EKG-Geräts an ihm befestigt und verspricht ihr, die eine Wohnung sucht, seine Beziehungen für sie spielen zu lassen.

Der Arzt diagnostiziert einen frischen Vorderwandinfarkt und läßt Bernhard M. auf die internistische Intensivstation bringen.

## Merkmale

Führungskräfte aus Wirtschaft und Öffentlichem Dienst sind zunehmend gesundheitlichen Belastungen ausgesetzt. Zu diesem Ergebnis kommt das Institut für Arbeits- und Sozialhygiene in Karlsruhe und Berlin (IAS) auf der Basis von rund 4000 Untersuchungen über den Gesundheitsstatus von leitenden Angestellten.

Mit 85% stehen in der Auswertung vegetative Beschwerden oder Befindensstörungen an Herz, Kreislauf und Magen/Darm an erster Stelle der erhobenen Diagnosen. Es folgen Fettstoffwechselstörungen mit 75% und Wirbelsäulen- und Gelenkbeschwerden mit 73%. Das Institut kommt zu dem Ergebnis: Das Gros der untersuchten

Führungskräfte klagt über mehrfache gesundheitliche Belastungen, die durch eine häufig schleichende Entwicklung und eine sich gegenseitig verstärkende Wirkung charakterisiert sind.[161]

Mit Lebensstil und Berufsalltag von Führungskräften scheinen bestimmte Krankheitsbilder verknüpft zu sein, was zur Prägung des Begriffs »Managerkrankheit« führte. Es geht bei diesem Sammelbegriff um einen Komplex von andauernder psychischer und physischer Überbeanspruchung. Managern wird ein höheres Krankheitsrisiko zugeschrieben, enorme Streßbelastung, hohe Herzinfarktquoten und eine insgesamt verkürzte Lebenserwartung.

Von psychosomatischen Erkrankungen spricht man, wenn körperliche Krankheitsbilder ganz oder zumindest teilweise durch seelische Faktoren, insbesondere durch unbewußte intra- und interpsychische Konflikte bedingt sind.

Nach der Theorie der zweiphasigen Verdrängung von Alexander Mitscherlich, hat der Mensch in gravierenden Konfliktsituationen die Möglichkeit, auf eine körperliche Antwort in Form einer somatischen Erkrankung auszuweichen. In der ersten Phase einer chronischen Belastungssituation werden zunächst psychische Abwehrkräfte mit neurotischer Symptombildung mobilisiert. Der Preis ist eine Einschränkung der konstruktiven Ich-Leistungen.

Kann das so belastete Ich die Dauerkonflikte nicht mehr allein im psychischen (neurotischen) Bereich bewältigen, erfolgt eine zweite Phase der Verdrängung, die eine unbewußte Verschiebung der Abwehrstrategien in die Körpersphäre beinhaltet. Ein körperliches Krankheitssymptom wird gebildet. Der ursprüngliche seelische Ausgangskonflikt wird chiffriert, im körperlichen Symptom unkenntlich gemacht.

Von Bedeutung ist bei allen psychosomatischen Krankheiten der sog. »sekundäre Krankheitsgewinn«. Der Begriff bezieht sich auf die Vorteile und Gratifikationen, die der Erkrankte aus der unbewußt aktiv mitgesteuerten Flucht in die Krankheit ziehen kann und die ihn vielleicht sogar davon abhalten, wieder gesund zu werden: Verstärkte Aufmerksamkeit und Zuwendung durch Ehepartner und Familienmitglieder, die man mit den Symptomen auch herrlich in Sorge versetzen und quälen kann; Befreiung von belastenden, überfordernden beruflichen Aufgaben und Streß; u.U. sogar das Erreichen einer (Früh-)Berentung.

Die einfachste und am häufigsten verwendete Einteilung der psychosomatischen Krankheitsbilder ist eine vor allem an den Organsystemen orientierte Gliederung:

Verdauungstrakt:
- a) oberer Verdauungstrakt: Schluckstörungen, Magengeschwür, funktionelle Magenbeschwerden;
- b) unterer Verdauungstrakt: Colitis ulcerosa, Morbus Crohn (entzündliche Darmerkrankungen), funktionelle abdominelle Beschwerden, Obstipation (Verstopfung), Diarrhoe (Durchfall), Colon irritabile (Reizdarm);

Respirationstrakt:
: Asthma bronchiale, nervöses Atemsyndrom, Schnupfen;

Herz-Kreislauf-System:
: Herzneurose, koronare Herzkrankheit (auch: Herzinfarkt), essentielle Hypertonie (Bluthochdruck); Herzrhythmusstörungen, synkopale Zustände (Ohnmacht);

Endokrines System:
: Hyperthyreose (Schilddrüsenüberfunktion), Diabetes mellitus (Zuckerkrankheit);

Hautkrankheiten:
: Atopische Neurodermitis (Ekzem), Urticaria (Nesselsucht);

Bewegungsapparat:
: Rheumatoide Arthritis, Weichteilrheumatismus, Konversionslähmung, Torticollis spasticus (Schiefhals), Schreibkrampf, Tic, Rückenbeschwerden;

Urogenitaltrakt:
: Impotenz u.a.;

Zentrales Nervensystem:
: Kopfschmerzen, Migräne;

Eßverhalten:
: Adipositas (Fettsucht), andere Eßstörungen.

Auf den Punkt gebracht: Die psychosomatisch gestörte Persönlichkeit trägt unbewußte intra- und interpsychische Konflikte auf einer körperlichen Ebene aus.

Mindestens zehn der folgenden Persönlichkeitsmerkmale müssen erfüllt sein:

Der Betroffene

(1) verfügt über eine weniger gut ausgeprägte sprachliche Differenziertheit und Ausdrucksfähigkeit; ist meist angespannt, schlecht entspannungsfähig;

(2) hat eher einen schlechten Zugang zu seinem Gefühlsleben; neigt dazu, aggressive Impulse »runterzuschlucken«, ist aber latent feindselig;

(3) kann relativ unzureichend über seine Empfindungen sprechen;

(4) ist eher intro- als extravertiert;

(5) neigt zu Ungeduld, Ehrgeiz und ist deutlich leistungsorientiert;

(6) lebt eher zurückgezogen, konservativ;

(7) meidet eher intensivere Kontakte zu andern;

(8) wirkt eher unlebendig und zwanghaft;

(9) neigt zu einer gewissen Rigidität in Konfliktfällen, zeigt insgesamt wenig Flexibilität in Situationen, die soziale Kompetenz verlangen;

(10) ist mehr pessimistisch bis ängstlich als optimistisch und forsch eingestellt;

(11) verfügt in der Regel nur über ein eingeschränktes Introspektionsvermögen und wenig kritisches Reflexionspotential;

(12) zeigt sich nur wenig lernfähig in bezug auf neue emotionale Reaktionsweisen;

(13) verfügt eher über wenig bis kaum Phantasie;

(14) hat bereits gravierende Vertrauens- und/oder Verlusterfahrungen gemacht;

(15) besitzt ein schlechtes Zeitgefühl, gerät schnell unter Druck;

(16) macht sich viele Dinge nicht leicht, ist ungeschickt, schwierig im Umgang, relativ häufig unzufrieden.

## Psychosomatisch erkrankte Führungskräfte

Die Zuordnung spezifischer Konfliktkonstellationen zu den einzelnen oben aufgeführten psychosomatischen Krankheitsbildern würde den Rahmen dieses Buches sprengen. Eine psychisch bedingte Hauterkrankung kann durchaus (muß aber nicht) einen anderen Konflikt- und Persönlichkeitshintergrund haben als z.B. eine psychogene erektile Dysfunktion (Impotenz).

Wir konzentrieren uns hier auf ein Beispiel: Die psychosomatischen Aspekte bei Herzinfarkt-Risikopersönlichkeiten. Zur Erinnerung: Körperliche Ursache eines Herzinfarkts ist meist ein thrombotischer Verschluß eines größeren Koronarastes bei sklerotisch verändertem Gefäß. Das häufig zu spät als bedrohliches Warnsignal wahrgenommene Leitsymptom des Herzinfarkts ist der heftige Dauerschmerz im linken Thoraxbereich, der in den linken Arm ausstrahlt. Risikofaktoren sind Übergewicht und Nikotinabhängigkeit. An Herzinfarkten verstarben 1994 u. a. DGB-Chef Meyer und der britische Labour-Chef Smith.

**Motiv.** Im Rahmen umfangreicher (teilweise prospektiver) Studien beschrieb die Forschungsgruppe des amerikanischen Psychosomatikers Roseman einen Persönlichkeitstypus, der signifikant häufiger einen Herzinfarkt erleidet (sog. Typ A-Verhalten): Es handelt sich dabei um Personen, die unter einem intensiven und anhaltenden Erfolgsdruck arbeiten, sich selbst hohe aber unscharf definierte Leistungsziele setzen, die sie zwanghaft-hartnäckig verfolgen. Sie haben ein hohes Bedürfnis nach Anerkennung, wollen unbedingt Karriere machen und zeigen ein ausgeprägtes Dominanzverhalten. Dabei geht es ihnen darum, andere auszustechen, hinter sich zu lassen. Sie erleben sich ständig unter enormem Zeitdruck und fühlen sich permanent gehetzt. Nichts geht ihnen schnell genug – ihre Ungeduld ist ein weiteres Hauptcharakteristikum.

Die Neigung zum zwanghaft-leistungsorierten Aktivsein und der überstarke Wunsch, andere zu führen und zu dominieren, sich selbst aber nicht führen zu lassen, kann – so die Psychosomatiker Bräutigam und Christian – als eine charakterneurotische Abwehr tieferliegender oraler Abhängigkeits- und Hingabewünsche interpretiert werden. Hierbei handelt es sich um die Abwehr des Wunsches, selbst oral versorgt und verwöhnt zu werden. Hinweise auf die orale Bedürftigkeit sind in der häufig bestehenden Eßsucht und Nikotinabhängigkeit zu finden. Dieser Typus ist »unfähig, sich anderen passiv und vertrauensvoll hinzugeben, sie müssen durch Flucht in Leistung und Aktivität immer wieder ihre Überlegenheit und ihren Wert beweisen. Häufig aus der Identifikation mit der väterlichen Welt kommen sie zu einem strengen, sie zur Leistung und Anpassung drängenden Über-Ich.«[162]

**Arbeitsverhalten.** Dieser Typus ist extrem leistungs- und erfolgsorientiert. Er neigt dazu, sich mehr vorzunehmen, als er wirklich bewältigen kann und überfordert sich so ständig. Seine Ungeduld und Unfähigkeit, sich über bereits erreichte Etappenziele zu freuen, treiben ihn ruhelos an. Er glaubt, alle überholen, allen ständig etwas beweisen zu müssen. Dabei werden essentielle physische wie psychische Bedürfnisse (z.B. Rekreationspausen) stark vernachlässigt.

**Mitarbeiter.** Leistungs-, Konkurrenz- und Wettbewerbsdenken charakterisieren den Umgang mit Mitarbeitern. Das durch permanentes Getriebensein gekennzeichnete Arbeitsverhalten der Herzinfarkt-Risikopersönlichkeit, ihre zwanghafte Tendenz zur Aktivität und ihre unbedingte Neigung, andere führen und dominieren zu wollen, gepaart mit entsprechenden, die Mitarbeiter überfordernden Leistungserwartungen, sind weitere Hauptmerkmale. Die Unfähigkeit, anderen zu vertrauen und ihnen etwas zuzutrauen, macht sie zu Chefs, die schwer oder gar nicht delegieren können.

**Gefahren.** Das autodestruktive Potential dieses Typus und die damit verbundenen risikohaften Konsequenzen für ihn selbst wie auch für das Unternehmen liegen auf der Hand.

Bei Nichteintreten angestrebter Erfolge kommt es bei der Herzinfarktpersönlichkeit häufig zu anhaltender vitaler Erschöpfung und depressiven Symptomen bis hin zum Sichaufgeben.

**Positives.** Zunächst beeindrucken sie durch ihre hohe Einsatz- und Leistungsbereitschaft.

## Ursachen: Kindheitserfahrungen der Herzinfarkt-Risikopersönlichkeiten

Die Kindheit von Personen dieses Typus ist durch einen eher zwanghaft-rigiden Erziehungsstil gekennzeichnet, in dem die Autonomie des Kindes alles andere als im Mittelpunkt stand. Schwäche, Hingabe, jede Art von Passivität war verpönt. Liebe und Zuwendung der Eltern war nur durch Anpassung, Gefügigkeit und Leistung zu erhalten. Das strenge Über-Ich der Eltern wird identifikatorisch-unkritisch übernommen und treibt nun ein Leben lang zu Höchstleistungen an.

## Typische Beziehungsmuster

**Partnerbeziehung.** Die Herzinfarkt-Risikopersönlichkeit strebt auch in der Partnerbeziehung meist nach einer aktiv-dominierenden Rolle. Eigene Abhängigkeits- und Versorgungswünsche werden in der versorgenden Rolle abgewehrt und maskiert. Der Partner soll unterworfen und abhängig gehalten werden. Strebt dieser nach vermehrter Autonomie, wird eine solche Aktivität schnell als Bedrohung der eigenen Position erlebt. Es kommt zum Paarkonflikt.

**Arbeitsplatz.** Häufig kann man eine Tendenz bei diesem Persönlichkeitstypus beobachten, neu in das Unternehmen eingetretene Mitarbeiter scheinbar beruflich zu fördern, ihnen zur Seite zu stehen und sie zu beraten. Gleichzeitig werden diese jedoch – in deutlicher Ambivalenz – in ihrer wirklichen Autonomie subtil behindert, bekommen z.B. vorgeführt, was sie alles noch nicht können (nach dem Motto: »Gut gemacht, aber ich weiß, Sie können es noch besser . . .«). Ein derartiger Chef neigt dazu, diese vermeintlich geförderten Mitarbeiter über kurz oder lang »am ausgestreckten Arm verhungern« zu lassen.

## Umgangsstrategien

**Selbsterkenntnis.** Das autodestruktive Potential dieses Typus wird es schwer zulassen, zu innerer Einkehr zu kommen und rechtzeitig Einhalt zu gebieten. In der Mehrzahl der Fälle muß sich die psychotherapeutische Intervention darauf beschränken, die Lebensführung in vernünftiger Weise mit dem Patienten zu besprechen und zu beeinflussen. Die Erfahrung zeigt, daß Patienten leichter lernen, das Rauchen einzustellen, sich angemessener zu ernähren und sich in vernünftiger Weise beruflich und körperlich zu belasten, wenn dies gemeinsam mit Schicksalsgefährten in einer Gruppenpsychotherapie geschieht.

Im übrigen gilt ein Wort von André Gide: Ich glaube, daß Krankheiten Schlüssel sind, die uns gewisse Tore öffnen können. Ich glaube, daß es gewisse Tore gibt, die einzig die Krankheiten öffnen können.

**Selbstbehauptung.** An dieser Stelle gilt das gleiche, was schon im Umgang mit den aggressiv-autoritären und den zwanghaften Führungspersönlichkeiten empfohlen wurde (s.S. 103, 110). Rette sich – beizeiten! – wer kann. Und lassen Sie sich bloß nicht anstecken.

# Abzocker
# Die kriminelle Persönlichkeitsstörung

Ein Schaden von etwa zwei Milliarden Mark haben der *co op*-Vorstandsvorsitzende Bernd Otto und sechs weitere Manager verursacht. Mit etwa 25 Millionen Mark – so die Vermutung – habe man sich persönlich bereichert. Die 329 Seiten umfassende Anklageschrift benennt Untreue, Scheinrechnungen, schwarze Kassen, Bilanzfälschung, Kreditbetrug sowie Beihilfe zu diesen Delikten.[163]

Im Mai 1994 hat die zweite Wirtschaftsstrafkammer am Landgericht Frankfurt a.M. den einstigen *co op*-Finanzvorstand Werner

Casper wegen Untreue zu fünf Jahren und drei Monaten Freiheitsentzug verurteilt.

In seiner Urteilsbegründung führte der vorsitzende Richter aus, Casper habe sich als Finanzvorstand bei der Transferierung und Weiterverfügung von Geldern der *co op*-AG strafbar gemacht, weil unkontrolliert und ohne Ausweis in der Buchführung Mittel im Ausland auf Konten angefallen seien. Ferner sei es geübte Praxis gewesen, über Scheinrechnungen Gelder abzuziehen und »nach Art einer schwarzen Kasse« darüber zu verfügen. In mehrfacher Hinsicht habe Casper so dem Konzern als Täter neben anderen einen Vermögensnachteil zugefügt. Die Transaktionen seien bewußt verschleiert worden. Das Gericht erkannte auf Vorsatz. Die Stiftung Benjamin Constant von Casper, der *co op*-Gelder zugeflossen seien, sei eine »reine Familienstiftung« gewesen. Denn neben dem Angeklagten waren allein dessen Frau und seine drei Söhne die Berechtigten.

Die Strafkammer machte bei *co op* und deren ehemaligen Führungskräften bis hinein in den Aufsichtsrat »eine besonders raffinierte Begehensweise« aus. Sie verwies darauf, daß wegen der Manipulationen und Verschleierungen der Verbleib hoher Beiträge nach wie vor ungeklärt sei. Mit dem Urteil gegen Casper sollten potentielle Täter »in vergleichbaren Positionen« abgeschreckt werden.[164]

*

Es fällt schwer, aus der Vielzahl der (wirtschafts-) kriminellen Skandale hier nur einen Fall exemplarisch zu benennen. Nach Affären wie *Südmilch, Metallgesellschaft* und *Schneider,* bei denen allen die *Deutsche Bank* eine tragende Rolle spielte, muß man sich darauf gefaßt machen, daß alles möglich ist und das, was an das Licht der Öffentlichkeit kommt, nur die Spitze des Eisberges darstellt. Oder, mit Goethe: Kein Verbrechen, das ich mir nicht vorstellen könnte, zu begehen. Bei ihm lag allerdings die Betonung auf »vorstellen« ...

## Merkmale

Das Phänomen der *White-collar-Kriminalität* macht deutlich, daß selbst bei relativ hohem Einkommen und Sozialprestige die illegale

Bereicherung dann nicht ausgeschlossen werden kann, wenn diese mit hohen Gewinnmöglichkeiten und zugleich geringem Entdeckungsrisiko einhergeht. Mit anderen Worten: Manch einer kriegt den Hals nicht voll genug, und Gelegenheit macht Diebe.

Ein Rechtsbruch in Ausübung des Berufes kann damit begründet und rationalisiert werden, daß dieser nicht ausschließlich im eigenen Interesse, sondern primär im wirtschaftlichen oder politischen Interesse des Anstellungsträgers geschehe. So gesehen könnte aus Sicht des Veranlassers die Abwerbung eines Spezialisten inklusive geheimer Unterlagen von einem Autokonzern zum anderen vergleichbar sein mit einer kriegsähnlichen Heldentat.

Wirtschaftskriminalität wird definiert als »Profitkriminalität der im Wirtschaftsleben Tätigen, die begangen wird unter Beeinträchtigung von überindividuellen Rechtsgütern des Wirtschaftslebens und/oder durch Mißbrauch von Instrumenten des Wirtschaftslebens.«[165]

Man unterscheidet

1. Delikte mit Bezug auf die Finanzwirtschaft des Staates, wie z.B. Steuer- und Subventionsdelikte;
2. Delikte mit Bezug auf die Volks- oder Gesamtwirtschaft und ihren einzelen Zweigen wie z.B. Kartellverstöße;
3. Delikte mit Bezug auf die Betriebswirtschaft und ihrer einzelnen Zweige, wie z.B. Delikte gegen den lauteren Wettbewerb und
4. Delikte mit Bezug auf die Allgemeinheit und die Verbraucher sowie deren Schutz vor Schädigungen, die im betriebswirtschaftlichen Bereich ihren Ursprung haben, wie z.B. Umweltschutzdelikte oder Verstöße gegen das Lebensmittelrecht.

Zum Sozialprofil von Wirtschaftskriminellen liegen nach Gläser (Durchsicht von 793 Fällen) folgende demographische Daten vor:

- »Täter-(Tatverdächtigen-)Alter: überwiegend um 40 Jahre;
- Familienstand: meist verheiratet;
- Ausbildung: gut (Lehre, mittlere Reife, Abitur; 15% haben studiert);
- Berufe: 55% sind selbständig; 34% Gesellschafter und Vorstände von Personen- und Kapitalgesellschaften;

- Schichtzugehörigkeit: der überwiegende Teil stammt aus einer bürgerlich mittleren und oberen Mittelschicht;
- Vorstrafenbelastung: soweit die Strafliste eingeholt wurde, waren 35% vorbestraft (davon wiederum die Hälfte einschlägig).«[161]

Wirtschaftsdelinquenten entsprechen nicht dem sozialen Stereotyp des Kriminellen, stammen weniger, wie oft vermutet wird, aus der gesellschaftlichen Oberschicht, sondern sind eher ehrgeizige Aufsteiger aus den Mittelschichten. Ihre berufliche Stellung begünstigt *special-opportunity crimes.*

## Wirtschaftskriminelle Führungskräfte

**Motiv.** Psychologisch betrachtet ist der Boden, auf dem wirtschaftskriminelles Tun »wächst«, vorwiegend bei folgenden, bereits beschriebenen Fehlentwicklungen zu finden: Narzißtische, schizoide, aggressiv-autoritäre und (seltener) depressive Persönlichkeitsstörung.

Zentraler Antrieb ist die orale Gier. Dabei geht es weniger um anale Modalitäten. Geld wird zur oralen Ersatzbefriedigung. Dieses Vorherrschen oraler Persönlichkeitszüge dokumentiert sich im einschlägigen Vokabular, in dem vom »Absahnen« die Rede ist und daß einer »den Hals nicht voll genug kriegen kann«.

Wenn wirtschaftlicher Erfolg das wichtigste Lebensziel wird – oft auch unter Vernachlässigung zwischenmenschlich-emotionaler Bindungen – dann gilt auch: Der Zweck heiligt die Mittel. Notfalls ist man bereit, über Leichen zu gehen. Nicht zu unterschätzen ist die narzißtische Komponente: Der wirtschaftlich Erfolgreiche genießt die Bewunderung eines wesentlichen Teils seiner Umgebung, selbst wenn bekannt wird, daß sein Erfolg auf gewagte Spekulationen und gerissene bis kriminelle Geschäftspraktiken begründet ist.

Dabei geht es neben Ansehen immer auch um Machterhaltung und -ausweitung.

Während bei der Neurose, der psychosomatischen Erkrankung und der Sucht das eigene Ich bzw. der eigene Körper Hauptaustragungsort unbewußter innerseelischer Konflikte ist, werden diese beim Kriminellen durch Handlungen nach außen verlagert.

Jedoch: Beim erfolgreichen und gut verdienenden Angestellten, der beim Ladendiebstahl einer Tafel Schokolade erwischt wird, oder bei der Ehefrau des Chefagitators im ehemaligen DDR-Fernsehen, Eduard von Schnitzler, die im damaligen Westberlin beim Klauen von Unterwäsche im Kaufhaus *bilka* am Zoo ertappt wurde, dürfte – und das wird schnell offenbar – nicht nur das oberflächliche Motiv der Bereicherung von Bedeutung sein.

Anlaß für eine kriminelle Handlung kann auch ein unbewußtes Schuldgefühl sein, wie Freud in seiner klassischen Studie »Die Verbrecher aus Schuldbewußtsein« (1916) nachgewiesen hat: »Die analytische Arbeit brachte dann das überraschende Ergebnis, daß solche Taten vor allem darum vollzogen wurden, weil sie verboten und weil mit ihrer Auswirkung eine seelische Erleichterung für den Täter verbunden war. Er litt an einem drückenden Schuldbewußtsein unbekannter Herkunft, und nachdem er ein Vergehen begangen hatte, war der Druck gemildert. Das Schuldbewußtsein war wenigstens irgendwie untergebracht.«[167]

Freud führte dieses »dunkle Schuldgefühl«[168] auf die ödipale Phase der psychosexuellen Entwicklung zurück, als Reaktion auf die aggressiven Impulse gegenüber dem gegengeschlechtlichen Elternteil.

Wie will man sich bei einem Teil der kriminell gewordenen Führungskräfte ihr selbstschädigendes Verhalten anders erklären, als mit einer Theorie, die Selbstbestrafung aus unbewußten Motiven annimmt? Wie ist z.B. das kriminelle Verhalten des ehemaligen *co op*-Vorstandsvorsitzenden Bernd Otto zu verstehen, der sich unter erschwerten beruflichen Ausgangsbedingungen ganz weit nach oben gearbeitet hat und Macht und Reichtum in Fülle hätte genießen können – ohne kriminelle Eskapaden. Da muß u.a. – und das soll nicht als Entschuldigung mißverstanden werden – eine enorme Bereitschaft dagewesen sein, sich selbst zu bestrafen, um ein unbewußtes Schuldgefühl zu befriedigen.

Auf einen weiteren Aspekt macht uns der Psychoanalytiker Johannes Cremerius aufmerksam, wenn er zu erklären versucht, worauf die Souveränität der wirtschaftskriminellen Abzockermentalität beruht: »Ein Teil der Sicherheit dieser Menschen stammt aus der Tatsache, daß sie von den Sehnsüchten der anderen getragen werden, daß sie eine kompensatorische Funktion in der Gesellschaft haben. Platon hat diesen Sozialnexus verstanden, wenn er formuliert: ›Die Guten sind diejenigen, welche sich begnügen, von dem zu träumen, was die anderen, die Bösen, wirklich tun.‹ Und sicher träumen sie lieber von *white-collar*-Verbrechen, als von Raubüberfall, Einbruch und Diebstahl.

Wie stark die Realität dieser Verbindung zwischen den Guten und den Bösen ist, erkennt man daran, daß nach der Beseitigung einer bösen Herrschaftsschicht durch Revolution sofort wieder eine neue böse Herrschaftsschicht entsteht: Die französische und die russische Revolution sind hier erschreckende Beweise. Napoleon und Stalin waren nicht weniger schlimm als die vorhergehenden Könige und Zaren.«[169]

**Arbeitsverhalten.** Der Zweck heiligt die Mittel – der Wirtschaftskriminelle will Erfolg um jeden Preis. Darauf ist er angewiesen, glaubt er subjektiv gesehen einen Anspruch zu haben. Dieser muß durchgesetzt werden, koste es, was es wolle. Entweder wird das alles selbst erledigt, weil »die anderen ja doch nur Idioten sind«, oder man delegiert die schwierig-heiklen Sachen, während man selbst auf dem Golfplatz ist. Die Bandbreite reicht vom zwanghaft-süchtigen Arbeitsstil bis hin zum Vermeiden, Vor-sich-her-Schieben, Aussitzen.

**Mitarbeiter.** Sie sind »nützliche Idioten«, die Klaviatur, auf der man spielen kann und muß, oder wirkliche Bündnispartner, auf die man angewiesen ist, die gebraucht und mitgezogen werden, nach oben und dann in den Abgrund.

**Gefahren.** Liegen auf der Hand und sind fast jeden Montag im SPIEGEL nachzulesen. Vom Intrigen-Barschel über den Parteispendenskandal-Flick, den Giftgasfabrik-Lieferanten Hippenstiel, den *VW*-Chefdevisenhändler Burkhard Junger und seine Crew, den Gewerkschaftsvermögensabsahner *co op*-Otto und seine Vorstandsriege bis hin zum Immobilienpleite-Schneider, von Waffenschiebern,

Atommüllspediteuren bis hin zum Handel mit HIV-verseuchten Blutkonserven.

**Positives.** Entfällt.

## Ursachen: Kindheitserfahrungen des Wirtschaftskriminellen

Wie ausgeführt, kann die kriminelle Entgleisung auf dem Hintergrund von verschiedenen neurotischen Persönlichkeitsstörungen entstehen. Insofern gelten hier auch die Ausführungen zu den Kindheitserfahrungen bei der narzißtischen, schizoiden, aggressiv-autoritären sowie der depressiven Persönlichkeitsstörung. Auch in dem Abschnitt »Motiv« wurden bereits biographische Determinanten angesprochen.

## Typische Beziehungsmuster

**Partnerbeziehung.** Zweitrangig im Vergleich zum Engagement am Arbeitsplatz herrschen entweder deutlich rücksichtslos- dominierende Beziehungsmuster vor, oder – in selteneren Fällen – im Gegenteil gefügig-unterwürfige Verhaltensweisen. Der Partner wird selten in die wirtschaftskriminellen Aktivitäten am Arbeitsplatz eingeweiht, und wenn doch mit einbezogen, dann eher in der Rolle eines unwissenden Mitspielers.

**Arbeitsplatz.** Je nach Größe des Unternehmens und Umfang der Tat sind Mittäter notwendig und werden, wenn sie nicht freiwillig mitziehen, gefügig gemacht. Dies scheint allerdings nicht häufig notwendig, denn schnell findet man vergleichbar gierige Charaktere, »die den Hals ebenfalls noch nicht voll genug haben« und gerne mitziehen. Untergebene, die auf der Karriereleiter vorankommen wollen und leicht benutzt werden können, bieten sich geradezu als ideale Helfershelfer an.

## Umgangsstrategien

**Selbsterkenntnis.** Diese erfolgt – wenn überhaupt – meist zu spät. Ein »Gewissens-Controlling« (Leo Brawand) ist in der Regel nicht existent, bewußte Schuldgefühle treten kaum auf (Uwe Barschel: »Ich gebe Ihnen mein Ehrenwort, mein persönliches Ehrenwort.«). Der geschaßte Vorstandsvorsitzende der Krupp Stahl AG in Bochum, Alfons Gödde, auf dem Weg in die Untersuchungshaft: »Ich sehe durch meine Handlungsweise meine persönliche Integrität nicht berührt.«[170] Um etwa 10 Millionen Mark hatte Gödde aus persönlicher Gewinnsucht seinen Arbeitgeber geschädigt, was mit einer Freiheitsstrafe von siebeneinhalb Jahren geahndet wurde.

**Selbstbehauptung.** Jeder muß selbst wissen, was er tut. Da man – psychologisch gesehen – nicht immer Herr im eigenen Hause zu sein scheint, konsultiere man seinen Analytiker.

# Die Vielfalt der Persönlichkeitsstörung

## Eine Anmerkung zur Fragwürdigkeit von Typologien

Jede Typologie hat ihre Schwächen. Wahrlich keine neue Erkenntnis: Die Komplexität und Vielfalt menschlicher Verhaltensweisen entzieht sich einem eindeutigen, einfachen Ordnungsversuch.

Ohne Zweifel gibt es häufig genug Mischformen, d.h. einzelne Vorgesetzte können parallel Merkmale verschiedener Persönlichkeitsstörungen aufweisen (z.B. haben Menschen mit einer narzißtischen Persönlichkeitsstörung häufig ausgeprägte aggressiv-autoritäre Züge, sind schizoide Persönlichkeiten zusätzlich oft mißtrauisch bis paranoid). Entsprechend müssen die Beschreibungen der unterschiedlichen Störungen oft wie Mosaiksteine zusammengesetzt und Schwerpunkte je nach Mischtyp individuell gebildet werden.

Dazu ein Fallbeispiel aus einer psychotherapeutischen Praxis, über das Johannes Cremerius, einer der renommiertesten Psychoanalytiker in Deutschland, in seinem Aufsatz »Die psychoanalytische Behandlung der Reichen und der Mächtigen« berichtet:

> Ein großer, kräftiger Patient, Mitte fünfzig, betritt das Sprechzimmer des Psychotherapeuten in gedrückter Haltung. Er beginnt mit der Klage: Er könne einfach nicht mehr, wisse nicht mehr weiter, es habe alles keinen Sinn.
>
> Der Patient berichtet von einem gestrigen Besuch bei seiner Frau, die seit Jahren von einer privaten Nervenklinik zur anderen zöge und nicht wieder gesund würde. Die Ärzte sprächen von einer Depression. Seine Frau mache ihm Vorwürfe wegen der zerstörten Ehe und schöbe ihm alle Schuld zu – auch habe sie ihn angeklagt, für ihre Krankheit verantwortlich zu sein.
>
> Am Abend nach diesem Besuch sei es dann noch zu einer dramatischen Auseinandersetzung zwischen ihm und seinem Sohn gekommen, dem einzigen Kind aus dieser Ehe, einem Studenten, der seit Jahren erfolglos studiere, dreimal das Fach wechselte, zuviel Alkohol trinke und linken Gruppen angehöre. Erfolglos

habe er ihm wiederholt ins Gewissen geredet und jetzt nur noch wenig Hoffnung, daß sein Sohn das Zeug zu seinem Nachfolger habe.

Gestern abend nun habe ihm der Sohn erklärt, daß er das Haus verlasse, auf sein Erbe verzichte und ihn nie wieder sehen wolle. Er (der Vater) sei an seinen Schwierigkeiten schuld, an der Krankheit der Mutter, der Zerstörung der Familie. Sein Egoismus habe alle ins Elend gebracht. Sein Sohn habe ihm ferner vorgeworfen, er versuche alles zu kaufen, alle Probleme mit Geld zu lösen. Mit den Worten, er wolle nie wieder einen Pfennig von ihm annehmen, sei der Sohn gegangen.

Der Patient weint heftig und lange und stellt fest, daß jetzt alles vernichtet sei, was er aufgebaut habe. Sein Lebenswerk sei sinnlos geworden, denn ohne Erben ginge die Fabrik in fremde Hände über. Hilflos wendet er sich dem Psychotherapeuten zu: »Helfen Sie mir!«

Am nächsten Morgen – er hat nachts mit Hilfe eines Beruhigungsmittels geschlafen – ist er gefaßter, die Beichtstimmung hält jedoch an: Nach dem Krieg habe er den Betrieb aus dem Nichts aufgebaut, wobei ihm seine Frau geholfen habe. Aus Andeutungen ist herauszuhören, daß er zu den Menschen gehört, die in jener Zeit alle Maschen im Netz der Gesetzgebung benutzt und ausgenutzt haben, um ihr Ziel zu erreichen. Seine unreflektierte Maxime ist: Es gibt nichts, was nicht geht, nichts, was ich nicht erreichen kann.

Als er es endlich geschafft hat, wirtschaftlich »ganz oben« zu sein, übertrug er diese Philosophie auf sein Privatleben. Er befriedigte nun seine Machtansprüche auch in der Familie, nahm sich das Privileg heraus, seine sexuellen Bedürfnisse außerhalb der Ehe zu befriedigen.

Der Patient kann nicht verstehen, warum seine Maxime in der Familie versagt, daß die Ausnutzung aller Chancen und Vorteile auf Schwierigkeiten stößt. Er, der das unmöglich Scheinende möglich gemacht hat, soll jetzt an der Bagatelle scheitern, daß seine Frau und sein Sohn nicht manipulierbar sind.

Zum nächsten vereinbarten Gespräch kommt der Patient nicht, sondern läßt durch sein Sekretariat telefonisch mitteilen, daß er geschäftlich ins Ausland mußte. Einige Zeit später meldet er sich wieder, braungebrannt, jugendlich-straff und voller Vitalität. Auf der Messe in M. habe er eine 17jährige Hostess kennengelernt und sich heftig verliebt. Jetzt sei er gerade dabei, ihr eine Wohnung einzurichten, aber in einer anderen Stadt, weil er in seiner Heimatstadt bereits für eine andere Freundin eine Wohnung unterhält. Seine Sorgen und das Niedergeschlagensein sind verflogen. Nun wünscht er, mit dem Analytiker über die Möglichkeiten einer Psychotherapie für seine depressiv erkrankte Frau zu sprechen.

Einen derartigen Wechsel zwischen Depression und rascher Erholung gab es schon oft in seinem Leben. Seine Art, Menschen zu behandeln, dokumentiert sich auch in seinen Betrieben: Er zieht Menschen heran, wenn er sie braucht und läßt sie fallen, wenn er sie nicht mehr braucht, fördert sie, wenn es ihm nützt, wirft sie hinaus, wenn sie ihn enttäuschen.

Einen Monat später meldet er sich bei dem Psychoanalytiker wieder, diesmal mit deutlich angstgeprägter Stimmung – aber nicht in Bezug auf das, worüber er zunächst berichtet: Gegen ihn sei ein Gerichtsprozeß im Gange. Er soll dazu verurteilt werden, eine Entgiftungsanlage für die giftigen Abfallprodukte seines Betriebes zu bauen, die bisher ungefiltert in einen Fluß abgeleitet wurden. Diese Anlage koste einige Millionen, ihn aber nur ein Lächeln, berichtet er. Seine Anwälte zögen das Verfahren nämlich in die Länge, so daß er, wenn der Prozeß verlorengehe – womit er rechne –, bis dahin die Kosten für die Entgiftung eingespart habe. Mit diesem Betrag ließe sich dann die Anlage finanzieren, ohne Betriebskapital angreifen zu müssen.

Sein Problem läge ganz woanders: Seine Frau und der Sohn hätten sich zusammengetan, um – so glaube er – gegen ihn zu operieren. Sie hätten in derselben Stadt, in der die Familie seit mehr als 20 Jahren lebt, eine gemeinsame Wohnung bezogen. Damit seien die internen Familienkonflikte offenkundig geworden. Er habe gehört, daß beide schlecht über ihn sprächen und alte Freunde gegen ihn aufbringen. Es mache ihm Angst, daß er dies nicht beeinflüssen könne, daß Frau und Sohn sich einfach seiner Macht entziehen. Ein Gefühl von Ohnmacht breite sich bei ihm aus.

Bei der nächsten Sitzung – drei Monate später – erbittet er vom Analytiker ein Gutachten zur Vorlage beim Gericht. Seine Freundin – die Hostess, der er erst kürzlich die Wohnung eingerichtet hatte – habe ihn mit Tripper infiziert. In seiner Wut hat er sie daraufhin grün und blau geschlagen und aus der Wohnung geworfen. Sie prozessiert nun gegen ihn und verlangt eine sehr hohe Schmerzensgeldsumme. Entsprechend der Empfehlung seines Anwalts bitte er nun um ein Gutachten. Der so angesprochene Psychotherapeut lehnt ab. Auch das Angebot eines größeren Geldbetrages – selbstverständlich ohne Quittung – erzielt nicht den vom Patienten gewünschten Effekt. Wütend verläßt er die Praxis.

Einige Zeit später bekommt der Psychotherapeut einen Brief seines Patienten, in dem dieser ihm mitteilt, der Prozeß sei zu seinen Gunsten ausgegangen. Der Brief schließt mit den Worten: »Ich hatte recht, alles ist käuflich, auch ein medizinischer Gutachter.«[171]

Der in der Fallskizze dargestellte Typus leidet nicht an seiner Neurose, weil er andere leiden läßt, indem er seine Neurose ausagiert anstatt zu erkranken. So sucht er beim konsultierten Psychoanalytiker vor allem Trost und zeigt keine ernsthafte Absicht, introspektiv zu reflektieren, sich und seine Lage verändern zu wollen. Höchstens geht es ihm darum, von peripheren Unannehmlichkeiten befreit zu werden, nach dem Motto: Wasch mir den Pelz, aber mach mich nicht naß.

Der von Cremerius beschriebene Patient hat Anteile verschiedener Persönlichkeitsstörungen: Es finden sich Züge einer passageren depressiven Verstimmung, vor allem aber deutlich ausgeprägte aggressiv-autoritäre und rücksichtlose Verhaltensweisen mit starkem Machtinstinkt und einer gehörigen Portion Narzißmus, aber auch Sexsucht, Umwelt-Wirtschaftskriminalität sowie paranoide Tendenzen.

Lichtenberg bringt es plakativ auf den Punkt: In jedem Menschen ist etwas von allen Menschen. Oder, im Kontext dieses Buches: Jeder von uns hat Züge der genannten Persönlichkeitsstörungen, nur auf das mehr oder weniger kommt es eben an ...

**Noch ein Hinweis: Wir sind an Ihren Erfahrungen, an Ihrer Einschätzung interessiert. Mit welchen Cheftypen und welchen Persönlichkeitsstörungen haben Sie es an Ihrem Arbeitsplatz zu tun bekommen? Wie haben Sie sich gefühlt, wie verhalten? Bitte schreiben Sie uns. Adresse siehe vorn im Buch.**

# Die Kindheit eines Chefs

## Ein literarisch-psychoanalytischer Exkurs mit Sartre

In einer autobiographisch gefärbten Erzählung (»Die Kindheit eines Chefs«, 1939) beschreibt Jean Paul Sartre die Entwicklung des Lucien Fleurier, Sohn eines Fabrikdirektors, von der Kindheit bis hin zum Beginn der Übernahme einer Chefposition. Die Novelle illustriert die Auseinandersetzung Luciens mit den ihn prägenden Personen seiner Kindheit und Adoleszenz und zeichnet seine schwierige Suche nach Identität nach.

Schon in den ersten Sätzen skizziert Sartre ein zentrales Thema der Erzählung: Der kleine Lucien Fleurier ist sich seiner Geschlechtsidentität nicht sicher:

> »Ich bin entzückend in meinem Engelskostümchen.« Madame Portier hatte zu Mama gesagt: »Ihr kleiner Junge ist zum Anbeißen süß. Er ist entzückend in seinem Engelskostümchen.« Monsieur Bouffardier zog Lucien zwischen seine Knie und streichelte seine Arme: »Ein richtiges kleines Mädchen«, sagte er lächelnd. »Wie heißt du? Jaqueline, Lucienne, Margot?« Lucien wurde ganz rot und sagte: »Ich heiße Lucien.« Er war nicht mehr ganz sicher, kein kleines Mädchen zu sein: Viele Menschen hatten ihn geküßt und Mademoiselle genannt, alle Welt fand, daß er mit seinen Gazeflügeln, seinem langen blauen Kleid, seinen nackten Ärmchen und blonden Locken ganz reizend war; er hatte Angst, die Leute würden auf einmal beschließen, daß er kein kleiner Junge mehr war; er würde sich umsonst dagegen verwahren, niemand würde auf ihn hören, er würde sein Kleid nicht mehr ausziehen dürfen, außer zum Schlafen, und morgens beim Aufwachen läge es am Fußende seines Bettes, und wenn er tagsüber einmal Pipi machen wollte, müßte er es hochheben wie Nénette und sich hinhocken. Alle würden zu ihm meine hübsche Kleine sagen; womöglich ist es schon soweit, daß ich ein Mädchen bin.[172]

Lucien erkennt sehr früh, daß er mit einem angenehmen Wesen die Erwachsenen für sich einnehmen kann, auch wenn dies seinem natürlichen Verhalten nicht entspricht. Er weiß sich zu verstellen. Dabei erkennt er sehr genau, daß nicht nur er, Lucien, Komödie spielt, sondern auch seine Mutter. Diese »spielte die Verzweifelte, wenn ihr kleiner Schatz so wenig aß«.[173] Lucien produziert neben der Eßstörung als weiteres psychosomatisches Symptom eine Obstipation. Stundenlang sitzt er auf dem »Thron« (»Man mußte ihn anflehen, damit er sein Geschäft machte«)[174] und entwickelt parallel dazu das klinische Bild einer kindlichen Depression.

Hintergrund dieser neurotischen und psychosomatischen Symptombildung dürfte vor allem sein, daß Lucien von seiner Mutter aufgrund deren egoistischer Motive als Partnersubstitut mißbraucht wird: »Sie lachte mit weit offenem Mund und Lucien sah ihre rosa Zunge und ihren Rachen: das war scheußlich, er hatte Lust, hineinzuspucken. ›Hahaha!‹ sagte Mama. ›Wie du mich umarmst, kleiner Mann! Umarme mich schön fest. So fest, wie du mich liebst.‹«[175]

Diese Rollenzuweisung führt insgesamt zu einem narzißtischen Defizit, aufgrund der Tatsache, nicht kindgerecht und altersgemäß als eigenständige Persönlichkeit geliebt und gewertschätzt zu werden: »Nur am ersten und dritten Freitag des Monats gelang es ihm, sich einigermaßen wichtig zu finden. An den Tagen kamen viele Damen zu Mama zu Besuch ... Sie behandelten Lucien wie eine Persönlichkeit.«[176]

In Reaktion auf die Überforderung und die narzißtischen Defizite entwickeln sich (in Antizipation der späteren Chefrolle) Größenphantasien: Lucien spielt seiner Umgebung verschiedene Rollen vor: Einmal ist er eine kleine Puppe, die von Mme. Besse gekitzelt wird, ein anderes Mal »ein großer General wie Jeanne d'Arc«,[177] der den Deutschen Elsaß-Lothringen wieder wegnimmt, dann ein zukünftiger Missionar.

Eines Tages erkennt Lucien, daß er seine Mutter nicht wirklich liebt – in Abwehr der ödipalen Versuchungssituation, die eintritt, als der Vater in den Krieg muß. Da Lucien aber bereits die bürgerlichen Konventionen verinnerlicht hat, weiß er, wie sich ein liebes Kind verhalten muß. »Er fühlte sich nicht schuldig, aber er war noch einmal so nett, weil er dachte, man müsse sein Leben lang so tun, als liebe man seine Eltern, sonst sei man ein böser kleiner Junge.«[178]

Erwachsenen gegenüber verhält sich Lucien freundlich. Aber schon bei Germaine, einem Hausmädchen, das er »Büchse« nennt, worüber sie weint und sich bei seiner Mutter beschwert, ist er nicht mehr so nett. Am Umgang mit Gegenständen und der Natur zeigt sich sein Charakter: Er nimmt sein Spielzeug erbarmungslos auseinander, bis es kaputt ist. Blumen sind vor seinem Vandalismus nicht sicher, und manchmal quält er auch Tiere.

Luciens Vater, der Fabrikbesitzer Fleurier, wird beschrieben als breitschultrig, mit den schwerfälligen und langsamen Bewegungen eines Bauern. Er hat »irgend etwas Rassiges und die grauen, metallischen und kalten Augen eines Chefs.«[179]

Seit ihm der Vater die Rolle eines Chefs erklärte, weiß der Leser, daß Lucien einen sicheren Platz in der Gesellschaft hat. Eines Tages wird auch er ein Chef werden, genauso wie sein Vater und sein Großvater, Fabrikherren, die über die Arbeiter bestimmen.

> Einmal, als sie vom Spaziergang zurückkamen, nahm Papa Lucien auf den Schoß und erklärte ihm, was ein Chef war. Lucien wollte wissen, wie Papa mit den Arbeitern sprach, wenn er in der Fabrik war, und Papa machte es ihm vor, und seine Stimme war ganz verändert. »Werde ich auch ein Chef?«, fragte Lucien. – »Aber natürlich, mein Kerlchen, deshalb habe ich dich ja gemacht.« – »Und wem werde ich befehlen?« – »Nun, wenn ich tot bin, wirst du der Fabrikherr und wirst meinen Arbeitern befehlen.« – »Aber sie werden auch tot sein.« – »Nun ja, du wirst ihren Kindern befehlen und wirst wissen müssen, wie man sie dazu bringt, dir zu gehorchen und dich zu lieben.« – »Und wie bringe ich sie dazu, mich zu lieben, Papa?« Papa dachte ein bißchen nach und sagte: »Als erstes mußt du alle bei ihrem Namen kennen.« Lucien war tief bewegt und als der Sohn des Vorarbeiters Morel ins Haus kam, um zu melden, daß seinem Vater zwei Finger abgeschnitten worden waren, sprach Lucien ernst und sanft mit ihm, wobei er ihm gerade in die Augen sah und ihn Morel nannte. Mama sagte, sie sei stolz, einen so guten und empfindsamen kleinen Jungen zu haben.[180]

Die Chefrolle ist Lucien gewiß. Sie relativiert seine Ängste und Zweifel, die ihn während seines Entwicklungsprozesses immer wieder überfallen. Im Laufe der Zeit legt sich Lucien das joviale Verhalten seines Vaters zu. Lediglich bei Riri, seinem Cousin, kommt er damit nicht an. Dies löst eine Krise aus.

Seiner selbst vergewissert sich Lucien durch immer wiederholte Reflexionen wie: »Das bin ich, Lucien Fleurier; ich bin in meinem Zimmer; ich arbeite an einer Physikaufgabe; es ist Sonntag.«[181] Seine Zweifel gipfeln in den identitätssuchenden Fragen »Wer bin ich?« und »Was bin ich?«[182] und in der angstvollen Feststellung: *»Ich existiere nicht«.*[183]

Seine Gedanken sind nebulös, nicht greifbar, losgelöst von seinem Ich. Luciens Schlußfolgerung aus diesen Zweifeln ist das haltraubende, existentielle Nichts. Alles, wonach er strebt, was sein Selbstbewußtsein ausmacht, scheint ihm genommen, wenn er feststellt, daß aus ihm nie ein Chef wird. Wenn er aber kein Chef sein kann, ist es mit ihm aus. In dieser ausweglos erscheinenden narzißtischen Krise denkt er an Selbstmord. Sein Leben ist sinnlos, wenn er nicht eines Tages Chef sein kann.

Mit einem Selbstmord glaubt Lucien, eine ähnliche Märtyrerrolle einnehmen zu können wie Goethes Werther und phantasiert davon, daß jeder, der von seinem Selbstmord in der Zeitung lesen würde, sich fragen müßte: »Und ich? Existiere ich denn?«[184] Beruhigend ist für ihn der Gedanke, »daß alle wirklichen Chefs die Versuchung des Selbstmords gekannt hatten. Zum Beispiel Napoleon.«[185] Damit ist seine Größenphantasie perfekt.

Ein Mitschüler macht Lucien mit der Psychoanalyse Freuds bekannt, dessen Lektüre ihn zu der Erkenntnis führt, der wirkliche Lucien sei »tief im Unbewußten vergraben«.[186] Dies bestätigt seine Besonderheit, denn wenn etwas nicht offenliegt, sondern verborgen ist, muß man es erst suchen. Also war er ein psychologischer Fall und damit etwas Besonderes. Er hält sich für einen Analsadisten, und vor allem beschäftigten ihn die ödipalen Wünsche in der Beziehung zu seiner Mutter. »Wie sollte ein gestandener Mann Verantwortung und die Führung übernehmen, wenn er sexuell infantil geblieben war?«[187] Lucien fragt sich, ob er nicht Freud in Wien aufsuchen sollte.

Aber er hat recht schnell »von der Psychologie die Nase voll«,[188] und die Bekanntschaft mit Achille Bergere macht ihn mit einer Philosophie bekannt, die Gesetze verachtet und von dem Umsturz aller Empfindungen spricht. Dies verunsichert Lucien zutiefst. Die homoerotische Beziehung, die zwischen ihm und Bergere für kurze Zeit besteht, reaktiviert frühkindliche Gefühle und Erinnerungen über seine unsichere Geschlechtsidentität.

Lucien redet sich ein, damit aufhören zu wollen, sich nicht von seinem Leben belastet zu fühlen und von existiellen Fragen wie »Was bin ich?«, »Warum existiere ich?« bedrängen zu lassen, wenn er »den verhängnisvollen Weg nach unten«[189] aufhalten will.

Letztendlich besinnt sich Lucien auf die Familientradition eines Fabrikherrn, die ihm sein Vater bei seinen Fabrikbesichtigungen vermittelt. Das gibt ihm die Stärke, die ihn zu einem vernunftgelenkten und ernsten Jugendlichen heranwachsen läßt. Er geht ein Verhältnis mit einem Mädchen niedrigen Standes ein.

Lucien schließt sich einer Gruppe nationalistischer Studenten an, die der Action Française angehören, »Frankreich den Franzosen« skandieren und antisemitisch orientiert sind. Unter dem Einfluß dieser Gruppe löst er sich aus seiner Vereinzelung, empfindet ein gestärktes Selbstwertgefühl und erlebt, welche fanatisierende Wirkung der Antisemitismus auf ihn hat.

In einem Café erfährt Lucien seine Wandlung zum Chef. Er spürt die Erwartungen der Menschen an ihn, den zukünftigen Chef und Fabrikherrn und erkennt, daß er den Erwartungen, die an ihn herangetragen werden, zu entsprechen hat.

> »Erster Grundsatz«, sagte sich Lucien, »nicht versuchen, in sich hineinzusehen; es gibt keinen gefährlicheren Fehler.« Den wahren Lucien – das wußte er jetzt – mußte man in den Augen der anderen suchen, im furchtsamen Gehorsam ... in der hoffnungsvollen Erwartung ... Lucien hatte beinahe Angst, er fühlte sich beinah zu groß für sich selbst. So viele Menschen erwarteten ihn, ... und er war, würde immer diese ungeheure Erwartung der anderen sein. »Das ist ein Chef«, dachte er.[190]

Lucien definiert seine Chefrolle außerdem als einen riesigen »Strauß von Verantwortlichkeiten und Rechten«[191] und bezieht diese Auffassung auch auf die Rechte gegenüber seiner Frau, die er einmal heiraten wird: »Was sie ihm zeigen würde, wäre sie verpflichtet, nur ihm zu zeigen, und der Liebesakt wäre für ihn die wollüstige Inventur seines Vermögens. Sein lieblichstes Recht; sein intimstes Recht: Das Recht auf Achtung bis in sein Fleisch, auf Gehorsam bis in sein Bett.«[192]

In diesem Café vollendet Lucien die Entwicklung vom unsicheren Adoleszenten zu einem Mann, der seinem Vater voller Ungeduld nacheifert und sich fragt, »ob Monsieur Fleurier nicht bald sterben würde«,[193] um seine Chef-Position zu übernehmen.

Die Erzählung schließt mit der folgenden Szene, in der sich Lucien in einer Schaufensterscheibe betrachtet:

> Er hätte auf seinem Gesicht gern den undurchdringlichen Ausdruck gefunden, den er auf Lemordants Gesicht bewunderte. Aber die Scheibe warf ihm nur ein eigensinniges hübsches kleines Gesicht zurück, das noch nicht schrecklich genug war: »Ich werde mir einen Schnurrbart wachsen lassen«, beschloß er.[194]

Sartres Erzählung »Kindheit eines Chefs« ist die Schilderung einer neurotischen Persönlichkeitsentwicklung mit ihren typischen Konflikten. Neben dem sich aus der Familientradition ergebenden Zwang, als (wie es an einer Stelle heißt, extra zu diesem Zweck gezeugter) Sohn die Fabrik und damit die Chefrolle zu übernehmen, enthält die Erzählung Hinweise auf psychologische Motive als Antrieb für die Übernahme einer machtvollen Führungsrolle.

Luciens Mühen um die Erreichung dieses Ziels sind verbunden mit dem Kampf gegen eine weibliche Identifizierung. Die Chefrolle soll davon ablenken und das Gegenteil beweisen – verdichtet in der Schlußszene mit dem Bestreben, das »hübsche kleine Gesicht« durch einen Schnurrbart zu vermännlichen. So wird doch noch eine Identifizierung mit dem Vater und seinem erschreckenden, metallischen Blick angestrebt.

Aufgrund der narzißtischen Defizite in Luciens Kindheit kommt es bereits früh zu Größenphantasien, als deren spätere Verlängerung die Übernahme der Chefrolle anmutet, die Ohnmacht in Macht verwandelt.

Als dritter Aspekt ist hervorhebenswert, daß Sartre die Chefrolle auch über die »ungeheuren Erwartungen der anderen« definiert und prägnant beschreibt, wie dieses Übertragungsphänomen mit einem Verlust des »wahren Lucien«, mit einem falschen Selbst verbunden ist.

# Alle gegen einen – allein gegen alle

## Führungskräfte zwischen Idealisierung und Entwertung

Die meisten Menschen haben das starke Bedürfnis nach einer Autorität, die sie bewundern und der sie sich unterwerfen können, die sie beherrscht und manchmal sogar mißhandelt. Von der Psychologie des Individuums haben wir gelernt, woher dieses Verlangen kommt: Es ist die Sehnsucht nach dem Vater.
*Sigmund Freud*

Wir brauchen jemanden, zu dem wir aufsehen oder dem wir die Schuld geben können.
*Manfred F.R. Kets de Vries*

In einer im Auftrag des Bundesverbandes der Betriebskrankenkassen von Infas durchgeführten Repräsentativumfrage zum Thema Betriebsklima führten 39% der befragten deutschen Arbeitnehmer als Ursache für schlechtes Betriebsklima mangelnde Anerkennung ihrer Leistungen durch Vorgesetzte an.[195]

Einerseits enthält diese Einschätzung den realen Aspekt, daß Chefs ihren Mitarbeitern oftmals zu wenig Lob und Anerkennung zuteil werden lassen, andererseits spiegelt sich auch in dieser Zahl ein unbewußtes Übertragungsphänomen: Von Vorgesetzten wird die Erfüllung im Grunde kindlicher und primär den Eltern geltenden Wünschen nach Anerkennung, Lob, Schutz usw. erwartet. Chefs in der Rolle von Elternfiguren – und Eltern als primäre – häufig ebenso frustrierende – erste frühe »Cheferfahrung«.

Vorgesetzte sehen sich hohen Erwartungen von seiten der ihnen unterstellten Mitarbeiter gegenüber, die nicht alle aus der Gegenwart stammen. Dabei sind sie jedoch oftmals in ihrer Vorgesetztenposition gar nicht wirklich gemeint, nicht die richtigen und ursprünglichen Adressaten, lediglich Übertragungsobjekte für ambivalente Gefühle und Wünsche.

Nicht selten haben Vorgesetzte aus der Sicht der Untergebenen grundsätzlich an allen Konflikten und innerbetrieblichen Fehlabläufen schuld.

Führungskräfte unterliegen, so ist festzustellen, allzu häufig einer verzerrten Wahrnehmung durch ihre Mitarbeiter, werden als mächtig, unabhängig und weitgehend frei von einengenden Zwängen erlebt. Chefs sind das Ziel von Bewunderung, Neid, aber auch Überschätzung.

Diesen Fehleinschätzungen liegen zwei unbewußte psychische Prozesse zugrunde: Zum einen wird die in der Kindheit vorherrschende Einschätzung und Beurteilung der Eltern als mächtig und unabhängig wiederholt (unbewußter Übertragungsmechanismus), und zum anderen werden die eigenen unerfüllten Wünsche nach mehr Freiraum, Macht und Unabhängigkeit auf Vorgesetzte projiziert.

Ein Alltagsphänomen: Jeder Mitarbeiter weiß ziemlich genau, was sein Chef falsch macht und was er an seiner Stelle besser machen würde, um allen die Arbeit zu erleichtern, die Effizienz und Produktivität zu erhöhen. Tritt die Situation ein, daß solch ein Mitarbeiter nach einer Beförderung selbst in eine Vorgesetztenposition aufrückt, erwartet dieser von sich ebenso wie seine ehemaligen Kollegen von ihm, daß nun endlich »alles besser« wird.

Das Erreichen der Vorgesetztenposition jedoch verändert auf scheinbar mysteriöse Weise Denken und Handeln des neuen Rolleninhabers. Denn bald darauf sind es die gleichen frustrierenden Bedingungen – im Glücksfall höchstens um Nuancen modifiziert –, die die Untergebenen unter dem neuen Chef genauso leiden lassen wie früher unter dem alten.

Mag sich der neue Chef auch gegen diese Selbstveränderung sträuben oder sie mit allen Mitteln zu leugnen und zu verdrängen suchen: Er muß früher oder später schmerzlich erkennen, daß seine Untergebenen mit ihm im Laufe der Zeit ganz ähnliche Probleme haben wie mit seinem Vorgänger.[196]

Das Phänomen ist häufig anzutreffen, seine landläufige Erklärung: Jetzt zeige der Aufsteiger endlich sein wahres Gesicht – was man schon immer ahnte –, er habe lediglich seine Maske unter den Möglichkeiten der neuen (Macht-)Position fallen lassen. Gemäß Georg Lichtenbergs Feststellung »In jedem Menschen ist etwas von allen Menschen« kann natürlich eine aggressiv-autoritäre Struktur unter der Legitimation der neuen Position durchbrechen, und viele Mitarbeiter beklagen sicher zu Recht Verhaltensauswüchse ihrer neurotischen Chefs.

Fakt ist aber auch, daß Menschen auf verschiedenen Hierarchiestufen unterschiedliche Verhaltensweisen und entsprechende »Gesichter« bzw. »Masken« zeigen (die Miene ist bei der Aufnahme eines Bankkredits eben eine andere als bei der Reklamation einer schlampig ausgeführten Autoreparatur).

Und die Annahme, daß mit dem Aufstieg freie(re) Möglichkeiten der Selbstentfaltung und -darstellung gegeben wären, weil der Aufsteiger immer weniger äußeren Zwängen ausgesetzt ist, gehört in den Bereich der Neuauflage und Wiederholung der schon beschriebenen Einschätzung aus der Kinderzeit, die Eltern seien allmächtig und frei.

Die Freiheit des Vorgesetzten und seine realen Möglichkeiten werden in der Regel überschätzt, die Zwänge und Abhängigkeiten, denen er auch in seiner Position unterliegt, verkannt – so wie früher Macht und Einfluß der Eltern aus der Perspektive der realen Kleinheits- und Hilflosigkeitserfahrung des Kindes überschätzt wurden.

Die Enttäuschung über die Nichterfüllung der zugeschriebenen Erwartungen bis hin zur phantasierten Omnipotenz hat der Vorgesetzte »auszubaden«. Er ist konsequenterweise aus der Perspektive von unten an allem schuld, da es ja eigentlich in seiner Macht stünde, die Dinge wirklich zu verändern, insbesondere aber die Beziehung zu den Untergebenen im Sinne von permanenter gütiger Zuwendung frustrationsfrei zu gestalten.

Auf politischer Ebene ist uns als gemeinen Wählern das hier skizzierte Phänomen bestens vertraut: Vor der Wahl gibt es von seiten des Oppositionsführers die berechtigte Kritik an den herrschenden Verhältnissen und ihren Verursachern sowie das Versprechen einer radikalen Veränderung zum Positiven, wenn nur entsprechend die Opposition in die Regierungsverantwortung gewählt würde.

Nach der Wahl, wenn sich die Machtverhältnisse wirklich verändert haben, sieht für die ehemalige Opposition – jetzt an der Macht und in der Verantwortung – plötzlich alles ganz anders aus, werden die vorher gegebenen Versprechen höchst selten, geschweige denn in entsprechendem Umfang, eingelöst. Als Begründung dient dann immer der sogenannte Sachzwang. Eben auch hier kommt es auf die Perspektive an.

Mit welchem Charisma ausgestattet, mit welchen Vorschußlorbeeren bedacht, trat der junge Billy Clinton als Herausforderer dem amtierenden, alternd-glücklosen George Bush gegenüber. Die »Heilserwartung« eines neuen Kennedy leuchtete am Horizont. Der Präsidentschaftskandidat Clinton stand für die erwarteten, seit Jahrzehnten bedeutsamsten Veränderungen in der amerikanischen Gesellschaft. Mit jedem Tag, der seit seiner Wahl verging, relativierte sich der Erneuerungsprozeß, verblaßte sein Charisma.

Welche Phänomene liegen hier vor? Zwei Idealisierungen gehen Hand in Hand: Die Selbstidealisierung des Aufsteigers, der an seine Macht und Chance glaubt, etwas wirklich verändern zu können, und die Idealisierung der »Untergebenen«, die ihre kindlichen Wünsche nach einem »besseren Vater« in Erfüllung gehen sehen wollen.

Stellt sich heraus, daß die übersteigerten Erwartungen unerfüllbar sind und die geweckten Hoffnungen nicht eingelöst werden, tritt unausweichlich die Schwester der Idealisierung auf den Plan, die Entwertung, mit ihren feindseligen Impulsen (»Kreuziget ihn!«).

# Die Leiden der Leitenden

## Hinter den Fassaden der Führungsetagen

Bei uns ist die Hölle oben und der Himmel unten.
*Bürospruch*

»Viel Frust – wenig Lust« titelt *Capital* im Frühjahr '94 und berichtet von Intrigen, Angst und Unsicherheit in den Führungsetagen. Deutschlands leitende Angestellte sind im Stimmungstief, so die Diagnose aufgrund einer repräsentativen Umfrage unter 40- bis 50jährigen Managern aller Hierarchiebenen, Branchen und Funktionsbereiche.[197]

Wenig Kampfgeist, kaum Optimismus, statt dessen aber Enttäuschung, Verunsicherung und innere Kündigung – so das bedrückende Resümee der Untersuchung.

Was ist der Unterschied zwischen einem Unternehmen und einem Gefängnis? Der Häftling kennt den Tag seiner Entlassung. Galgenhumor – der Witz jedoch charakterisiert die Stimmung.

Wirtschafts- und Strukturkrise zwingen immer mehr Unternehmen auf radikalen Sparkurs, vor allem durch Personalabbau auch im Bereich des kostenintensiven Managements. Die Leitungsebenen werden ausgedünnt, und zum ersten Mal in der deutschen Wirtschaftsgeschichte der Nachkriegszeit sind in einem bislang ungekannten Ausmaß kleine und mittlere Chefs vom Arbeitsplatzverlust bedroht.

45% der befragten Führungskräfte halten ihren Arbeitsplatz nicht mehr für sicher und fast 85% haben bereits Personalabbaumaßnahmen nicht nur in Produktion und Verwaltung erlebt.

»Fast die Hälfte (43%) waren von Hierarchieabbau betroffen. 65% mußten dadurch Kompetenzen und Entscheidungsspielräume abgeben.«[198]

Das Schreckensgespenst der Spar- und Umstrukturierungsmaßnahmen geht um und verunsichert 85% der Führungskräfte. Das beherrschende Thema: Wen wird es als nächsten treffen?

Mehr als jeder Dritte fühlt sich entweder an der inneren Kündigung sehr nah dran oder hat sie bereits vollzogen, und über 60% sehen die auf sie zukommenden Veränderungen mit Angst, Verunsicherung und bitterer Enttäuschung.

Wen wundert es also, daß 64% der Befragten plötzlich mehr Intriganten unter ihren Kollegen registrieren. Diese treiben jetzt ihr Unwesen, und manch einer versucht, sich auf Kosten der Kollegen zu profilieren. Duckmäusertum – von 61% beklagt! – und Opportunismus haben Hochkonjunktur, Standing und kritische Reflexion sind ausgestorben. »Um die eigene Haut zu retten« – so einer der Befragten –, »pickt man sich einen Kollegen heraus, konzentriert sich auf dessen Schwächen und bringt sie geschickt an die Öffentlichkeit.«[199] Schwache Chefs springen darauf gut an, einer wird über Bord geworfen, und das eigene Überleben im Unternehmen erscheint wenigstens zunächst für eine Galgenfrist gesichert.

Es liegt auf der Hand, daß diese angespannte aktuelle wirtschaftliche Situation mit ihren Umstrukturierungen und den skizzierten emotionalen Folgen das mehr oder weniger latente neurotische Potential der Chefs aktiviert.

Eine Führungskraft beschrieb die eigene Stimmung in der *Capital*-Umfrage als »himmelhochjauchzend bis zu Tode betrübt«, ein anderer bekannte sich schlicht zu seiner »depressiven Ohnmacht«.[200]

## Ohnmacht

Daß Vorgesetzte in exponierter Position nicht selten gravierende Gefühle eigener Ohnmacht und Hilflosigkeit erleben, mag so gar nicht zu dem gängigen Image passen, das Außenstehende, insbesondere Untergebene sich von Führungskräften machen.

Und dennoch: Das beunruhigende Gefühl, nicht wirklich Herr der Lage zu sein, keinen Einfluß (mehr) auf Personen, Dinge und Entwicklungen zu haben, führt bei einer großen Zahl von Führungskräften – besonders im krisengeschüttelten und von Wegrationalisierung bedrohten mittleren Management – immer häufiger zu schweren depressiven Verstimmungen.

Diese können als Reaktion auf das Gefühl der Unbeeinflußbarkeit und Unkontrollierbarkeit der eigenen Arbeitsumwelt verstanden werden. Alkoholmißbrauch, Schlafstörungen, Impotenz und andere psychosomatische Erkrankungen wie auch zunehmende aggressive Auseinandersetzungen im familiären Kreis sind häufig die Folgen. Hier geht es um Symptome, die landläufig auch unter den Schlagworten »Burn-out-Syndrom« und »Midlife-crisis« subsumiert werden.

## Angst

Daß Mitarbeiter Angst vor ihrem Chef haben, ist so selten nicht, und es bedarf dazu durchaus nicht immer eines aggressiv-autoritären Cheftypus. Das umgekehrte Phänomen, daß Vorgesetzte Angst vor ihren Untergebenen empfinden, ist dagegen tabu und findet in der umfangreichen Literatur zum Thema Führung kaum Erwähnung.

Nach den herrschenden Klischeevorstellungen hat ein Vorgesetzter gegenüber den Angehörigen der nächsten Hierarchieebene immer furchtlos und stark zu sein. Aber ebenso, wie Eltern bisweilen vor ihren eigenen Kindern Angst haben und Lehrer vor ihren Schülern, verspüren auch Vorgesetzte nicht selten Ängste in bezug auf ihre Mitarbeiter.[201]

Die Hauptangst gilt dem passiven Widerstand der Mitarbeiter, mangelnder Arbeitsmotivation bis hin zu innerer Kündigung. Diese Ängste vor Kontrollverlust sind besonders stark, wenn sich einzelne Angestellte oder, noch gravierender, ganze Gruppen in dieser Art gegen den Vorgesetzten zusammenschließen.

Eine weitere Quelle der Angst ist die, fachlich zu versagen, nicht auf dem neuesten Kenntnisstand, besser qualifizierten Mitarbeitern unterlegen zu sein. Hier werden aus der Sicht des älteren Vorgesetzten potentielle Konkurrenten und Nachfolger gewittert, aus der Perspektive einer noch jungen und weniger erfahrenen Führungskraft die berufserfahrenen, »mit allen Wassern gewaschenen alten Hasen« als Bedrohung der neu eingenommenen Position erlebt.

Eine tiefersitzende und manchmal kaum bewußte, geschweige

denn eingestandene Angst bezieht sich auf das Bild, das Mitarbeiter vom Vorgesetzten haben. Die Gretchenfrage, was diese wirklich über den Chef, die ihnen übertragenen Arbeitsaufgaben und das Unternehmen denken – oftmals verkleidet in der Frage nach der Loyalität –, beschäftigt und verunsichert nicht wenige Führungskräfte. Hintergrund ist auch hier aus der Sicht des Chefs der allgegenwärtige Wunsch nach Liebe, Anerkennung oder wenigstens Wertschätzung – mag er auch noch so sehr hinter einer Fassade der kühlen Unnahbarkeit verborgen sein.

Die skizzierten Vorgesetztenängste wirken sich unmittelbar und gravierend auf die betriebliche Atmosphäre und auf die Interaktion Chef/Mitarbeiter aus. Die Angst vor Kontrollverlust, vor der fachlichen Überlegenheit anderer und vor mangelnder Loyalität (d.h. Angst vor »Liebesverlust«) kann Hintergrund für Mobbing-Verhalten von Chefs sein (vgl. S. 15).

Die genannten Ängste führen aber auch – mit weniger dramatischen Konsequenzen und in eher zwanghaft-depressiver Ausgestaltung – bei vielen Vorgesetzten zu einer starren, unbeweglichen, wenig risikofreudigen Arbeitseinstellung und verringern Flexibilität und Kontaktfähigkeit im Umgang mit unterstellten Mitarbeitern. Sie aktivieren Einsamkeitsgefühle und Rückzugstendenzen.

## Isolation

Ein immer wieder beschriebenes psychisches Los der Chefrolle besteht in der nach einiger Zeit als leidvoll erlebten Isolation, der Mobilisierung von Einsamkeitsgefühlen. »Wenn man einmal mächtig ist, gewinnt man keine Freunde mehr« weiß Max Frisch, und die Sentenz »oben ist die Luft dünn« gehört zum alltagspsychologischen Grundwissen eines Managers.

Die Auseinandersetzung mit der Unerfüllbarkeit von neurotisch gefärbten Mitarbeitererwartungen an eine ideale Elternfigur und das Erleben einer Diskrepanz zwischen Anspruch und Realität in der eigenen Gestaltung der Chefrolle fördern bzw. reaktualisieren infantile Einsamkeits- und Verlassenheitsgefühle. Wenn dann noch ein selbstkritisches Reflektieren über eigene fachliche Unzulänglichkeit hinzukommt, ist schnell ein ernstzunehmendes Ausmaß an Identitätskrise erreicht.

Ein wesentlicher Grund für Isolationsgefühle ist der besondere Kommunikationsstil von Mitarbeitern gegenüber dem Chef. Die Arbeitsrealität und ihre Probleme sehen von »oben« betrachtet anders aus als von »unten«.

Jeder Mitarbeiter weiß instinktiv, daß es einen gravierenden Unterschied gibt zwischen einem Gespräch unter Kollegen und einem Gespräch mit dem Chef. Informationen dürfen den Vorgesetzten nicht ungefiltert erreichen, ihre Weitergabe will wegen der Belohnungs- und Strafmöglichkeiten des Vorgesetzten gut bedacht sein. (Mit großen Herren soll man selten, oder wenig und Angenehmes reden. – Dt. Sprichwort.)

Eine aktive Methode, den Chef zu isolieren, besteht darin, daß eine Mitarbeitergruppe ihm gegenüber geschlossen solidarisch auf Distanz geht, um sich auf diese Art gegen Ausnutzung von Konflikten und Rivalitäten zu wappnen. Eine andere Form der Isolation ergibt sich, wenn einzelne Mitarbeiter um die Gunst des Chefs rivalisieren und sich »lieb Kind« zu machen versuchen.

Diese Form der Aufmerksamkeit und Zuwendung vergiftet jeden echten zwischenmenschlichen Kontakt und isoliert den Chef in einer Atmosphäre taktischen Kalküls. Allerdings scheint nicht jeder Chef unter dieser Form der Zuneigung seiner Schmeichler zu leiden und sich isoliert zu fühlen. Manche sonnen sich geradezu darin und blühen narzißtisch auf.[202]

## Gedrückt und gepreßt

Die Psychologie der Chef-Rolle ist durch spezifische Bedingungen charakterisiert.[203] Diese werden u.a. dadurch bestimmt, wo und auf welcher Ebene einer Hierarchie jemand Chef ist. In der privaten Wirtschaft herrscht ein anderes Klima als im Öffentlichen Dienst. Erfolgszwang und Angstdruck sind ungleich höher, wenn jemand kündbar und austauschbar ist – im Gegensatz zum leitenden Beamten in nahezu unkündbarem Dienstverhältnis mit viel selteneren, unklareren und meist folgenlosen Effizienzkontrollen.

Aber auch ob jemand z.B. als Gruppenleiter einem kleineren Arbeitsteam vorsteht oder Chef einer Tochtergesellschaft eines internationalen Konzerns ist, macht einen bedeutsamen Unterschied bezüglich der Aspekte Erfolgsdruck, Verantwortung, Macht und Angst.

Gleichförmige Routinetätigkeiten oder der Aufgabenbereich innovative Planung stellen gravierend unterschiedliche Herausforderungen an die Kreativität und Durchhaltefähigkeit eines verantwortlichen Leiters.

Fakt jedoch ist: Gesellschaftliche wie wirtschaftliche Veränderungen und ein damit einhergehender Wertewandel haben Konsequenzen für die technische, organisatorische, insbesondere aber für die personelle Ausstattung von Unternehmen. Primär das mittlere Management – Führungskräfte unterer und mittlerer Stufen – scheint davon betroffen zu sein.

Seine Vertreter befinden sich in einer aktuell besonders schwierigen »Sandwichposition« (Druck von oben, Druck von unten, richtig eingeklemmt). Mit zunehmender Größe und Internationalisierung von Unternehmen wird der Kontakt zu der obersten Leitungsebene stark reduziert, reglementiert und verbürokratisiert.

Von ganz oben erhält das mittlere Management Vorgaben und sieht sich mit Strukturen konfrontiert, die wenig Spielraum zur kritischen Reflexion zulassen. Von unten kommt stärkerer Druck durch immer besser ausgebildete, intelligente, stark motivierte Nachwuchskräfte, die unbedingt nach oben drängen und nicht bereit sind, alles hinzunehmen, sondern es kritisch hinterfragen.

So stellt z.B. der Schweizer Organisations- und Betriebswissenschaftler Rolf Wunderer fest, daß sich die Repräsentanten des mittleren Mangements immer weniger als Träger denn als Leidtragende des Wertewandels erleben. »Technische und organisatorische Rationalisierungen haben die Zahl der mittleren Managementpositionen reduziert und ganze Führungsebenen eliminiert.«[204] Jetzt geht es also auch den Chefs auf der mittleren Führungsebene an den Kragen. Sie sind aktuell unter den Entlassenen überproportional repräsentiert.

Gleichwohl beschreibt Thomas Wagner in einer Metapher das mittlere Management als ein zentrales, tragendes Element einer gut funktionierenden Organisation, vergleichbar mit dem Rückgrat eines Menschen.

Es verbindet »den Kopf, das Gehirn des Menschen mit den lebenswichtigen Organen im Körper. Die Nervenstränge, die die Steuer- und Regulierungsimpulse an die Organe leiten, laufen durch das Rückgrat, und auf den gleichen Bahnen kommen die Rückmeldungen über Funktion und Störungen in den einzelnen Körperteilen zum Gehirn. Gleichzeitig ist das Rückgrat auch das tragende und stützende Element, das für die Haltung und Beweglichkeit des Körpers von entscheidender Bedeutung ist.«[205]

Nimmt der Kopf in dieser Metapher für sich in Anspruch, das Denken, Analysieren, Planen, Entscheiden und Anordnen alleine vorzunehmen, bleiben für die restlichen Körperteile nur noch übermittelnde und ausführende Funktionen. Das Rückgrat spielt dabei eine passive (leidende) Rolle, dessen Aufgabe sich darauf beschränkt, Befehle von oben weiterzuleiten oder ggf. in verständliche Signale zu übersetzen und Rückmeldungen der Organe entgegenzunehmen, um sie an die Zentrale (Kopf, Gehirn) weiterzuleiten.

Nun wissen wir, daß die Absichten des Kopfes (Gehirns) nicht immer mit den Wünschen, Bedürfnissen und Möglichkeiten des Körpers und seiner ausführenden Organe übereinstimmen. Das Rückgrat steht also im Spannungsfeld von Wille und Absicht einerseits und nicht selten Trägheit und Widerstand andererseits.

Wagner, Stadtpräsident von Zürich, schreibt weiter: Wie die meisten Unternehmen von vergleichbarer Größe sind die 21.000 Mitarbeiter der Stadtverwaltung Zürich in einer Hierarchie organisiert, deren Ordnungsprinzip zwei elementare Schwierigkeiten hervorbringt: »1. Die Aufteilung der Arbeit in denkende, planende, analysierende, entscheidende und kontrollierende Funktionen an der Spitze und ausführende Funktionen an der Basis und 2. lange und durch viele Filter und Barrieren behinderte Informations- und Kommunikationswege.«[206]

Diese beiden Charakteristika von Großorganisationen sind hauptsächliche Ursache für Ineffizienz, Demotivation, innere Kündigung, Verweigerung, Unterlaufen von Entscheidungen und anderen Führungsproblemen. Beide oben aufgeführten Handicaps sind die entscheidenden Merkmale, wenn es um das Spannungsfeld Fremd- und Selbstbestimmung geht.

Dem legitimen Bedürfnis, selber über einen möglichst großen Teil seines Lebens bestimmen zu können, über Zeit und Energie zu verfügen und möglichst weitgehende Autonomie und Freiheit zu erleben, wird in den meisten hierarchischen Organisationen zu wenig Rechnung getragen. Einschränkungen, Reglementierungen, Arbeitsteilung und Spielregeln, die von anderen erfunden und geschaffen worden sind, Entscheidungen und Anordnungen, die auf höherer Ebene getroffen werden, bedeuten tägliche Reibungspunkte und Energieverlust, die zu Mißwirtschaft führen.

Die langen und über mehrere Stufen gehenden Informationswege bewirken auf den unteren Ebenen ein Gefühl der Abhängigkeit und Fremdbestimmung mit stark demotivierenden Auswirkungen. Informationen, die Entscheidungen und Konsequenzen aus der obersten Führungsebene verständlich machen sollen, gehen auf diesem Wege verloren bzw. verändern sich über die Hierarchiestufen ähnlich wie bei dem beliebten Kinderspiel »Stille Post«.

So entsteht leicht, und das nicht nur beim letzten Glied der Informationskette, der Eindruck von Zufälligkeit. Nicht von ungefähr stammt der Ausspruch »Die da oben machen ja doch, was sie wollen!« Übrigens: Von ganz unterschiedlichen Ebenen aus gesehen, nicht nur von unten.

## Führungsdilemma

Das »Führungsdilemma« des mittleren Managements – egal, ob in Industrie, Handel oder Öffentlichem Dienst – ist durch polare, sich widersprechende Anforderungen und Aufträge charakterisiert. Dabei handelt es sich um regelrechte Double-bind-Situationen. Mit diesem aus der Psychologie und Kommunikationsforschung stammenden Begriff bezeichnet man eine Situation, in der jemand in einer für ihn wichtigen Beziehung von seinem Partner zwei einander widersprechende Botschaften bzw. Aufträge erhält und dadurch in eine »Zwickmühle« gerät. Bei Erfüllung des einen Auftrages muß er zwangsläufig den anderen Auftrag mißachten.

Eine Übersicht der zum Führungsdilemma beitragenden widersprüchlichen Anforderungen an das mittlere Management gibt Thomas Wagner:[207]

**Der Vorgesetzte soll ...**

| **einerseits** | | **andererseits** |
|---|---|---|
| unternehmerisch denken und handeln | und | sich an Vorschriften und Weisungen halten |
| Freiräume gewähren | und | Ruhe und Ordnung garantieren |
| auf die individuellen Fähigkeiten und Eigenarten seiner Mitarbeiter eingehen | und | alle gleich behandeln |
| das Bestehende bewahren | und | Veränderungen in Gang setzen |
| die Interessen der Organisation und der Mitarbeiter unterstützen | und | die eigenen Karrierewünsche und Bedürfnisse befriedigen |
| die Selbständigkeit seiner Mitarbeiter fördern | und | die Verantwortung für die ganze Abteilung übernehmen |

Gibt es Wege, die aus diesem Führungsdilemma herausführen, die Double-bind-Situationen entschärfen oder sogar auflösen können? Offensichtlich, denn nicht alle Führungskräfte scheitern an diesen objektiven Schwierigkeiten, an den häufig rigiden Strukturen und dem damit einhergehenden problematischen Organisationsverständnis.

Die wichtigste Eigenschaft, die aus dem beschriebenen Dilemma heraushelfen kann, ist neben der fachlichen die ganz besonders wichtige interpersonelle Kompetenz. Dazu gehört die Fähigkeit zur Teamarbeit, zu wirklicher Kommunikation (insbesondere Zuhörenkönnen) und ein ausgeprägtes interdisziplinäres Arbeits- und Problemverständnis. Eine überdurchschnittliche Kontaktfähigkeit ist Basis und Ausgangspunkt für den Aufbau einer informellen Organisation, die Aufgaben und Projekte effektiver realisieren läßt als ein Gefangenbleiben in den widersprüchlichen Anforderungen.

Kontakte schaffen Beziehungsnetze über die formalen Organisationsgrenzen hinweg und ermöglichen so eine neue Zusammenarbeit, die den komplexen Anforderungen eher gerecht wird. Nur so können sich erfolgreiche Formen der Zusammenarbeit entwickeln, weil sie eine wirkliche Mitbeteiligung an Entscheidungsprozessen ermöglichen. Diese Art der Kooperation bringt nicht nur Lösungsprozesse voran, sondern schafft eine deutlich verbesserte Arbeitszufriedenheit.

# Gescheit – gescheiter – gescheitert

## Die Neurosen der Chefs in Witzen und Bürosprüchen

Vorsicht!
– freilaufender Chef -
*Schild an einer Station des Universitätsklinikums Rudolf Virchow, Berlin*

In den Lehrbüchern des Managements und der Unternehmensführung findet man sie nicht. Aber sie zieren neben Urlaubspostkarten die Büropinwand und werden in der Kantine erzählt: Bürosprüche und -witze. In ihnen »kommt das Verdrängte zum Vorschein, der Verschwörung des Nicht-Sehens, Nicht-Hörens und Nicht-Sagens wird ein lächerliches Ende gemacht.« Das kognitive, affektive und soziale Durcheinander, das ein Unternehmen ausmacht, bildet den Stoff, aus dem diese Witze sind.[208]

Vor allem aber thematisieren Bürosprüche und -witze die Neurosen der Chefs, werden die Verhaltensweisen enttarnt, die wir in unserem Kaleidoskop der Persönlichkeitsstörungen bei Führungskräften beschrieben haben.

Da geht es z.B. um die Thematik des Infantilen, die in der Neurose fortlebt:

Mutter zum Sohn: »Steh endlich auf, Du kommst zu spät zur Schule.«
Sohn: »Ich will aber nicht! Die Lehrer hassen mich, und die Kinder gehen mir aus dem Weg!«
»Das hilft alles nichts, Du mußt – und zwar aus zwei Gründen: Erstens bist Du schon 45 und zweitens der Schulleiter!«

Und auch der Realitätsverlust bei der Neurose wird unmißverständlich beschrieben ...

Wo wir sind, ist vorne, und wenn wir hinten sind, ist hinten vorne.

... ebenso wie die Schwierigkeit, mit einem neurotischen Chef zu kommunizieren:

Mein Chef und ich haben sehr viel gemeinsam: Er versteht mich nicht, und ich verstehe meinen Chef nicht.

Zur Illustration unserer Typologie neurotischer Persönlichkeitsstörungen hier eine kurze Zusammenstellung von Bürosprüchen und -witzen:[209]

**Der Narzißt**
An der Spitze stehen ist immer noch zu weit hinten.

»Warum lächelt unser Chef immer bei Gewittern?« – »Jedesmal, wenn es blitzt, glaubt er, daß er fotografiert wird.«

Normalerweise erhebt Gott sich immer von seinem Thron, wenn ein bedeutender Wirtschaftslenker oder Staatsmann in den Himmel kommt. Alle aber sind überrascht, daß Gott sitzenbleibt, als der ehemalige Deutsche-Bank-Chef Hermann Abs in den Himmel kommt. Gott zur Begründung: »Bei dem kann man nie wissen. Kaum stehe ich auf, sitzt er an meiner Stelle!«

**Der Schizoide**
»Erfolgreiche Bankiers leben von drei Eigenschaften«, doziert der erfolgsgewohnte Finanzmann, »vom Zutrauen, vom Vertrauen, vor allem aber vom – Mißtrauen.«

»Bei einer Herztransplantation möchte ich gern das Herz von meinem Chef haben!« »Wieso?« »Es wird so wenig benutzt!«

Ein Anruf vom Krankenhaus: Die Frau des vielbeschäftigten Managers hat einen Sohn bekommen! Freudestrahlend stürzt die Sekretärin herein: »Ein Junge, Herr Direktor.« Er, ohne von seiner Arbeit aufzusehen: »Was will er denn? Ich habe keine Zeit!«

An einem späten Dezemberabend holt der Manager seinen Wagen aus der Tiefgarage und fährt nach Hause. Erschöpft und abgespannt betritt er das Wohnzimmer. Da sitzt seine Familie um einen geschmückten Tannenbaum und singt Weihnachtslieder. Der Manager reibt sich die Augen und ruft ärgerlich: »Ja, was um alles in der Welt ist denn hier los?«

**Der Paranoide**

Die Putzfrau der Bankfiliale kündigt mit der Begründung: »Sie haben ja überhaupt kein Vertrauen zu mir.« Der Filialleiter: »Das dürfen Sie wirklich nicht behaupten. Ich lasse sogar die Tresorschlüssel herumliegen.« Die Putzfrau: »Ja, aber keiner paßt!«

**Der Zwanghafte**

Banküberfall. Alle Angestellten liegen, vom Räuber mit der Pistole bedroht, auf dem Boden. Da zischt der Zweigstellenleiter: »Fräulein Müller, legen Sie sich anständig hin! Dies ist ein Banküberfall und kein Betriebsausflug!«

»Auch in unserem Betrieb wurde für die Hungernden in der Welt gesammelt und alle haben sich beteiligt!« »Und was hat der Chef gegeben?« »Die Genehmigung.«

Der Großhubschrauber mit den internationalen Besuchern geht auf dem Dach des Entwicklungszentrums von Siemens nieder. Der Pilot durch den Bordlautsprecher: »Meine Damen und Herren, wir sind jetzt in Perlach gelandet. Bitte stellen Sie Ihre Uhren um drei Jahre zurück.«

**Der Aggressiv-Autoritäre**

Unser Chef ist ein Tierfreund. Jeden Tag macht er einen von uns zur Sau.

Unser Chef behandelt seine Mitarbeiter wie rohe Eier. So behutsam? Nein, er haut sie in die Pfanne.

Heutzutage muß man seine Leute motivieren. Anbrüllen allein nützt nichts mehr.

Meinungsaustausch ist, wenn man mit seiner Meinung zum Chef geht und mit dessen Meinung zurückkommt.

»In meiner Firma herrschen ein schlechtes Betriebsklima und ein rüder Umgangston«, klagt der Chef. »Woran könnte das liegen?« fragt der Unternehmensberater. »Das sollen Sie doch herausfinden – Sie Arschloch!«

**Der Hysteriker**

In der Firma ist Müller zwar sehr beliebt, aber keiner der fleißigsten. Eines Tages wird Müller zum Direktor gerufen; als er nach zehn Minuten wieder herauskommt, lächelt er still. »Na, wie war's?« fragen ihn die Kollegen. »So ein taktvoller Mensch, unser Herr Direktor«, berichtet Müller. »Als ich hereingekommen bin, hat er gesagt: Wie schön, Sie zu sehen, lieber Müller. Ich weiß gar nicht, wie ich ohne Sie auskommen soll in der Firma. Aber wissen Sie was, vom ersten April an wollen wir beide doch mal den Versuch wagen . . .«

**Der Phobische**

Patient bei der Visite zum Psychiatrie-Chefarzt: »Herr Professor, ich habe das Gefühl, daß mir hier laufend Schlangen den Arm hochkriechen!« Chefarzt: »Kommen Sie mir nicht zu nahe!«

**Der Depressive**

Der Vertreter will mit seinem Musterkoffer unbedingt zum Chef hinein. »Tun Sie es lieber nicht«, warnt ihn ein Angestellter. »Der Chef ist heute miserabler Stimmung.« »Na, schön«, resigniert der Vertreter, »wann ist er denn besser drauf?« »Keine Ahnung! Ich bin erst seit drei Jahren in der Firma.«

**Der Süchtige**

Der neue Personalleiter der Sparkasse hat den Direktor eingeladen.

Als die Dame des Hauses den Begrüßungstrunk serviert, sieht die kleine Tochter den Gast unverwandt an: »Na Kleines«, fragt der Direktor, »was siehst Du denn so Interessantes an mir?« »Ich möchte Sie trinken sehen. Mein Vater hat gesagt, Sie würden saufen wie ein Tier.«

Der Chef zur Sekretärin: »Sie können ja unserem neuen Mitarbeiter alles zeigen!« »Was«, fragt sie verwirrt, »schon am ersten Tag?«

Eine Münchner Sekretärin kommt von einer Dienstreise mit ihrem Chef aus Salzburg zurück. Die Kollegin fragt neugierig: »Hat er dir auch den Watzmann gezeigt?« »Ja«, errötet die andere, »noch vor Rosenheim.«

**Der psychosomatisch Erkrankte**

Ein gestreßter Werft-Manager entschließt sich endlich zum Erholungsurlaub auf einer einsamen Insel. Aber auch hier kann er nicht entspannen. Voller Abenteuerlust spricht er einen Eingeborenen an: »Werden hier auch Wracks angetrieben?« Der Eingeborene schaut ihn von oben bis unten an und sagt dann langsam: »Nein, du bist das erste.«

**Der Kriminelle**

»Herr Direktor, hier ist jemand, der unbedingt das Geheimnis Ihres Erfolgs erfahren möchte, haben Sie Zeit für ihn?«, fragt die Sekretärin ihren Chef. »Ist es ein Reporter oder ein Finanzbeamter?«, fragt dieser zurück.

In seinem sehr lesenswerten Buch zum Witz in der Arbeitswelt bemerkt Oswald Neuberger: »Der Witzgenuß (die Haha-Reaktion) speist sich vor allem aus der Lust, in Komplizenschaft, aber aus sicherer Distanz mitverfolgen zu können, wie etwas Verborgenes – *ent-deckt* (ent-larvt) wird: Unter dem Witzvorbehalt werden Wahrheiten ausgesprochen, die man sich mormalerweise nicht zu sagen traut. Das tut gut, weil es für einen Moment Spannungen löst und den Triumph auskosten läßt, den eigenen wie den gesellschaftlichen Zensor überlistet zu haben. Der Genuß wird noch gesteigert, wenn es Anlaß zur Schadenfreude gibt.

Wer aber die Pointe nicht erfaßt, hat – so oder so – nichts zu lachen. Wie bei der Arbeit.«[210]

# Das Chef-Auto

## Die Mercedes S-Klasse als Gestalt gewordene Neurose

»Das waren unsere Chefs auf höchster Ebene, die so ein Auto wollten, das war nicht die Schuld des Designers« vertrauten Mercedes-Ingenieure aus Stuttgart einem Berliner Taxifahrer an, als sie während der Fahrt die Ästhetik seines 7er-BMW bewunderten.

Von der Mercedes S-Klasse war die Rede, von jenem im März 1991 nach Entwicklungskosten von drei Milliarden Mark[211] präsentierten »Jumbo auf Rädern« *(Auto Bild)* mit dem Werkscode W 140.

Noch nie hatte sich soviel Kritik, wegen der zahlreichen Pannen ja geradezu Hohn und Spott, auf ein neues Automobil ergossen wie über die Luxuswagen der neuen Mercedes S-Klasse. Zu groß, zu breit, zu schwer, zu klobig im Design, zu hoher Verbrauch, zu teuer, einfach nicht mehr in die Zeit passend – lauteten die Hauptkritikpunkte an diesem »Dinosaurier des Automobilzeitalters« *(Der Spiegel)*.[212]

## Die Größe

Mit 2,2 Tonnen Leergewicht ist das Flaggschiff, der Mercedes S 600, schwerer als drei Fiat Panda zusammen; 5,21 m lang, 1,89 m breit, 1,50 m hoch; 12-Zylinder-Motor mit fast 400 PS, bei 250 km/h wird automatisch abgeregelt; Beschleunigung von 0 auf 100 in 6,1 Sekunden; Kraftstoffverbrauch nach Werksangabe in der Stadt 20,7 Liter, laut *Auto Bild* knapp 30[213]; Kaufpreis ab Werk in der Automatic-Version 206 022,50 DM (ohne Extras, inkl. Umsatzsteuer; Stand: 1.6.94). Noch die Kurzversion der Mercedes S-Klasse kommt auf 5,11 Meter.

Scheinbar rationaler Ausgangspunkt für die 1982 begonnene Entwicklung der neuen S-Klasse war die Idee der Größe. Aus den Musterungsstatistiken der Bundeswehr hatte man eine wachsende Durchschnittsgröße der Wehrpflichtigen herausgelesen, mit der Folgerung, dem neuen Nobelstück einen auf den 1,90-Meter-Mann zugeschnittenen, größeren, komfortablen Innenraum zu verpassen. Größere Kopffreiheit, mehr Innenbreite, mehr Bein- und Ellenbogenfreiheit lauteten die Vorgaben. Vier 1,90 Meter lange Passagiere sollten Platz finden, ohne sich beengt zu fühlen.

»Statistisch gesehen sind die Menschen des Jahres 1995 genau 46 Millimeter größer als noch 20 Jahre zuvor«, argumentierte Entwicklungschef Wolfgang Peter, was ein angemessenes Wachstum der S-Klasse unvermeidlich mache. Im übrigen sei ja »die stattliche Größe das eigentlich Typische einer S-Klasse.«[214]

Mercedes Design-Direktor Bruno Sacco – wie alle Stilisten eher ein Freund der flachen Linie – hatte mit der neuen Größe seine liebe Mühe. Vor allem bereitete ihm das Höhenwachstum – 57 mm mehr als beim Vorgänger – erhebliches Kopfzerbrechen. Um die Proportionen zu wahren, mußte die S-Klasse auch in der Breite gehörig zunehmen (plus 66 Millimeter). »Daß daraus ein harmonisch wirkendes Ganzes wurde, bezeichnet Sacco im nachhinein als ›verdammt schweres‹ Stück Arbeit.« Am meisten schätzt Sacco immer noch die vorige S-Klasse: »Ich habe mit diesem Auto meine Vorstellungen von nüchterner Erscheinung durchgesetzt.«[215]

Von nüchterner Erscheinung kann bei der neuen S-Klasse nicht die Rede sein: Maße und Gewichte sind weit voluminöser als alles, was Mercedes-Benz oder Konkurrent BMW in den letzten Jahrzehnten bisher im Pkw-Serienbau zu bieten hatten.

Auf der Präsentation der S-Klasse im Genfer Nobel-Hotel Noga-Hilton im März 1991 überboten sich die Vorstände Werner Niefer, Jürgen Hubbert und Wolfgang Peter in Superlativen. Da war vom »großen revolutionären Wurf« die Rede, vom »Neu-Definieren der Spitze im Automobilbau«, von einer »sich ankündigenden Sternstunde«, in der »neue Dimensionen« eröffnet werden. »Vom Pionier und Schrittmacher der automobilen Oberklasse«, wurde gesprochen und daß man mit diesem Auto auf lange Zeit bestimmen werde »wo die Meßlatte im internationalen Wettbewerb um die kundengerechte Mobilitätslösung« liegt. Werner Niefer sprach von den »besten Autos der Welt.«[216]

In letzter Minute hatte Niefer auf der Genfer Präsentationsfeier umdekorieren lassen: Die Quadratur des Kreises, eine 700 kg schwere Skulptur, die Kugel, Würfel und Pyramide vereinigte – als Ausdruck der Mercedes-Produktphilosphie und Symbolik für Zeit, Raum und Energie – wurde beiseitegestellt. Ursprünglich war die Skulptur über dem Auto schwebend angebracht worden, doch hatten die Halterungen bedrohlich geknirscht – »zu schrecklich war den Managern die Vision, der elegante Koloß könnte mitten in der feierlichen Premiere von seiner eigenen Produktphilosophie zermalmt werden.«[217]

## Die Pannen

Die Vorahnung vom Scheitern des »großen Wurfs« wurde Realität. Das Damoklesschwert konnte nicht verbannt werden, eine Serie von peinlichen Pannen und die mangelnde Akzeptanz der Kundschaft riß eine tiefe Kluft zwischen Anspruch und Wirklichkeit auf.

In ihrem Glauben an unbegrenztes Wachstum übersahen die Mercedes-Chefs, daß es auch für ihre Autos Grenzen gibt und mußten folgende Peinlichkeit über sich ergehen lassen: Auto-Tester stellten fest, daß in einigen üppig mit Sonderausstattungen bestückten Modellen nur drei Personen mitfahren durften. Stieg ein vierter ein, war das zulässige Gesamtgewicht überschritten. Bei einem von der Fachzeitschrift *auto motor und sport* getesteten S-Klasse Wagen 300 SE betrug das Leergewicht bereits 2148 kg, das zulässige Gesamtgewicht war 2410 kg. Folgerung: »Die Zuladungslast war schon mit 262 Kilogramm ausgereizt.«[218]

»Meldungen dieser Art gaben Mercedes-Benz aber der Lächerlichkeit preis, zumal man fast anderthalb Jahre brauchte, um diesen Mißstand abzustellen. Dabei wäre nur ein simples Zahlenspiel nötig gewesen, um die Typisierung beim Kraftfahrt-Bundesamt entsprechend zu ändern. So wurde die Zuladung erst im Juli 1992 auf 650 Kilogramm angehoben.«[219]

Die nächste Panne: Es zeigte sich, daß die Wagen für die Autoreisezüge der Bundesbahn zu breit waren: »Die Reifen quellen aus den Spurrinnen der meisten Bahnwaggons«, berichtete *Auto Bild*: »Peinlich, besonders bei so erstklassiger Kundschaft. Jetzt hilft die Bundesbahn Mercedes aus der Patsche. Sie will 160 Waggons auf S-klassige Breitspur umrüsten. Kosten 800.000 DM.«[220]

»Die wichtigste Neuheit bei Mercedes«, schrieb ein Leser der Zeitschrift *auto motor und sport* an die Redaktion, »haben Sie unterschlagen. Nach den Werksferien«, »wird die S-Klasse ohne Aufpreis auf der Fahrerseite mit zwei Löchern im Dach ausgeliefert, damit die Esel, die den Wagen gekauft haben, ihre Ohren durchstecken können.«[221]

Wegen der S-Klasse-Pannen mußte Anfang 1992 der »Vater der Baureihe«[222] gehen: Vorstandsmitglied und Entwicklungschef Wolfgang Peter wurde zum Zulieferer Mannesmann weggelobt.[223]

Bereits zum Genfer Autosalon im März 1994 reagierte Mercedes auf die zunächst vehement abgebügelte Kritik am bullig-klotzigen, unschönen Design und präsentierte ein Facelifting, eine renovierte Version. Aus Kostengründen beschränkte man sich auf stilistische Änderungen, die das Auto vorteilhafter und nicht mehr so massig und plump erscheinen lassen sollen: Flachere Scheinwerfer, weiße Blinkergläser vorn, schmalere Seitenschutzleisten mit ausgeprägtem Längsprofil, schmalere, nach unten eingezogene, nicht mehr so massige Stoßflächen vorn und hinten und ein niedrigeres Heck mit nach unten rund zulaufender Gepäckraumhaube mit geändertem Querband, breitere Spurweiten und Leichtmetallräder sollen zu einem weniger voluminösen, schlankeren Gesamteindruck des Karosseriekörpers führen.[224]

Die Arbeit am Nachfolgemodell hat schon begonnen. Bereits 1998 soll der Nachfolger der jetzigen S-Klasse vom Band rollen – mit nur sieben Jahren Bauzeit somit der kürzeste Modellzyklus aller Mercedes-S-Klasse-Generationen.[225]

## Der Verkauf

»Die neue, als zu massiv und zu plump gescholtene S-Klasse entpuppte sich als unzeitgemäß – und schwerer abzusetzen als geplant. Und das passiert, zu allem Überfluß, auch auf heimischem Boden. Erst Preisnachlässe von bis zu 20% und Leasingraten weit unterhalb des Klassenüblichen vermochten das Flaggschiff flott zu machen.«[226]

»Führungskräfte und Mittelständler wollen nicht mit einem neuen Luxuswagen vorfahren, wenn sie von der Belegschaft den Verzicht auf das Urlaubsgeld oder von den Lieferanten niedrigere Preise fordern. Und Konzerne, die auf allen Ebenen sparen, verordnen ihren Führungskräften gern, weil es so symbolträchtig ist, einen kleineren Dienstwagen. Besonders schmerzlich bekam Mercedes-Benz diese Einstellung der Kundschaft zu spüren. Rund 80.000 Exemplare wollten die Stuttgarter jährlich verkaufen. Nun gilt ein Absatz von 65.000 Fahrzeugen, wie Mercedes-Vorstand Hubbert zugibt, ›schon als Erfolg‹.

Die schleppend gestartete S-Klasse kratzte am Image des Unternehmens ebenso wie an der Ertragskraft. Die Gewinne, die der Verkauf der Oberklasse den Stuttgartern einbringt, fallen deutlich schmäler aus.«[227]

Um den Absatz der Wagen anzukurbeln, ging man auch unkonventionelle Wege: Das Unternehmen forderte seine Niederlassungen 1992 auf: »Schicken Sie Ihre Kunden ins Blaue«. Ein Wochenende konnten solvente Interessenten die S-Klasse probefahren und einen »Mercedes-Benz-Hotelscheck« für zwei Übernachtungen für zwei Personen im Wert bis zu 1.000 DM nutzen. [228]

## Ein Chef-Auto auf der Couch

Konzeption und Design eines neuen Automobils sind nicht zufällig. Beides ist immer auch eine Selbstdarstellung, ein nach außen verlagerter Ausdruck der psychischen Befindlichkeit von Unternehmenslenkern und Konstrukteuren, sowie der Herstellerfirma insgesamt.

Ja, das Auto ist speziell in Deutschland immer auch Selbstdarstellung, die dritte Haut des Menschen, des Käufers und des Lenkers.

Während Edzard Reuter als Vorstandschef den Daimler-Benz-Konzern durch Imperiumszukäufe von AEG bis Messerschmidt zu gigantischer Größe aufblies (angepeilter Jahresumsatz 100 Mrd. DM)[229], blieb dies nicht ohne Spuren bei der S-Chef-Autoentwicklung.

Noch größer, noch imposanter, noch bequemer als alle Vorläufer- und Konkurrenzmodelle sollten die neuen Autos werden. Dabei unterschätzte Mercedes offenbar auch das Umwelt-Bewußtsein ihrer Kunden, die bei immer enger werdender Verkehrsfläche nicht mit einem sperrigen, spritschluckenden Zweitonner herumfahren wollen.

Im Mächtigkeitseindruck stellt dieses Auto alle seine Konkurrenten eindeutig in den Schatten. Es ermöglicht die Demonstration von Macht und raumgreifendes Imponiergehabe im alltäglichen Krieg auf der Straße, Herrschsucht am Steuer eines furchterregenden Kolosses. Haben wir es mit einem Panzer im Kleid der Luxus-Limousine für das persönliche Rollkommando zu tun?

Das Auto symbolisiert die Projektion eines mächtigen, aufgeblähten narzißtisch-phallischen Selbstkonzeptes. Eine narzißtische Größen- und Allmachtsphantasie hat Gestalt in Blech angenommen, könnte man meinen.

Der Zwang, mit diesem Auto etwas Großes, Besonderes und Bedeutendes darstellen zu müssen, »um damit sein inneres Gefühl von Wertlosigkeit und Unterlegenheit zu dementieren«[230], verfolgt Hersteller wie Nutzer erbarmungslos auf jedem zurückgelegten Kilometer.

Die Regression auf einen infantilen (zunächst scheinbar kraftlosen) Entwicklungszustand beginnt nach dem Einsteigen, wenn lautlose pneumatische Heinzelmännchen die Tür ins Schloß ziehen und eigene Muskelkraft ersparen. Sie endet erst beim Aussteigen, wenn nicht mehr alle Fenster und das Schiebedach einzeln zu schließen sind, sondern es genügt, den Türschlüssel etwas länger gedreht zu halten, um den elektrischen Butlerdienst in Gang zu setzen.

Da bietet der Innenraum Rückzugsmöglichkeit in eine *splendid isolation* und die doppelt verglasten Seitenfenster schirmen ab von einer als feindlich erlebten Außenwelt mit ihren mannigfaltigen Geräusch- und Wetterbelästigungen. Die beheizbaren Sitze lassen in Kombination mit der luxuriösen Klimaanlage Uterusgefühle aufkommen, während der Wagen über Straßenunebenheiten wie Schlaglöcher und Bodenwellen weich wiegend dahingleitet. Sicher, geborgen, weich und warm – sanft geschaukelt wie im Mutterschoß, bedarf es nur eines minimalen Fingerzeigs, um die vielen Hundert PS machtvoll in Gang zu setzen.

Damit man sich als Chef die Finger nicht schmutzig machen muß, fährt der Gepäckraumgriff elektrisch aus, sobald auf den Öffnungsknopf der Kofferraumhaube gedrückt wird, um die übrige Zeit verborgen vor Verschmutzung abzuwarten, auf die, die da kommen.

Zu viele Käufer sind es nicht gewesen, kein totaler Flop, aber eine herbe finanzielle Enttäuschung, verbunden mit einem erheblichen Imageverlust für das erfolgverwöhnte schwäbische Sternenfirmament. Es kam derob zu Zoff im Olymp. Und wie Großmutter uns lehrt: Hochmut kommt vor dem Fall. Anachronistische Gigantomanie, mangelndes Einfühlungsvermögen in die Bedürfnisse der Kunden, eine wie eine Freudsche Fehlleistung anmutende Gewichtsfehlkalkulation – alles zusammen im Effekt eine quasi selbstschädigende, auto-aggressive Haltung der Mercedes-Chefs, die die Stern-Zeichen der Autozeit offenbar verschlafen hatten.

Und so ist dieses Auto quasi eine Gestalt gewordene Neurose mit Zügen verschiedener Strukturen: narzißtisch (Allmachts- und Größenphantasie), aggressiv-autoritär (dominant-martialisches Imponiergehabe) und schizoid (abgepanzert gegenüber der Umwelt).

Last, but not least: Phallisch-exhibitionistische Züge:

»Beim Blick nach hinten«, schreibt Heribert Hofner in seiner Monographie über die S-Klasse, »zählt Übersichtlichkeit nicht zu den starken Seiten der dritten S-Klasse-Generation – beim Rückwärtsfahren ist die Kofferraumoberkante nicht zu sehen. Da diktierten die Designer den Technikern gewissermaßen eine Notlösung, die bald als weitere schwäbische Humoreske zum Volksgut wurde – die Peilstäbe. Diese beiden Chromstangen sitzen in den hinteren Karosserieecken und schieben sich nach Einlegen des Rückwärtsganges aus ihren Köchern – in ihrer ersten Bauausführung auf eine Höhe von 6,5 Zentimetern. Die ihnen zugedachte Aufgabe besteht darin, das Einschätzen des Abstandes zu Hindernissen zu erleichtern. Acht Sekunden nach Schalten einer Vorwärts-Fahrstufe fahren sie wieder automatisch in ihre verchromten Silos ein. Durch ihren sehr zweifelhaften effektiven Nutzen halten die meisten S-Klasse-Eigner die Peilstäbe für einen überflüssigen Gag, zumal sie von normal gewachsenen Fahrern nur schwer zu erkennen sind und bei den SEL-Versionen sogar durch die hinteren Kopfstützen verdeckt werden. Darauf reagierte Mercedes-Benz im Juli 1992 und verlängerte die Rückfahrhilfen um zwei Zentimeter.«[231]

Der psychologisch vorbelastete Betrachter gelangt zu dem Eindruck, daß das Herausfahren der beiden Phalli einer für alle sichtbaren Demonstration der eigenen Potenz dient. Das Genitalpräsentieren ist ein bei Primaten, den Menschen eingeschlossen, vorkommendes Imponierverhalten gegenüber Artgenossen, weiß uns auch die Verhaltensforschung zu berichten. »Niedere Primaten, wie z.B. *Hapale* und *Cebuella* (Affenarten; H/S) präsentieren mit hoch erhobenem Schwanz das angeschwollene und oft bunt gefärbte Skrotum nach rückwärts.«[232]

»Krücken sind das«, spottete der damalige Audi- und jetzige VW-Chef Ferdinand Piëch über die Peilstäbe, »und zwar die dünnsten, die ich je gesehen habe.«[233]

# Erfolg und Versagen

## Warum Chefs scheitern

Wer höher steigt, als er sollte,
fällt tiefer, als er wollte.
*Deutsches Sprichwort*

Irren ist menschlich. Und wer arbeitet, darf auch Fehler machen. Jedoch stellt sich die Frage, warum nicht wenige Führungskräfte nach einem unter enormen Einsatz erfolgten, erfolgreich bewältigten Aufstieg und einer längeren oder kürzeren Phase der Konsolidierung in einer herausgehobenen Position an unnötigen Fehlern scheitern und nicht selten jäh abstürzen.

Warum und woran scheitern Führungskräfte – einige sogar auf das heftigste, regelrecht nach dem Strickmuster einer antiken Tragödie? Sicherlich gibt es nicht eine einzige, allein erklärende Antwort, sondern ein Mosaik von Hintergrundaspekten und verborgenen Motiven.

Hauptgrund jedoch ist: die Neurose des Chefs. Die bei den einzelnen Persönlichkeitsstörungen beschriebenen Erlebnis- und Verhaltensweisen lassen eine dauerhaft erfolgreiche Karriere nicht zu.

Die vor allem auf mangelndem Einfühlungsvermögen basierende Unfähigkeit des Neurotikers zur Gestaltung von befriedigenden zwischenmenschlichen Beziehungen, seine fatale Tendenz, die unverstandenen, unverarbeiteten Konflikte der eigenen Kindheit im Wiederholungszwang mit stellvertretenden Personen aktuell immer wieder neu zu inszenieren, wirken als berufliche Fallstricke. Bei zahlreichen der von uns beschriebenen Persönlichkeitsstörungen verzehrt das neurotische Verhalten (z.B. Zwanghaftigkeit, Mißtrauen, Angst, übersteigerter Narzißmus) kostbare seelische Energie, die dann vor allem auch für wichtige kreative Prozesse fehlt.

Ihr Aufstieg war schwer genug, die entbehrungsreiche Zeit der Überangepaßtheit weicht der Erkenntnis, eine neue, bisher nicht dagewesene Form der (vermeintlichen) Macht quasi in den Händen zu halten. Und dann passiert es ...

Wie kommt es zum Durchbruch des Infantilen, zum Rückgriff (Regression) auf neurotische, für die Gegenwart unangemessene kindliche Verhaltensweisen? Warum und wodurch wird der Chefsessel zur auslösenden Versuchungs- und Versagungssituation für die Neurose?

Das Erreichen einer Führungsposition beinhaltet – psychologisch gesehen – immer auch als situative Komponente einen Zuwachs an Macht, bei gleichzeitiger (häufig auch unbewußter) Angst. Hinzu kommt eine reale Gefahr der Isolation.

Die Angst der Führungskräfte vor dem Versagen, vor dem Nichtgenügen gegenüber eigenen und fremden Ansprüchen setzt neurotische Prozesse in Gang. Der Machtzuwachs führt zur Mobilisierung aggressiver Impulse gegenüber anderen und (im Rahmen eines depressiven Mechanismus) gegen sich selbst. Die zu ertragende Isolation auf der Topetage begünstigt einen Realitätsverlust und fördert selbstschädigende Tendenzen.

Als ein illustrierendes Beispiel dafür kann die berühmt gewordene Bemerkung von den »Peanuts« angeführt werden. Mit diesem Wort bezeichnete der Vorstandssprecher der *Deutschen Bank*, Hilmar Kopper, in einer Pressekonferenz die offenen Handwerkerrechnungen in Höhe von rund 50 Millionen DM, die der Immobilienpleitier Schneider allein der *Deutschen Bank* hinterlassen hatte.

»Erst war es ein Fall Schneider, dann ein Fall Deutsche Bank, dann ein Fall Kopper«, beschrieb *Deutsche-Bank*-Pressesprecher Siegfried Gutermann den Verlauf der Affaire.[234] »Seither steht der Chef der größten deutschen Bank als arrogant und elitär da«, kommentierte die *Süddeutsche Zeitung* und »die erhoffte Schadensbegrenzung hat sich ins genaue Gegenteil verkehrt.«[235]

## Die Führungsposition als Prüfungssituation

Noch ein Wort zur Angst: Die Anforderung, sich in einer Führungsposition bewähren zu müssen, stellt eine klassische Form der Prüfungssituation dar, mit spezifischen Ängsten aufgrund von Versuchungs- und Versagungssituationen, mit der Mobilisierung regressiver Prozesse und neurotischer und psychosomatischer Symptombildung.

Vor Aufgaben und Entscheidungen gestellt, mit Macht und Verantwortung ausgestattet, kann ein Vorgesetzter diese Situation ähnlich belastend erleben wie eine klassische Prüfungssituation.

Es geht um Erfolg oder Mißerfolg, Bestehen oder Versagen. Jeder Chef hat seine Prüfer in Gestalt der ihm »Vorgesetzten«, oder auch in Form einer kritischen (Fach-)Öffentlichkeit, vor der er bestehen muß.

Durch den Stellenwert der Prüfung können unbewußte neurotische Konflikte wiederbelebt und bestimmte Persönlichkeitszüge mobilisiert werden.

Die Prüfungssituation Chefrolle kann unbewußt erlebt werden als eine

- Gefahr der Trennung
  (z.B. starke Isolation von den bisherigen Kollegen durch die einsame Chefrolle, den jetzt anders verlaufenden Kontakt mit den Mitarbeitern),
- Gefahr der narzißtischen Kränkung
  (z.B. nicht das leisten zu können, was den eigenen und fremden Idealvorstellungen entspricht),
- Situation der Bestrafung
  (Realisierung aggressiver Impulse, z.B. in Form der rächenden Enttäuschung der Erwartungen anderer, z.B. auch Schädigung der Firma, von Mitarbeitern und/oder der Leute, die einen in die Führungsposition gebracht haben, wie auch in Form von Selbstbestrafung, als unbewußt inszeniertes Versagen und Sichblamieren, nach dem masochistischen Motto: Endlich wird allen offenbar, was ich in Wirklichkeit für ein Versager bin).

Vor dem Hintergrund dieser Faktoren und auch im Zusammenhang mit Übertragungsreaktionen verwandeln und entpuppen sich bisher in der Regel unauffällig-harmlose Mitarbeiter (und deshalb meistens auch Geschätzte und Beförderte) in auffällig-gefährliche Neurotiker und in ihrer Persönlichkeit ernsthaft Gestörte.

Der begabte, brillante Selbstdarsteller wird zum unerträglich rücksichtslosen Egozentriker *(narzißtische Persönlichkeitsstörung);*
der Sachlich-Kühle verwandelt sich in den unangenehm-zynisch Distanzierten *(schizoide Persönlichkeitsstörung)*;
der ordnungsliebende Prüfer entwickelt sich zum zwanghaft kontrollierenden Ordnungsfanatiker *(zwanghafte Persönlichkeitsstörung)*;
der kluge, vorsichtige Skeptiker wird zum extrem Bissig-Mißtrauischen *(paranoide Persönlichkeitsstörung);*
der aktive Macher entpuppt sich als Aggressiv-Autoritärer *(aggressiv-autoritäre Persönlichkeitsstörung)*;

der angenehm Spritzig-Lebhafte entwickelt sich zum dramatisierenden Effekthascher *(hysterische Persönlichkeitsstörung);*
der Auf-Nummer-Sicher-Gehende mutiert zum absoluten Angsthasen *(phobische Persönlichkeitsstörung)*;
der Wohlwollend-Konservative wird zum depressiv-mutlosen überangepaßten *(depressive Persönlichkeitsstörung)*;

der schwer satt zu Bekommende entwickelt eine fatale Sucht *(süchtige Persönlichkeitsstörung);*
der Kränkliche bekommt eine ernsthafte Erkrankung *(psychosomatische Persönlichkeitsstörung);*
der Labile wird kriminell *(kriminelle Persönlichkeitsstörung).*

Zu ähnlichen Beobachtungen kommt die bereits eingangs zitierte Studie der Personalberatungspsychologen von *Kienbaum* über das neurotische Potential von Topmanagern. Nach dem Ergebnis dieser Studie sind über 60% der deutschen Führungskräfte leichte bis mittelschwere Neurotiker.[236]

Der unbewußte Rückgriff auf infantile Mechanismen äußert sich auch im Anspruch auf luxuriöse, orale Verwöhnung: Geschäftsgelage in separaten Vorstandskasinos, teure Luxus-Autos mit Chauffeur, die firmeneigene Yacht, am liebsten jedoch der Privatjet und der Golfplatz als prestigeträchtiger Austragungsort infantiler Funktionslust stehen bei entsprechender Position als deutlicher Beweis dafür, wie weit man es gebracht hat.

## Midlife-crisis

Für viele Führungskräfte kann ein Scheitern auch mit den besonderen Problemen in der mittleren Lebensphase verbunden sein, einer Krisenzeit, die zu einem Ausbruch bzw. einer Verstärkung neurotischer Tendenzen führen kann. Bereits seit Ende der 60er Jahre wurde dafür der Begriff »Midlife-crisis« geprägt, einer bilanzartigen Identitätskrise, verbunden mit Fragen wie: »Wer bin ich, wo komme ich her, wo gehe ich hin?« Bisweilen wird nach Art einer Torschlußpanik das Resümee gezogen: »Das kann doch nicht alles gewesen sein . . .«

Eine treffende Schilderung des »mittelalterlichen« Lebensgefühls gibt Robert Musil in seinem Roman »Der Mann ohne Eigenschaften«:

> Im Grunde wissen in den Jahren der Lebensmitte wenig Menschen mehr, wie sie eigentlich zu sich selbst gekommen sind, zu ihren Vergnügungen, ihrer Weltanschauung, ihrer Frau, ihrem Charakter, Beruf und ihren Erfolgen, aber sie haben das Gefühl, daß sich nun nicht mehr viel ändern kann.
>
> Es ließe sich sogar behaupten, daß sie betrogen worden seien, denn man kann nirgends einen zureichenden Grund dafür entdecken, daß alles gerade so kam, wie es gekommen ist; es hätte auch anders kommen können; die Ereignisse sind ja zum wenigsten von ihnen selbst ausgegangen, meistens hingen sie von allerlei Umständen ab, von der Laune, dem Leben, dem Tod ganz anderer Menschen, und sind gleichsam bloß im gegebenen Zeitpunkt auf sie zugeeilt.[237]

Von verschiedenen Wissenschaftlern werden übereinstimmend Faktoren benannt, die in der Krise der Lebensmitte in besonders ausgeprägter Weise die Themen Trennung und Verlust aktuell werden lassen. Sie kränken und erschüttern nachhaltig das bis dahin vielleicht halbwegs bestehende (Allmachts-) Gefühl, das soziale Umfeld erfolgreich beeinflussen zu können:

– Die Verringerung der sexuellen Potenz, bis hin zu deren Verlust,

oder, allgemeiner ausgedrückt: die Verminderung der Lebenskraft;
- Partnerprobleme, auch im Zusammenhang mit einem Nachlassen der sexuellen Attraktivität des Partners;
- das zunehmende Gefühl von Austauschbarkeit und Ersetzbarkeit im Beruf;
- die zunehmende Selbständigkeit und Unabhängigkeit der Kinder, verbunden mit dem Verlust der Eltern-Rolle und einer notwendig werdenden Neuorientierung;
- Konfrontation mit der Kränkung, nicht mehr dem gesellschaftlich aufoktroyierten Jugendlichkeitsideal zu entsprechen;
- Einschränkungen und Verluste als Folge von biologischen Gesetzmäßigkeiten oder von Krankheiten;
- die stärkere Konfrontation mit dem unausweichlich näherrückenden Thema Tod.

Allen aufgeführten Trennungs-, Verlust- und damit einhergehenden Kränkungsaspekten ist gemeinsam, daß sie zu einem Erleben von quälenden Einsamkeitsgefühlen, zu einer ausgeprägten Depression führen können. Letztere ist um so stärker, je mehr in aktuellen beruflichen oder privaten Trennungs- und Einsamkeitserfahrungen frühkindliche Verlust- und Verlassenheitssituationen reaktiviert werden.

## Die selbstzerstörerische Komponente

Jeder der von uns skizzierten Persönlichkeitsstörungen wohnt eine unbewußte Komponente der Selbstbestrafung inne, eine gegen die eigene Person wütende Aggressivität.

Woher kommt dieses massive aggressiv-destruktive Potential im Sinne von gegen sich selbst gerichteter Feindseligkeit, Haß, sogar Zerstörung?

Verkürzt ausgedrückt: Frustration schafft Aggression – oder in den Worten Freuds: Haß entsteht aus unbefriedigter Liebe.[238]

Es ist die Situation mangelnder Liebe, massiver Enttäuschungen und kumulativer Entbehrungen in den ersten Lebensmonaten, die ein fundamentales Einsamkeits- und Verlassenheitsgefühl schon beim Kleinkind bedingt. Sie läßt jene archaisch-destruktiven Kräfte entstehen, die sich gegen die enttäuschenden und im doppelten Wortsinn versagenden Verursacher richten.

In der besonderen Phase der extremen Hilflosigkeit und Abhängigkeit des ganz kleinen Kindes gegenüber der versorgenden Umwelt – und das ist primär die Mutter – ist es dem Frustrationen erleidenden und deshalb aggressiv reagierenden Kind aber nicht möglich, diese Wutimpulse gegen die sich nicht ausreichend liebevoll kümmernden Personen zu richten bzw. durchzusetzen.

Hintergrund dafür ist die berechtigte Angst des Kindes, bei einer Realisierung seiner aggressiven Impulse die primären Bezugspersonen, die es ja trotz alledem liebt und von denen es sich mit Recht abhängig fühlt, gänzlich zu verlieren.

Die Wendung der Aggression gegen die eigene Person ist der scheinbare Ausweg aus diesem Dilemma. Dieses kann später in einer Situation der Reaktualisierung schwer traumatisierender, frühkindlicher Trennungs- und Einsamkeitserfahrungen durch aktuelle Personen oder Situationen (z.B. erlebte Isolation als Vorgesetzter) zu selbstzerstörerischen Erkrankungen führen. Die Einsamkeit des Kindes ist die Einsamkeit des Erwachsenen – und vice versa.

Bei allen selbstzerstörerischen Phänomenen (Neurosen, psychosomatische Erkrankungen, Sucht, Kriminalität, generelles Scheitern) ist der eigentliche Adressat der Aggressivität nicht mehr sichtbar. Er ist in der Vergangenheit, in der individuellen Biographie zu suchen. Aus psychoanalytischer Sicht gilt die individuelle Selbstzerstörung bei den genannten Störungen und Phänomenen unbewußt der psychisch in die eigene Person aufgenommenen (introjizierten) Mutter der frühen Kindheit. Diese soll unbewußt primär getroffen und zerstört werden, wenn auch auf Kosten der eigenen Person, die scheitert oder in dramatischen Fällen sogar zugrunde geht.

## »Die am Erfolge scheitern«

Unter diesem Titel erschien 1916 Sigmund Freuds klassische psychoanalytische Studie, in der er versuchte, folgendes Phänomen zu erklären: Viele Menschen erkranken an einer Neurose, wenn ein lange gehegter Wunsch in Erfüllung gegangen ist, ein Ziel erreicht, und damit verbunden eigentlich ein Erfolg zu verbuchen ist. Als Beispiel nennt Freud einen Professor, der an einer schweren, zu Arbeitsunfähigkeit führenden Depression erkrankte, nachdem er zum Nachfolger seines eigenen, von ihm geschätzten Hochschullehrers ernannt worden war. Zur Lösung des rätselhaften Phänomens des Scheiterns in dem Moment, wo der Höhepunkt der Karriere erreicht war, verwies Freud auf »Gewissensmächte, welche der Person verbieten, aus der glücklichen realen Veränderung den lange erhofften Gewinn zu ziehen.«[239]

Kommentierend bemerkt Kets de Vries in diesem Zusammenhang: »Eine Erklärung für dieses Phänomen scheint zu sein, daß für manche Menschen Erfolg symbolisch gleichgesetzt ist mit einem ›ödipalen Triumph‹, einem Sieg, weil man erfolgreicher als die Eltern ist. Dies bewahrheitet sich besonders bei denjenigen Individuen, die nie ihre Konkurrenzgefühle gegenüber den Eltern und Geschwistern befriedigend gelöst haben. Wenn das der Fall ist, können Erfolg (auf so verschiedene Arten wie durch Macht, Liebe und Geld gemessen) und greifbare Leistungen zu einem Pyrrhussieg werden. Sie sind sowohl gewollt, als auch gefürchtet.«[240]

Angst vor Erfolg kann auch auf dem unbewußten Motiv basieren, den Neid, ja sogar die Rache von anderen auf sich zu ziehen. Erfolg wird als eine Art feindselige Handlung verstanden, die man aufgrund von Vergeltungsängsten selbst zunichte macht, bevor einen andere »vernichten«.

Ein weiteres Motiv für das Scheitern am Erfolg kann ein tiefes Schuldgefühl sein, beruhend auf der Tatsache, daß man sich in eine Position weit über der der eigenen Herkunft (der Eltern oder Geschwister) hochgearbeitet hat. Es besteht das Gefühl, seine eigene Herkunft verraten zu haben.

Auch unbewußte Protest- und Racheimpulse können zu einem Versagen in einer eigentlich erfolgreichen Situation beitragen. »Da gibt es zum Beispiel das Individuum, das Erfolg (in welcher Form auch immer) unbewußt gleichsetzt mit dem Nachgeben anderen gegenüber, normalerweise den Eltern. Die Eltern hatten vielleicht gewünscht, ihre eigenen narzißtischen Bedürfnisse indirekt durch die Leistungen ihrer Kinder zu befriedigen. Eltern, die sich so verhalten, üben auf das Kind eine Menge Druck aus, um erfolgreich zu sein.«[241] Bei diesem unbewußten Motiv für ein Mißerfolgsverhalten handelt es sich um eine verspätete Rebellion gegen von außen auferlegte Leistungserforderungen.

# Frauen führen anders

## Wo, bitte, steht geschrieben, daß Männer die besseren Manager sind?[242]

Männer sind überall zu ersetzen. Nur nicht im Privatleben.
*Edith Cresson*

Obwohl noch immer die absolut überwiegende Mehrheit der Führungskräfte Männer sind und Arbeitnehmerinnen immer noch die »typischen« Frauenberufe zugewiesen werden – häufig schlecht bezahlt und mit eher untergeordneten Aufgabenbereichen betraut – erleben wir zur Zeit in den Führungsetagen allererste Anzeichen eines Wandels im Denken und Handeln. Es gibt zarte Hinweise auf einen Rollenwechsel im Management. Frauen erobern am Ende dieses Jahrtausends zunehmend mehr leitende Positionen.

Das wissen auch Zukunftsforscher wie John Naisbitt und Patricia Aburdene in ihrem Bestseller »Megatrends 2000« vorherzusagen. Sie sehen die 90er Jahre als das Jahrzehnt der größten Herausforderungen an, die die Wirtschaft je erlebt hat. Die entscheidenden, rettenden Führungsimpulse werden – so prognostiziert das Autorenteam – zu einem erheblichen Teil von Frauen ausgehen.

Die Zeiten also, in denen der Anteil von Frauen in Führungspositionen verschwindend gering war, sind bald vorbei. Noch krasser: eine männliche Sozialisation wird künftig eher von Nachteil sein, wenn es um Führung, Macht und Verantwortung in der Wirtschaft, im Öffentlichen Dienst, aber auch in der Politik geht.

Warum? Während Männer erst mühsam lernen müssen, ihr überkommenes, autoritäres Imponiergehabe abzulegen, haben Frauen damit im allgemeinen keine Probleme.

Die Trendforscher verzeichnen einen entscheidenden Wandel in der Unternehmensführung: Der zeitgemäße Führungsstil liegt nicht mehr im männlich- autoritären Kontrollieren, sondern im einfühlsamen Motivieren der MitarbeiterInnen und vor allem in der Fähigkeit, sich immer wieder flexibel auf neue Veränderungen einstellen zu können.

»Spricht man gegenwärtig von ›Führung‹ oder ›Führungspersönlichkeiten‹, dann will man eben keine Vaterfigur mehr, die einem alle Probleme abnimmt. Vielmehr denkt man an eine demokratisch orientierte, anspruchsvolle Unternehmensführung, die dem einzelnen mit Achtung begegnet, selbstverantwortliches Arbeiten fördert und die Bildung unabhängiger Teams und kleinerer unternehmerischer Gruppen innerhalb des gesamten Betriebes unterstützt.

Es gibt einen entscheidenden Unterschied zwischen dem alten Management und dem, was wir heute unter Unternehmensführung verstehen. ... Führung bedeutet heute, Menschen überwiegend durch sanfte Methoden, nicht durch Zwang, dahin zu bringen, bestimmte Dinge zu tun.«[243]

Und Frauen können das nun mal eindeutig besser, so das Fazit. Denn – lautet die Begründung – sie sind besser dazu in der Lage, bei anderen Eigeninitiative zu wecken und zu fördern, weil sie auch viel eher bereit sind als ihre männlichen Kollegen, Macht und Autorität wirklich zu teilen.

Die neue Führungspersönlichkeit »ist ein Mensch, der Wert auf Unabhängigkeit legt, eine Abneigung gegen Bürokratie hat und versucht, die Arbeit mit anderen wichtigen Dingen wie Familienleben und Erholung in Einklang zu bringen.«[244]

Zu ähnlichen Ergebnissen kommt auch eine Pilotstudie der Hamburger SCS-Personalberatung, die Frauen für Spitzenpositionen viel besser geeignet hält als Männer. »Sie sind weniger dominant, dafür aber verantwortungsbewußter. Ihre soziale Anpassung und ihre Intuition sind ausgeprägter.«[245]

## Über männliches und weibliches Führungsverhalten

Wenn zwei das gleiche tun, ist es noch lange nicht dasselbe. Zwischen berufstätigen Männern und berufstätigen Frauen in Führungspositionen gibt es evidente Unterschiede.

Die aktuellen Meinungen jedoch zu typischen Charakteristika und Unterschieden zwischen männlichem und weiblichem Führungsverhalten divergieren. Einerseits wird festgestellt, Frauen seien kooperativer, diplomatischer, offener, sensibler im Umgang mit ihren Mitarbeitern. Andererseits belegen empirische Studien, daß sich sogenannte »harte« Eigenschaften wie Agressivität und Dominanzstreben im oberen Management bei Frauen genauso wie bei Männern finden lassen. Dies könnte bedeuten: es gibt kein ausgeprägt typisches männliches oder weibliches Führungsverhalten.

Das betriebswirtschaftliche Ziel einer Managerin, eines Managers ist klar: Es geht darum, Menschen, die für ein Unternehmen tätig sind, dahingehend zu beeinflussen, daß sie bestimmte Dinge tun. Die Wege, die zur Erreichung von Unternehmenszielen beschritten werden können, sind jedoch nach Ansicht einiger Autoren bei weiblichen und männlichen Führungskräften durchaus verschieden.

Zur Verdeutlichung: männlich/weiblicher Führungsstil im Überblick:[246]

| | **Führungsstil** | |
|---|---|---|
| | **männlich** | **weiblich** |
| **Handlungsstil** | wettbewerbsorientiert | kooperativ |
| **Organisationsstruktur** | Hierarchie | Team |
| **Zielsetzung** | gewinnen | Qualität |
| **Problemlösung** | rational | intuitiv |
| **Charakteristika** | starke Kontrolle, strategisch, unemotional, analytisch | geringe Kontrolle, einfühlsam, Teamarbeit, hohe Leistungsstandards |

Natürlich wird in dieser Gegenüberstellung mit Klischees gearbeitet. Andererseits markieren diese Gegensätze die beiden Pole, zwischen denen traditionell männliches und weibliches Führungsverhalten sich abspielt.

Festzuhalten ist: In der Arbeitswelt, in Wirtschaft und Politik sind es heutzutage zunehmend mehr die »weiblichen« Eigenschaften, die gefragt sind. Vermutlich liegt die »Wahrheit« in der Mitte und es entwickelt sich in Zukunft anstelle einer nicht weiterführenden Polarisierung ein androgyner Führungsstil, der positive und wichtige Komponenten der Führungsstile beider Geschlechter sinnvoll zu verbinden vermag.

## Typisch männlich – typisch weiblich

Neuere Forschungsergebnisse beleben wieder einmal einen alten Streit: Gibt es typisch männliche und typisch weibliche Eigenschaften?

Anerzogenes Verhalten oder von Geburt an festgelegt, ist die Frage. Jungen lassen ihre Muskeln spielen, Mädchen werfen sich kokett in Pose. Nun wird im Gehirn nach den Ursachen für Aggression und Sensibilität, für rationales Denken, Sprachtalent und Kreativität gefahndet. Bestimmt nicht das letzte Mal.

»Man kommt nicht als Frau zur Welt, sondern wird es« meinte Simone de Beauvoir, denn Biologie sei nicht Schicksal. Amerikanische Wissenschaftlerinnen wagen sich auf ein kompliziertes Terrain und forschen seit einigen Jahren in eine Richtung, die nahelegen könnte, daß zwischen Mann und Frau neurobiologische Unterschiede existieren. Mitverantwortlich für die Unterschiede zwischen Frauen und Männern, die sich in Verhalten, Denken und Fühlen zeigen, sind auch Hormone, Gehirnstrukturen, Vererbtes und Angeborenes.

Die feministisch orientierte Psychologie ist dagegen nach wie vor davon überzeugt, daß Mädchen von klein auf dazu erzogen werden, deutlich rücksichtsvoll, eher brav und freundlich zu sein. Sie sollen möglichst nachgeben und sich selbstlos verhalten. Den kleinen Jungs dagegen wird egozentrisches, forderndes, auftrumpfendes Verhalten eher nachgesehen, ja insgeheim sogar von ihnen erwartet.

Zu Beginn ihrer Forschungen glaubte die amerikanische Professorin Jerre Levy auch daran, daß 100 Prozent der Geschlechtsunterschiede im Verhalten auf Erziehung und Kultur zurückzuführen seien. Nachdem sie sich nun über 20 Jahre lang mit der Erforschung des menschlichen Gehirns beschäftigt hat, ist sie aber zu der Überzeugung gelangt: Es gibt biologisch festgelegte Verhaltensunterschiede.

Die Selbstlosigkeit der Frauen, so die Wissenschaftlerin, wäre somit keine anerzogene Eigenschaft, sondern ein biologisches Erbe der Evolution. Sie dient der Arterhaltung und dem Überleben der Kinder.

Testreihen scheinen zu bestätigen: Frauen können in Gesichtern die verborgenen Emotionen viel besser erkennen als Männer. Im Laufe der Evolution entwickelten Frauen die Fähigkeit, im Gesicht eines Kindes dessen Bedürfnisse und Nöte herauszulesen.

Das hat sich als Instinkt bis heute vererbt und weiterentwickelt, und schon weibliche Kleinkinder sind im »Gesichterlesen« männlichen deutlich überlegen, wie Untersuchungen beweisen.

Andere Forschungsergebnisse scheinen zu belegen, daß Männer das visuell neugierigere Geschlecht sind. Schon kleine Jungen schauen häufiger hin und her, können weniger lange ihre visuelle Aufmerksamkeit auf ein Objekt lenken, sind ständig mit neuen optischen Eindrücken beschäftigt. Mädchen dagegen wirken und sind viel konzentrierter, ruhen mehr in sich.

Frauen sind nach Meinung der aktuellen neurobiologischen Untersuchungen das verbal stärkere Geschlecht, haben eine besonders ausgeprägte sprachliche Intuition. Tonbänder mit verzerrten Gesprächen und unverständlichen, verstümmelten Worten konnten von ihnen viel besser verstanden, Emotionen wie Freude, Wut oder Trauer, Kälte oder Wärme im Ton sicherer herausgehört werden als von Männern.

Grund dafür, so der heutige Stand der neurobiologischen und neuropsychologischen Forschung, ist die andere, intensivere und bessere Vernetzung zwischen den beiden Gehirnhälften. Durch das Corpus Callosum (spezielles Gehirnareal, als Vermittler fungierend), »funkt« es bei Frauen sehr viel häufiger zwischen der linken (Logik) und der rechten Gehirnhälfte (Emotionalität) als bei Männern.

Und mehr noch: Bei Frauen sind beide Gehirnhälften stärker synchron »in Betrieb« als bei Männern. Das führt dazu, daß es ihnen leichter fällt, phantasievoll zu schreiben oder Gefühle zu verbalisieren. Männer können Gefühle schlechter ausdrücken, weil ihre beiden Gehirnhälften weniger intensiv vernetzt sind und eher einseitig beansprucht werden. Sprache und Emotionen sind bei ihnen nicht nur in voneinander getrennten Hemisphären beheimatet, sondern auch nicht so synchron »in Betrieb geschaltet« wie bei Frauen.

So kann z.B. bei einer subtilen emotionalen Information ein Mann die wichtigen gefühlsmäßigen Zwischentöne viel schlechter wahrnehmen, weil beim Aufnehmen der Worte seine rechte emotionale Gehirnhälfte nicht »eingeschaltet« ist, nicht »mitarbeitet« wie bei einer Frau.

Die Überlegenheit in puncto soziale Kompetenz, die Frauen auszeichnet, kommt also nicht von ungefähr. Neben den skizzierten neurobiologischen Faktoren sind aber auch die Einflüsse von Erziehung und Vorbildern bestimmt nicht zu unterschätzen. Dazu einige Hypothesen:

Unter der Bedingung einer ausschließlichen Zuständigkeit der Mütter für die frühkindliche Erziehung erfolgt die Identitätsbildung bei Jungen primär über eine Abgrenzung von der Mutter. Die anfängliche Identifizierung mit ihr muß ab einem bestimmten Zeitpunkt zugunsten einer Identifizierung mit dem Vater aufgegeben werden.

Mädchen identifizieren sich dagegen weiter mit ihrer Mutter, gleichen sich ihr an. Daraus erklärt sich, daß für Jungen der Gedanke an Bindung unbewußt eng verknüpft ist mit der Angst vor einem Rückfall in die Abhängigkeit von der Mutter. Sie streben also eher Autonomie an, während Mädchen Bindungen als schützend und Alleinsein als gefährlich erleben.

Männer sehen sich demzufolge als Träger von abgrenzbaren und einklagbaren »Rechten«, Frauen dagegen eher als Teile menschlicher Beziehungsgeflechte, schreibt die amerikanische Psychologin Carol Gilligan und vertritt die These, Frauen ließen sich vielmehr von einer Moral der Verantwortung und Zuwendung leiten, Männer dagegen von einer Moral der Gerechtigkeit und Abgrenzung.

Die bessere Teamfähigkeit und größere soziale Kompetenz von Frauen basiert auch auf diesen geschlechtsspezifischen Aspekten psychischer Entwicklung, und ihre Stärke zeigt sich u.a. in folgenden Eigenschaften, die für Führungspositionen von größter Bedeutung sind: Bessere Kommunikationsfähigkeit, mehr Offenheit, Emotionalität und Toleranz, Kreativität, größere Hilfsbereitschaft, Kollegialität und Freundlichkeit.

Die soziale Kompetenz von Frauen, deren Kommunikations- und Einfühlungsvermögen, Partnerschaftlichkeit und Toleranz sind Schlüsselbegriffe im Berufsleben des ausgehenden 20. Jahrhunderts.

Frauen sind durch ihre Sozialisation häufig besser den sich verändernden Anforderungen gewachsen, die im Rahmen einer modernen Unternehmensführung heute gestellt werden. Die Liste der Fähigkeiten, die Frauen im Umgang mit Kindern oder zunehmend auch mit zu versorgenden alten Familienmitgliedern erwerben, ist lang.

Der normale Arbeitsalltag einer Frau mit Familie erfordert ein hohes Maß an Organisationstalent. Unterschiedlichste Routinearbeiten und – besonders wenn kleine Kinder im Haushalt leben – unerwartet auftretende Streßsituationen müssen nach Prioritäten geordnet und bewältigt werden.

Flexibilität und Toleranz, das Sich-einstellen-Können auf verschiedene Menschen und deren unterschiedliche Bedürfnisse sind Fähigkeiten, die Frauen häufig sehr viel umfangreicher erwerben als Männer. In den meisten Familien sind es die Frauen, die dafür sorgen, daß soziale Kontakte geknüpft und gepflegt werden. Daraus folgt für die Arbeitswelt, daß sie bessere Teamarbeiterinnen sind, weil sie auch andere Meinungen als die eigene zulassen können und neuen Situationen aufgeschlossen gegenüberstehen.

Ohne ein ausreichendes Maß an Geduld, Ausdauer und Gelassenheit würde keine Frau ein paar Jahre mit kleinen Kindern bestehen. Im Berufsalltag sind diese Merkmale sicherlich ebenfalls wichtige Eigenschaften und Erfahrungen, die zählen.

Familienarbeit zu leisten bedeutet auch, sich immer wieder selbst zu motivieren. In so einem »One-woman-Betrieb« gibt es keinen, der die Ziele festlegt, das muß frau alleine tun, in der Regel ohne dafür eine üppige Anerkennung zu bekommen. Und auch das Motivieren anderer gehört dazu, z.B. Kinder dazu anzuhalten, die Schulaufgaben pünktlich zu erledigen, Ehemänner zu gemeinsamer Hausarbeit zu ermuntern und und und ...

Alle die Erfahrungen und Fähigkeiten sind es, die im Management und im Dienstleistungsbereich der 90er Jahre gefordert werden. Traditionell hierarchische Unternehmensstrukturen bröckeln, Trennungen zwischen Entscheidungs- und Ausführungsebene werden aufgebrochen, Eigeninitiative und die Bereitschaft, Verantwortung zu übernehmen, sind mehr denn je gefragt. In vielen Branchen werden nicht mehr bloß Produkte verkauft, die Kunden erwarten Beratung, Service, Dienstleistung bis hin zu maßgeschneiderten »Lösungspaketen« ihrer Probleme.

Hier ist nicht nur Fach-, sondern vor allem Sozialkompetenz gefragt. Unter diesem Stichwort lassen sich am besten die Qualifikationen subsumieren, die Frauen gewissermaßen »en passant« erwerben, während Männer sie sich in Managementseminaren erst mühsam antrainieren müssen.

## Frauen und Männer

Wie verhalten sich Männer, die in höheren Führungsebenen zunehmend auch mit Frauen in vorgesetzten Positionen konfrontiert werden?

Weibliche Vorgesetzte sind, wie gesagt, leider immer noch die Ausnahme. Bis in die 50er Jahre funktionierten männliche und weibliche Rollenklischees in klarer Abgrenzung, zumindest aus männlicher Sicht. In dem Moment aber, wo Frauen dieses von Männern entworfene Frauenbild in Frage stellen und mit ihren eigenen Wünschen und Forderungen auftreten, werden Männer nervös, irritiert, bekommen Angst.

Die Frau wird plötzlich zur Konkurrentin in Bereichen, die bislang den Männern vorbehalten und diesen allein zugänglich waren. Das Machtgefüge, in dem Männer durch ihre – auch zahlenmäßige Dominanz – bisher verhindern konnten, Frauen in ihre Arbeits- und Kompetenzbereiche eindringen zu lassen, beginnt zu bröckeln. Frauen kommen hervorragend qualifiziert von den Universitäten, bereit, ihr Leben und ihre Karriere selbstverantwortlich zu planen und auch erfolgreich umzusetzen.

Mit welch widersprüchlichen Einschätzungen sich frau dann allerdings konfrontieren lassen muß, mag folgende Aussage eines 49jährigen Hauptabteilungsleiters belegen:

»Wenn eine Frau Familie hat, dann ist sie nicht hundertprozentig einsatzfähig im Job, andererseits, wenn sie keine Familie hat, dann ist sie nicht normal, sondern wird eher als schwierig eingeschätzt. Eine Frau befindet sich da in einem wirklichen Dilemma.«

In der Tat!

Und weiter – ein 43jähriger Abteilungsleiter:
»Ich hab da so meine Zweifel, ob Frauen tatsächlich, auf Dauer gesehen, die Kondition und Konstitution haben, um in der Härte des Geschäftslebens zu bestehen. Es kommt eben schon mal vor, daß man bis morgens um 4.00 Uhr trinken muß und dann am nächsten Morgen wieder topfit sein muß.«

Bei Müttern von kleinen Kindern kommt es wohl auch öfter mal vor, daß sie nach einer durchwachten Nacht am nächsten Morgen wieder topfit sein müssen.

Bei diesen Aussagen von Männern handelt es sich eindeutig um typische Anpassungsprobleme an eine veränderte Geschäftswelt. Nicht untypisch: über die Qualifikation der Frauen wird absolut nichts ausgesagt.

Andererseits gibt es selbstverständlich viele Männer, die bereit sind, mit Frauen gut zusammenzuarbeiten. Das erfordert aber auch, daß sie positive Erfahrungen mit kompetenten, qualifizierten Geschäftspartnerinnen, Kolleginnen und weiblichen Vorgesetzen gemacht haben. Sonja Bischoff schreibt in ihrem Buch »Frauen zwischen Macht und Mann« dazu:

»Das bedeutet, daß die einzelne Frau, die sich auf den Karrierepfad begibt, nicht nur Verantwortung trägt für ihre eigene Entwicklung, sondern auch dafür, wie schwer oder wie leicht es weibliche Führungsnachwuchskräfte in Zukunft haben werden. Und darum kann das Rezept nur lauten: Frauen müssen nicht nur kompetent sein, sondern ihre Kompetenz auch demonstrieren und von den Männern erwarten, daß diese Kompetenz akzeptiert wird!«[247]

## Frauen und Frauen

Ging es bisher mehr darum, wie Frauen sich in einer männlich dominierten Arbeitswelt behaupten können, steht jetzt der Aspekt im Vordergrund, wie weibliche Vorgesetzte mit ihren Mitarbeiterinnen umgehen.

Meinungen zu diesem Thema sind so zahlreich wie die Umfragen, die dazu durchgeführt wurden. Feststellen läßt sich jedoch, daß unter Frauen am Arbeitsplatz keineswegs immer »eitel Sonnenschein« herrscht. Das gilt für alle Ebenen.

Offenbar haben viele Frauen, die in einer Männerwelt beruflich überdurchschnittlich erfolgreich sind und Führungspositionen besetzen, gewisse Schwierigkeiten im Umgang mit Mitarbeiterinnen.

Eine 42jährige Abteilungsleiterin (Marketing/Vertrieb) meint: »Wenn ein Mann irgendeinen Unsinn sagt, dann wird das sofort akzeptiert, d.h. in deren (d.h. der Mitarbeiterinnen) Kopf ist eingepflanzt, daß das, was ein Mann sagt, richtig ist, während das, was eine Frau sagt, erst einmal in Frage gestellt werden muß.«[248]

Die Meinung einer 49jährigen Hauptabteilungsleiterin (Personal):

»Frauen haben oft ein sehr starkes Selbstbewußtsein, wenn sie in einer Führungsposition sind, und sie wollen dieses ausspielen, sind aber andererseits wahnsinnig sensibel. Oft ist eine Frau wirklich besser als ein Mann, aber auch problematischer im Verhalten. Frauen ziehen sich an irgendeinem Punkt eben doch darauf zurück, nur eine Frau zu sein. Sie pochen dann auf ihr Frausein.«[249]

Diese beiden Aussagen beleuchten sicherlich nur einen kleinen Ausschnitt der Erfahrungen, die Frauen mit Frauen im Berufsleben machen. Sie zeigen andererseits aber auch sehr deutlich, daß wir es noch immer mit ausgeprägten Rollenfestschreibungen zu tun haben. Und sie sind ein Beweis dafür, daß nicht nur Männer sich schwertun, Veränderungen zu akzeptieren, sondern daß auch Frauen lernen müssen, für ein positives Miteinander einzutreten, indem sie überkommene Rollenklischees in Frage stellen.

# Chefs auf die Couch?

## Jenseits der Neurose

Wie wohl ist einem bei Menschen,
denen die Freiheit des anderen heilig ist.
*Seneca*

Die Zeiten sind schlecht, die Wirtschaftslage ist angespannt, und das Gewaltpotential in der Gesellschaft wächst. Der Egoismus hat Hochkonjunktur.

Die Situation ist gleichermaßen schwierig für Untergebene wie für Chefs. Nachdem schon vor Jahren viele Mitarbeiter »wegrationalisiert« wurden, trifft jetzt die Arbeitslosigkeit immer mehr auch kleinere und größere Vorgesetzte. Die Nerven liegen blank.

Chefs sind unter Druck geraten. Da ist die oberste Firmenleitung, die immer mehr fordert. Da sind Mitarbeiter, die weder an der kurzen noch an der langen Leine geführt werden wollen – geschweige denn an der Nase herum –, Mitarbeiter, die aber häufig mit infantilen Erwartungen und Ansprüchen nicht geizen.

Fast könnte man Mitleid bekommen mit den Bossen. Denn Chefs sind auch von innen unter Druck: Durch ihre Neurosen und deren Entgleisungsmöglichkeiten in Richtung psychosomatische Krankheiten, Süchte und Wirtschaftskriminalität – die seelischen Kosten der Karriere.

In Deutschland geht jede dritte Ehe in die Brüche, in den Ballungszentren gar jede zweite – generelles zwischenmenschliches Chaos, das auch den Arbeitsplatz nicht verschont. Aber statt Liebe im Büro: Intrigen, Schikane, Psychoterror pur oder – wie es neudeutsch heißt – Mobbing. Homo homini lupus. Der Krieg im Büro fordert Opfer, Frühpensionäre, Langzeitarbeitslose, Sozialhilfeempfänger. Der auslösende Faktor Arbeitswelt für Suizid und Suizidversuch ist bisher massiv unterschätzt worden. Arbeit kann nicht nur krank-, sondern regelrecht kaputtmachen. Keine Arbeit aber auch.

Daß psychische Befindlichkeit und körperliches Wohlbefinden unmittelbar abhängig sind von befriedigenden zwischenmenschlichen Beziehungen, ist so neu nicht. Dies gilt wegen der langen täglichen Verweildauer am Arbeitsplatz in besonderem Maße für die Arbeitsbeziehungen zu Kollegen und Vorgesetzten.

Nach Individuum, Gruppe, Familie und Partnerbeziehung richtet sich das Interesse von Psychologen und Psychotherapeuten jetzt auf gestörte Beziehungen am Arbeitsplatz. Nach »Patient Familie« heißt es inzwischen »Patient Arbeitsplatz«.

Und jetzt auch »Patient Chef?« Nicht immer, aber immer öfter. Das subjektive Gefühl eines Vorgesetzten, psychotherapeutische Hilfe in Anspruch nehmen zu müssen, hängt vom Ausmaß des eigenen Leidensdruckes ab, leider nicht von dem anderer – oft sehr zum Leidwesen der von Chef-Neurosen Betroffenen.

Als Erklärung für einen geringen Leidensdruck, der Vorgesetzte glauben läßt, sich den Weg zum Psychotherapeuten ersparen zu können, führt der Psychoanalytiker Johannes Cremerius mehrere Aspekte an:

- die Führungskraft lebt in einer Welt, die ihr die Befriedigung von Triebwünschen weitgehend ungestört gestattet; sie lebt häufig in einem Freiraum der Gesellschaft, in den die üblichen Regulative und Kontrollinstanzen nicht hineinreichen;
- aufkommende Störungen des seelischen Gleichgewichts fängt die Gruppe, der die Führungskraft angehört, auf (es besteht Corpsgeist);
- die Befriedigung nicht erlaubter oder verbotener Impulse erzeugt keine Angst, weil keine realen äußeren Strafinstanzen existieren – wenigstens so lange nicht, wie sich die Führungskraft auf dem Grad jener Illegalität bewegt, den die Gesetzgebung nicht oder nur schwer erfaßt (white-collar-Kriminalität); der Angstpegel hängt lediglich vom Gewissen (Über-Ich) ab;
- dieses ist häufig von einer bestimmten Gruppenmoral geprägt, wodurch ethische oder moralische Normen zugunsten einer ungehemmten Gewinnmaximierung außer Kraft gesetzt werden;

- ein in dieser Art modifiziertes Gewissen erfährt von außen wenig Kritik, im Gegenteil nach dem Motto: der Zweck heiligt die Mittel, stärkt jeder Erfolg das Selbstwertgefühl (narzißtische Bestätigung); für mehr Geld, Besitz und Macht wird man bewundert, beneidet und imitiert; die Symbole der Macht – Besitz, Frauen, Autos etc. – werden von denen bewundert, die eigentlich als die Ausgenützten anklagen sollten.

Möglicherweise leidet dieser Cheftypus wirklich nicht an seiner Neurose, weil es ihm perfekt gelingt, die anderen leiden zu lassen. Anstatt neurotisch zu erkranken, agiert man die Neurose aus: die eigene Macht- und Führungsposition wird als Legitimation erlebt, die private Psychopathologie soziofunktional unter den bestehenden gesellschaftlichen Bedingungen auszuleben.[250]

Auch die Bereitschaft, einen erfahrenen externen Supervisor zur psychologisch orientierten Chef-, Team- und Institutionsberatung zu engagieren, setzt voraus, sich mit den eigenen bewußten oder unbewußten Konfliktanteilen befassen zu wollen. Doch Vorurteile, Ängste und massive Widerstände sind mit der Vorsilbe »Psycho« weiter aufs engste verbunden.

Es gibt keine einfache und schnelle Patentlösung zur Problematik der Chefneurosen, wie sie von den »Machern« gewünscht wird. Jedoch: Die alleroberste Führungsebene ist für das Verhalten der von ihnen eingesetzten Manager und Vorgesetzten mitverantwortlich. Statt der nicht gerade aus der Portokasse zu finanzierenden Besuche der Unternehmensberater von McKinsey und Co. täte bisweilen der Einsatz von Institutionsberatern mit psychologischer Kompetenz not und gut. Denn viele Probleme, die das Unternehmen hat, basieren – häufig beginnend in der Chefetage – auf gestörten, neurotischen zwischenmenschlichen Beziehungen, die von den primär betriebswirtschaftlich geschulten Unternehmensberatern nicht erfaßt und begriffen werden. Auch Ärzte erkennen zunehmend, daß die Heilungschancen von Krankheiten schlecht sind, wenn die Seele am Boden liegt.

Die zu befürwortende Psychologisierung der Unternehmenskultur beinhaltet vor allem das Zulassen einer »Streitkultur«, in der Kritik willkommen ist und eben gerade nicht – wie so oft früher in der Kindheit – mit Liebesentzug bestraft oder geahndet wird.

Es geht aber vor allem auch um die Reflexion über die Hintergründe der Sucht nach Macht, Anerkennung und Besitz.

## Das Streben nach immer mehr Macht, Anerkennung und Besitz

»Das Verlangen nach Liebe ist ein in unserer Kultur häufig benutzter Weg, sich Beruhigung gegen Angst zu verschaffen. Die Sucht nach Macht, nach Anerkennung und Besitz ist ein anderer Weg«, schreibt die Psychoanalytikerin Karen Horney.[251]

Weder der Wunsch geliebt zu werden, noch der nach Einfluß und Ansehen ist an sich neurotisch. Während jedoch das normale Streben nach Einflußnahme und Macht aus einer persönlichen Überlegenheit, aus schöpferischer Kraft und Stärke gespeist wird, entspringt das neurotische Machtstreben immer einem tiefliegenden Gefühl der Schwäche, einer Gefühlsmischung aus Angst, Haß und Minderwertigkeit.

»Neurotische Bestrebungen nach Macht, Ansehen und Besitz dienen nicht nur als Schutz gegen die Angst, sondern auch als ein Kanal, durch den unterdrückte Feindseligkeit sich ableiten läßt.«[252]

Gerade das Machtstreben soll die subjektiv erlebte Hilflosigkeit – eine Komponente der Angst – verbergen und als Schutz gegen die narzißtische Gefahr dienen, von anderen für unbedeutend gehalten zu werden. Die Sucht nach Macht äußert sich im Versuch, sich und andere zu beherrschen, die Mitwelt zu beeindrucken, möglichst immer recht zu behalten, seinen Willen durchzusetzen, in genereller Ungeduld sowie in der Unfähigkeit, nachgeben zu können. Gemäß der Ichhaftigkeit des Neurotikers hat er den Anspruch, daß alle Welt sich nach ihm richten solle, statt sich selbst situationsgerecht anzupassen.

Aufgrund seiner übermäßigen Empfindlichkeit reagiert der neurotische Mensch auf kleinste Kränkungen mit narzißtischer Wut, hinter der er sein Verletztsein, seinen Schmerz verbirgt. Das führt häufig zu einem Circulus vitiosus von ständig neuer Feindseligkeit und neuer Angst.

»Man kann in unserer Kultur Schutz gegen Hilflosigkeit und gegen Gefühle von Unwichtigkeit oder Demütigung auch dadurch finden, daß man nach Besitz strebt, insofern als Reichtum Macht und Ansehen verleiht.«[253] Mit dem Besitzstreben sollen Ängste vor Verarmung, Entbehrung und Abhängigkeit von anderen abgewehrt werden. Dabei kann sich das Besitzstreben in einer Form verselbständigen, daß die Ernte der Bemühungen, der Genuß des erreichten Besitzes völlig unterbleibt, aus lauter Sorge, zwanghaft weiter und noch mehr Geld verdienen zu müssen. Die Genußfähigkeit ist zerstört.

Der Phantasie des Reichwerdens jedoch jagen die Menschen nach, weil sie sich davon eine enorme Steigerung ihres Selbstgefühls versprechen. »Das ursprüngliche Triebziel«, meint der Psychoanalytiker Otto Fenichel, »sind nicht die Reichtümer, sondern ist der Wunsch, Macht und Achtung anderer Menschen und seiner selbst zu genießen. Erst eine Gesellschaft, in der Macht und Achtung auf Geldbesitz beruhen, macht aus diesem Bedürfnis nach Macht und Achtung ein Bedürfnis nach Reichtum.«[254]

Noch einmal zusammengefaßt: Die Bestrebungen nach Macht, Anerkennung und Besitz dienen nicht nur der Beruhigung eigener Ängste, sondern sind auch ein Mittel, feindselige Gefühle auszuagieren.

- Machtstreben basiert auf dem Verleugnen und Vermeiden der eigenen Hilflosigkeit,
- die übersteigerte Suche nach Ansehen soll gegen die Angst vor Demütigung schützen,
- das Streben nach Besitz soll die reale oder phantasierte Gefahr der Entbehrung bannen;
- bei der Macht manifestiert sich Feindseligkeit in der Tendenz, andere zu dominieren,
- beim Wunsch nach Ansehen in einer spezifischen Art, andere zu demütigen und
- beim Besitzstreben in der Benachteiligung anderer.

## Psychosoziale Kompetenz

Als Integrationsfigur im Unternehmen, als Mittler zwischen Oben und Unten hat sich eine Führungskraft, ein Manager, nicht nur durch betriebswirtschaftliche und sonstige fachliche Kompetenzen auszuweisen. Sein Rollenverständnis muß um einen wesentlichen Aspekt erweitert werden: Die Berücksichtigung der psycho-dynamischen Zusammenhänge und Probleme im Individuum, einer Gruppe und innerhalb eines Unternehmens.

Die Verantwortung einer Führungskraft gegenüber den mit ihr arbeitenden Menschen geht weit über den direkten Arbeitsauftrag hinaus. Das Wohlbefinden seiner Mitarbeiter als Fundament eines von allen Beteiligten erfolgreich vorangebrachten Arbeitsprozesses wird durch ihn, durch sein Verhalten als direkter Vorgesetzter in entscheidendem Maße beeinflußt.

Ebenso wie im privaten Bereich ist das Wohlbefinden der Mitarbeiter abhängig von Faktoren, die das jeweilige menschliche Handeln umgeben, durchdringen und zuweilen sogar überlagern: individuelle psychische und soziale Konstellationen und zwischenmenschliche Beziehungen sind von entscheidender Relevanz.

Gelingt es, hierfür die richtigen Rahmenbedingungen zu schaffen, diese Faktoren in die Organisation von Leistung zu integrieren, so können bisher ungenutzte, aber für das Unternehmen wichtige kreative Potentiale der Mitarbeiter aktiviert werden. Nur so kann die für ein Unternehmen lebensnotwendige Steigerung der Innovationskräfte gelingen.

In einer Untersuchung kam der amerikanische Unternehmensberater und Psychoanalytiker Michael Maccoby zu dem Ergebnis, »daß es weder ein Patentrezept für gute Führung noch eine ›Führungspersönlichkeit‹ gibt, daß effiziente Führungspersonen aber dazu in der Lage sind, die positiven Qualitäten und die Persönlichkeitsentwicklung ihrer Mitarbeiter zu fördern.«[255]

Auch hier wird wiederum deutlich, daß sich Vorgesetzte psychologisch gesehen in der Nachfolge von Elternfiguren befinden, die es in der Hand haben, die Potentiale ihrer Kinder durch autoritäres Verhalten zu zerstören oder durch einfühlsame, autonomiestärkende Ermutigung zu fördern.

Der Wirtschaftswissenschaftler Ouchi bringt es in seiner »Theorie Z« auf die bestechend einfache Formel: Nur engagierte Mitarbeiter sind der Schlüssel für Produktivität. Er benennt die dafür unabdingbaren Voraussetzungen: vertrauens- und respektvolle persönliche Beziehungen, gleich welcher Ebene der Interaktionspartner entstammt.[256]

Traditionelle Managementtheorien betrachten Organisationen als rationale Systeme bewußt koordinierter Tätigkeiten. Sie gehen davon aus, daß ein Unternehmen steuerbar sei durch Faktoren wie Technik, Ökonomie, strategische Planung, situative Führung oder formale Organisationsstruktur. Hier aber setzt die Kritik an. Jede Unternehmensstrategie bleibt solange nur ein Stück Papier, wie es nicht gelingt, die Fähigkeiten und Energien einer Vielzahl von Mitarbeitern erfolgreich zu koordinieren, zu integrieren, und einem gemeinsamen Unternehmensziel zuzuführen. Das geht nicht ohne psychologische Kenntnisse und Unterstützung. Notwendig ist vor allem auch die Berücksichtigung irrationaler, unbewußter Prozesse bei Führungskräften und Mitarbeitern.

Quasi jeder längerwährende Unternehmenserfolg ist auf durchschnittliche Mitarbeiter angewiesen, die eine wirklich überdurchschnittliche Leistung erbringen. Neue Managementtheoretiker sehen als die dafür entscheidenden Faktoren Verantwortlichkeit, Bindung und Engagement der Unternehmensmitarbeiter an. Dies ist aber wohl kaum durch dirigistische, von oben verordnete Anweisungen zu erreichen. Hier bedarf es einer von Grund auf neuen Unternehmenskultur, eines anderen Miteinanders.

## Anstrengung und Lust – Aussichten auf eine andere Arbeitswelt

»Die Arbeit der Zukunft«, so Gert Dahlmanns, Leiter des Frankfurter Institus für Wirtschaftspolitische Forschung, »ist die Vereinigung von Anstrengung und Lust.«[257] Und Megatrend-Autor John Naisbitt prognostiziert: »Die Menschen wissen intuitiv, daß die Arbeit Spaß machen sollte, und sie wollen, daß sie sich organisch in ihr Leben einfügt.«[258]

»Nur wenn wir die kombinierte Kraft der Gehirne aller Mitarbeiter nutzen«, philosophiert Konosuke Matsushita, Gründer des gleichlautenden Großkonzerns, »können wir die Turbulenz und die Bedrohung der heutigen Umwelt in den Griff bekommen. Japanische Führungskräfte haben das Stadium des Taylorismus hinter sich gelassen, für sie besteht Management im intellektuellen Einsatz sämtlicher Mitarbeiter, ohne funktionelle oder Klassenschranken«.[259]

Im Nürnberger Hotel Schindlerhof handelt und arbeitet man bereits danach. Die leidige Arbeitszeitdebatte ist hier kein Thema. Alle, Küchenlehrling wie Empfangschef, fühlen sich als Team und arbeiten 45 bis 50 Stunden in der Woche. Wenn es die Situation erfordert, sogar mehr. Das ganz Besondere aber daran: es geschieht auch noch ohne jede Überstundenvergütung.

Die Mitarbeiter erklären es mit Begriffen wie »Freiheit, Freude, Spaß und Harmonie«, und daß die Zeit viel schneller vergehe, wenn man wirklich Verantwortung trägt, kreativ mitgestalten kann.

Alle Beschäftigten des Hotels haben sich schriftlich verpflichtet, das Betriebsjahresziel miterreichen zu helfen. Alle kennen die Zahlen, haben Einblick in die Firmenbilanz, wissen, was der Chef verdient. Jeder einzelne erwirtschaftet dem Hotelbetrieb die stolze Summe von 172.000 DM im Jahr. Azubis fahren dafür einen Dienst-Polo, andere Mitarbeiter einen schönen Mittelklassewagen.

Wer hier neu ins Team einsteigt, wird mit Champagner willkommengeheißen, und man höre und staune: Alle Mitarbeiter legen ihr Gehalt selbst fest. Der Hotel-Chef klagt nicht wie sonst in der Branche üblich über enorme Kostenbelastungen, sondern vertritt den Standpunkt: »Je mehr man gibt, desto mehr bekommt man zurück.«

Als Antityp zu den Nieten in Nadelstreifen wird der innovationsfreudige Wolfgang Fritz gehandelt, Chef der Schwarzwälder Uhrenfabrik Junghans, die er vor dem Niedergang rettete, nachdem die Japaner den Uhrenmarkt systematisch aufgerollt hatten. Der Zweite-

Bildungswegler, der sich zum Marketingmanager durchboxte, lag mit seinen Funkuhren goldrichtig.

Beliebt macht er sich nicht mit Äußerungen, die auf die zwanghaft-kontrollierenden Persönlichkeitszüge deutscher Chefs Bezug nehmen: »Die Führungsetagen der deutschen Industrie sind verkrustet, da sitzen viele Leute, denen Kreativität und Führungskraft fehlt. Die deutschen Manager haben den Mut zum Risiko verloren.«[260]

Fritz führte in seinem Unternehmen regelmäßige »Kreativ-Sessions« ein, in denen jeder Mitarbeiter träumen, spinnen und philosophieren darf. »Nur eines darf er nicht«, erläutert Fritz die Regeln. »Er darf nicht sagen: Das geht nicht.«[261] Einer dieser Meetings entstammt die Idee, Funk- und Solaruhr zu vereinen.

Für die wichtigste Anforderung an einen Chef hält Fritz die Aufgabe, ein Unternehmen so zu führen, daß die Mitarbeiter motiviert sind und die Produkte den Wünschen der Kunden und nicht denen der Chefetage oder Werkstechniker entsprechen. Dazu gehört seiner Meinung nach vor allem, daß alle Mitarbeiter eine Vision haben, auf die sie hinarbeiten.

Ungewohnte Worte und neue Werte, die sich am Horizont ankündigen. Wir werden lernen, umzudenken und anders zu arbeiten. Die in kleinste tayloristische Einheiten aufgeteile Arbeit, ob am Fließband, Hochofen oder im postmodernen gestylten Büro, ist längst »out« – und das ist sogar bereits bei Managementstrategen angekommen. Denn sie geht nicht nur zulasten der Knochen, sondern auch auf den Geist. Dadurch prägt sie jedoch bis heute unser Bewußtsein von Arbeit, und weil der Mensch selbige braucht, um das notwendige Geld zum Lebensunterhalt zu verdienen, erlebt er die Zeit, die er beim Arbeiten verbringt, als zwanghaft abgepreßt. Fazit: Arbeitszeit quasi gleich verlorene Zeit, und jeder Versuch, diese zu reduzieren, ist willkommen.

Kein Wunder also, daß die wenigen »Selbständigen und Verantwortlichen« die vielen »Unselbständigen und Verantwortungslosen« ständig am Arbeitsplatz »überwachen« und zur Leistung antreiben müssen.

Dieses auf Kontrolle, auf Gehorsam, auf das Einhalten von Dienstwegen ausgerichtete Denken ist fehl am Platz. Viele zwischengeschaltete Hierarchieebenen behindern Entscheidungen, hemmen Eigeninitiative, verwässern jedes Gefühl der Verantwortung auf seiten der Mitarbeiter.

Ein Zukunftsunternehmer wie der Schweizer Stoffabrikant Jakob Schläpfer, der seiner Belegschaft mehr und mehr Anteile am Firmenbesitz übergibt, vertritt den Standpunkt: »Ein Unternehmer sollte die Kraft haben, die Mitarbeiter teilhaben zu lassen am Ganzen. Unter dem alten Begriff des Meisters verstehe ich jemanden, der sein Wissen weitergibt und versucht, andere Menschen auf seine Stufe hinaufzuheben.«[262]

Aber auch einige andere Unternehmen überraschen mit noch futuristisch anmutenden Erkenntnissen wie diesen: »Wir sind ein lebendiger Organismus. Kontrolle ist gut, Vertrauen ist besser und Führungsverantwortung wird bei uns nur auf Zeit übernommen, bedeutet Dienst an den Mitarbeitern«.[263] Immerhin, erste klare Absagen an das leider noch weitverbreitete hierarchische Kästchendenken, der Jagd nach Privilegien, der Gier nach immer mehr Macht über noch mehr Menschen am Arbeitplatz.

Vertrauen statt Kontrolle, Gleichberechtigung statt Hierarchien, lebenslanges Lernen statt unmündiges Gehorchen ist gefragt – insbesondere mit Unterstützung einer neuen Generation von Förderern.

Chefs vom alten Schlag sterben nicht einfach aus wie ehemals die Dinosaurier. Jedoch ein neuer Vorgesetztentypus – besser: Anleiter, Moderator – wird gebraucht. Diese Neuen müssen anders denken und »funktioneren«, müssen mehr Coach und Therapeut statt Einpeitscher und Kontrolleur sein.

Unsere zukünftige Arbeitswelt wird geprägt werden von Menschen, die nicht mehr unter Druck und Zwang, sondern aus dem Bedürfnis nach Selbstverwirklichung ihren gesellschaftlichen Beitrag leisten wollen. Sinnerfüllung und Freude, Kommunikation und Gemeinschaft stehen als Motivation für den zu hohem Engagement bereiten Mit-Arbeiter im Vordergrund. Flexibilität und Kreativität, Intuition und Selbstorganisation, Verantwortung und Teilhabe am

Ganzen sind die entscheidenden Schlüsselbegriffe, die das Bewußtsein für den Arbeitsprozeß maßgeblich bestimmen werden.

Dumpf abgesessene Zeit am Arbeitsplatz, bei der die Präsenz Maß der Bezahlung ist, wird es nicht mehr geben. Was zählt, ist nur noch das Ergebnis der gemeinsamen Anstrengung, und das ist nicht allein der Profit ...

## Jenseits der Neurose: Lieben und Arbeiten

»Lieben und Arbeiten« – war Freuds Antwort auf die Frage, was ein normaler Mensch seiner Meinung nach gut können müsse.

Diese beiden Worte umspannen die Pole, zwischen denen unser Leben sich bewegt. Sie benennen die beiden Lebenssphären, die Glück oder Leid unserer Existenz bestimmen.

Gesundheit – neben Liebe und Arbeit das dritte zentrale Lebensgut – hängt in psychischer wie in somatischer Hinsicht maßgeblich von unserer Zufriedenheit in der Partnerbeziehung und am Arbeitsplatz ab.

Alle drei Lebenssphären werden von Unsicherheit begleitet wie von einem Schatten. Die Gefahr eines Verlustes von Stabilität und Balance ist stets präsent. Allzu schnell wandelt sich Glück in Tragik, wird der Himmel auf Erden zur Hölle.

Liebe und Arbeit ist eine anfängliche Hoffnung eigen. In jeder Verliebtheit klingt der Wunsch mit, daß die Phase des Glücks und der Geborgenheit dauerhaft anhalten möge. Jede neue Arbeit oder Position beginnt mit der Erwartung auf glückliches Gelingen und guten Kontakt und Zusammenarbeit mit Kollegen und Vorgesetzten.

Aber wie häufig bleibt statt Selbstverwirklichung und Kreativität nur Verdruß, oftmals sogar Angst vor jedem neuen Arbeitstag mit seinen scheinbar unlösbaren Konflikten, manchmal auch aggressiven Auseinandersetzungen bis zum Haß.

Wie oft ist der anfänglich geliebte Mensch der künftig Gehaßte, zerschellt der Traum von einer geglückten Zweierbeziehung an der Wirklichkeit von wechselseitiger Enttäuschung und destruktivem Mißverstehen.

Trennung – Scheidung bzw. Kündigung – sind nicht selten der letzte Ausweg. Aber die Wunden verheilen schlecht.

Glücklich, wer – aufgerieben von den täglichen Kämpfen am Arbeitsplatz – durch seine/n Partner/in einfühlsam-solidarisch unterstützt wird. Wehe dem, der Krieg »an beiden Fronten« hat, den auch zu Hause die Kälte umfängt oder der allein und einsam ist, der nur den Fernseher einschalten kann, wenn er nach der Arbeit nicht abschalten kann.

## Sprechen kann helfen

Am Arbeitsplatz neigt jeder – egal ob Chef oder Mitarbeiter – zur unbewußten Wiederholung und Neuinszenierung von Familienkonflikten, wird die kindliche Neurose tagtäglich neu in Szene gesetzt. Immer wieder geht es dabei um die zentralen Themen Macht und Aggression, um Liebe und Geliebtwerden.

Wer sich nicht mit seiner eigenen Geschichte beschäftigt, ist dazu verdammt, sie zu wiederholen (Alexander Mitscherlich). Ein verantwortungsvoller Umgang mit Macht und Aggression, mit Gefühlen generell, setzt den Versuch voraus, Zugang zur eigenen Geschichte, den eigenen verborgenen Ängsten, Neid-, Ohnmachts- und Hilflosigkeitsgefühlen zu bekommen, die sich hinter Neurosen und Persönlichkeitsstörungen verbergen. Die Wahrnehmung für verschüttete Ängste und Wünsche bei sich und anderen zu verbessern, kann helfen, im Alltag mitmenschlicher miteinander umzugehen.

Es gibt die nicht ganz unberechtigte Hoffnung, aufgrund dieser verbesserten Selbstwahrnehmung neu und besser – unneurotischer – miteinander ins Gespräch zu kommen. Sprechen kann helfen. Dabei kommt es zunächst vor allem auf die Zuhörbereitschaft an. Auf allen Seiten.

## Anmerkungen

1 DER SPIEGEL 18/94, S. 66, 68

2 Schmidt, H.: Das Jahr der Entscheidung. Berlin 1994, S. 31

3 zit. nach Fix, D.: Streß und Macht. Wirtschaftswoche Nr. 24 vom 5.6.92, S. 70

4 ebd.

5 Kaltenstadler, W.: Geschichte der Führung – Altertum. In: Kieser, A. et al. (Hg.): Handwörterbuch der Führung, Stuttgart 1987, Sp. 998

6 a.a.O., Sp. 1002

7 a.a.O., Sp. 998

8 Hesse/Schrader: Krieg im Büro. Frankfurt a.M. 1993, S. 23, 30f.

9 siehe ausführlich zur Mobbingthematik: Hesse/Schrader: Krieg im Büro. Frankfurt a.M. 1993

10 aus: Runge, A.: Angst am Arbeitsplatz. Stuttgart 1990

11 Kowalewsky. W.: Über den Umgang mit Vorgesetzten. Köln 1990, S. 28

12 Grunenberg, N.: Die Chefs. Bonn 1990, S. 48

13 nach Adams, A.: Bullying at work. London 1992, S. 87-91

14 Schottländer, F.: Aspekte der Neurose. In: ders.: Das Ich und seine Welt. Stuttgart 1959, S. 214

15 a.a.O., S. 215

16 a.a.O., S. 220

17 Erikson, E.H.: Identität und Lebenszyklus. Frankfurt a.M. 1966, S. 56

18 a.a.O., S. 150f.

19 a.a.O., S. 63

20 a.a.O.

21 Schottländer, F.: Die Mutter als Schicksal. Stuttgart 1948, S. 48f.

22 Erikson (s.Anm. 17), S. 78f.

23 a.a.O., S. 92f.

24 a.a.O., S. 94

25 a.a.O., S. 102

26 a.a.O., S. 107

27 zit. nach Erikson, a.a.O., S. 110

28 a.a.O., S. 111f.

29 a.a.O., S. 114

30 a.a.O., S. 116

31 a.a.O., S. 117

32 Erikson, E.H.: Kindheit und Gesellschaft. Stuttgart 1971, S. 262

33 Erikson (s.Anm. 17), S. 118.

34 a.a.O., S. 119

35 Richter, H.E.: Flüchten oder standhalten. Reinbek bei Hamburg 1980, S. 205

36 a.a.O.

37 Kowalewsky (s.Anm. 11), S. 63

38 Peter, L.J. & Hull, P.: Das Peter-Prinzip. Reinbek bei Hamburg 1972, S. 19

39 a.a.O., S. 25

40 Richter (s.Anm. 35), S. 207

41 Nietzsche, F.: Morgenröte, 262. In: Werke in sechs Bänden (hg. von K.Schlechta), Bd. 2, München 1980, S. 1178

42 zit. nach Riehl-Heyse, H.: Zählappelle aus Liebe zur Macht. In: Süddeutsche Zeitung vom 24.5.94, S.3

43 zit. nach Grunenberg (s.Anm. 12), S. 35

44 a.a.O., S. 39

45 a.a.O., S. 34

46 Neuberger, O.: Führungstheorien – Machttheorie. In: Kieser (s. Anm. 5), Sp. 843

47 French, J.P.R. & Raven, B.H.: The basis of social power. In: Cartwright, D. (Ed.): Studies in social power. Ann Arbor 1959
48 Eibl-Eibesfeldt, I.: Der Mensch – das riskierte Wesen. München, Zürich 1988, S. 160f.
49 modifiziert nach Neuberger (s. Anm. 46), Sp. 834
50 Gordon, T.: Mangerkonferenz. Hamburg 1979, S. 161ff.
51 McClelland, D.: Macht als Motiv. Stuttgart 1978, S. 26
52 ebd.
53 a.a.O., S. 30
54 a.a.O., S. 31
55 a.a.O., S. 34
56 Richter, H.-E.: Wer nicht leiden will, muß hassen. Hamburg 1993, S. 14
57 zit. nach Mentzos, S.: Der Krieg und seine psychosozialen Funktionen. Frankfurt a.M. 1993, S. 73
58 Mentzos, a.a.O., S. 21
59 a.a.O., S. 110, S. 112
60 Bauriedl, T.: Wege aus der Gewalt. Freiburg usw. 1992, S. 21
61 Grunenberg (s.Anm. 12), S. 160
62 Holzbecher, M.: Sexuelle Belästigung am Arbeitsplatz. In: Gerhart, U. et al. (Hg.): Tatort Arbeitsplatz. München 1992, S. 22-38 (S. 26)
63 Holzbecher, M. et al.: Sexuelle Belästigung am Arbeitsplatz. Schriftenreihe des Bundesministeriums für Jugend, Familie und Gesundheit, Band 260. Stuttgart usw. 1990
64 Focus 19/94, S. 172
65 Forbes 4/94, S. 42
66 zit. nach Mainiero, L.A.: Liebe im Büro. München 1993, S. 153
67 zit. nach Forbes 4/94, S. 47
68 Commer & Rindermann: Der Krieg im Betrieb. o.O. 1981
69 zit. nach der Zusammenfassung von Lenz, W. (Hg.), Mertens, W., Lang, H.J.: Die Seele im Unternehmen. Berlin usw. 1991, S. 85ff.
70 Hesse/Schrader: Krieg im Büro. Frankfurt a.M. 1993
71 auto motor und sport (ams) 26/93, S. 7
72 WirtschaftsWoche Nr. 33 vom 13.8.93, S. 28
73 DER SPIEGEL 31/93, S. 88
74 a.a.O., S. 90
75 Die Woche 31/93, S. 3
76 Stern 15/93, S. 234
77 alle Zitate laut SPIEGEL (s.Anm. 73), S. 86f.
78 a.a.O., S. 87
79 ebd.
80 a.a.O., S. 88
81 ebd.
82 Die Woche (s.Anm. 75), S. 3
83 DER SPIEGEL (s.Anm. 73), S. 88
84 a.a.O., S. 90
85 ebd.
86 a.a.O., S. 91
87 ebd.
88 Die Woche (s.Anm. 75), S.3
89 Munziger-Archiv/Internat. Biograph. Archiv 19/94
90 Die Woche (s. Anm. 75), S. 3
91 Hönscheidt, W.: Der Samurai von Wolfsburg. Der Tagesspiegel vom 15.3.93
92 Die Woche (s. Anm. 75), S. 3

93 DER SPIEGEL 7/94, S. 86
94 ebd.
95 ebd.
96 ebd.
97 Die Woche (s. Anm. 75), S. 3
98 Tucholsky, K.: Schnitzel (1930). In: ders.: Gesammelte Werke (hg. von M. Gerald-Tucholsky und F.J. Raddatz), Bd. 8. Reinbek bei Hamburg 1989, S. 147
99 zusammengefaßt nach LaBier, D.: Modern madness. Ontario usw. 1986, S. 55ff.
100 Hunger, H.: Lexikon der griechischen und römischen Mythologie. Reinbek bei Hamburg 1974, S. 265
101 Willi, J.: Die Zweierbeziehung. Reinbek bei Hamburg 1975, S. 66
102 Diagnostisches und Statistisches Manual Psychischer Störungen DSM-III-R; übersetzt nach der Revision der dritten Auflage des Diagnostic und Statistical Manual of Mental Disorders der American Psychiatric Association / dt. Bearb. u. Einf. von H.-U. Wittchen et al. Weinheim, Basel 1989, S. 424
103 König, K.: Kleine psychoanalytische Charakterkunde. Göttingen 1992, S. 103
104 Willi (s.Anm. 101), S. 66
105 Kernberg, O.F.: Regression bei Führungspersönlichkeiten. In: ders.: Innere Welt und äußere Realität. München, Wien 1988, S. 298
106 Willi (s.Anm. 101), S.68
107 Kernberg (s.Anm. 105), S. 299
108 ebd.
109 König (s.Anm. 103), S. 20f.
110 Willi (s. Anm. 101), S. 71
111 a.a.O., S. 77
112 Kets de Vries, M.F.R.: Cheftypen. München 1992, S. 102
113 nach Kernberg (s.Anm. 105), S. 293
114 nach Kets de Vries (s.Anm. 112), S. 64f.
115 Grunenberg (s.Anm. 12), S. 34f.
116 aus: Runge (s.Anm. 10)
117 nach Diagnostisches . . . (s.Anm. 102), S. 411
118 Neuberger, O. & Kompa, A.: Die Neurosen der Chefs. Psychologie heute 13,8 (1986), S. 62-68 (S. 64)
119 König (s.Anm. 103), S. 108
120 a.a.O., S. 55
121 aus Runge (s.Anm. 10)
122 Kets de Vries (s.Anm. 112), S. 59
123 nach: Diagnostisches . . . (s.Anm. 102), S. 409
124 Kets de Vries (s.Anm. 112), S. 60
125 Kernberg (s.Anm. 105), S. 296
126 a.a.O., S. 297
127 Lenz/Mertens/Lang (s.Anm. 69), S. 116
128 Kernberg (s.Anm. 105), S. 296
129 Wallraf, G.: Gerling Konzern – Als Portier und Bote. In: Engelmann, B. & Wallraf, G.: Ihr da oben – wir da unten . Köln 1973, S. 316f.
130 nach Zürn, P.: Vom Geist und Stil des Hauses. Landsberg 1985, S. 42; Neuberger, O. & Kompa, A.: Wir, die Firma. Weinheim, Basel 1987, S. 81
131 Kets de Vries (s.Anm. 112), S. 105
132 Hoffmann, S.O.: Charakter und Neurose. Frankfurt a.M. 1979, S. 249; Hoffmann, S.O. & Hochapfel, G.: Einführung in die Neurosenlehre und Psychosomatische Medizin. Stuttgart, New York 1979, S. 102f.

133 Willi (s. Anm. 101), S. 107
134 Neuberger/Kompa (s.Anm. 118), S. 64
135 ebd.
136 König (s.Anm. 103), S. 82
137 Kernberg (s.Anm. 105), S. 294
138 Hoffmann/Hochapfel (s.Anm. 132), S. 101
139 Willi (s.Anm. 101), S.110
140 Canetti, E.: Masse und Macht. Frankfurt a.M. 1980, S. 442
141 Schrader, H.: Soll ich etwas mehr geben, Meister? 50 Jahre Begegnungen zwischen Taktstock und Cello. Unveröffentlichtes Manuskript.
142 Stern 12/94
143 ebd.
144 Diagnostisches . . . (s.Anm. 102), S. 422
145 Kets de Vries (s.Anm. 112), S. 62
146 Neuberger/Kompa (s.Anm. 118), S. 64
147 König (s.Anm. 103), S. 87
148 Neuberger/Kompa (s.Anm. 118), S. 64
149 König (s.Anm. 103), S. 11
150 a.a.O., S. 114
151 a.a.O., S. 115
152 a.a.O., S. 52
153 Diagnostisches . . . (s.Anm. 102), S. 428
154 Lenz/Mertens/Lang (s.Anm. 69), S. 113
155 a.a.O.
156 Kets de Vries (s.Anm. 112), S. 77f.
157 Willi (s.Anm. 101), S. 95
158 Schoonmaker, A.N.: Angst im Beruf. Heidelberg 1975, S. 164
159 Rost, W.-D.: Der psychoanalytische Zugang zum Alkoholismus. Psyche 37 (1983), S. 412-439 (S.423)
160 ebd.
161 Institut für Arbeits- und Sozialhygiene: Gesundheit von Führungskräften als Wirtschaftsfaktor. Pressetext. Karlsruhe, Berlin 1994
162 Bräutigam, W. & Christian, P.: Psychosomatische Medizin. Stuttgart, New York 1986, S. 141
163 nach Brawand, L.: Manager sind auch nur Menschen. Düsseldorf usw. 1993, S. 166
164 nach Süddeutsche Zeitung vom 19.5.94, S. 26
165 Heinz, W.: Wirtschaftskriminalität. In: Kaiser, G. et al. (Hg.): Kleines kriminologisches Wörterbuch. Heidelberg 1993, S. 589-595 (S.589 f.)
166 zit. nach Schwind, H.-D.: Kriminologie. Heidelberg 1986, S. 297f.
167 Freud, S.: Die Verbrecher aus Schuldbewußtsein In: ders.: Studienausgabe, Bd. X. Frankfurt a.M. 1969, S. 252-253 (S.252)
168 ebd.
169 Cremerius, J.: Die Psychoanalyse der Reichen und Mächtigen. In: ders.: Vom Handwerk des Psychoanalytikers: Das Werkzeug der psychoanalytischen Technik, Bd. 2. Stuttgart, Bad Cannstatt 1984, S. 219-261 (S. 230)
170 zit. nach Brawand (s.Anm. 163), S. 163
171 nach Cremerius (s. Anm. 169), S. 224ff.
172 Sartre, J.-P.: Die Kindheit eines Chefs (L'enfance d'un chef; dt. Übersetzung von U. Aumüller). In: Sartre, J.P.: Gesammelte Werke in Einzelausgaben, Romane und Erzählungen, Bd.2. Reinbek bei Hamburg 1985, S. 108
173 a.a.O., S. 111
174 a.a.O., S. 115

175 a.a.O., S. 110
176 a.a.O., S. 112
177 ebd.
178 a.a.O., S. 113
179 a.a.O., S. 150
180 a.a.O., S. 117f.
181 a.a.O., S. 125
182 ebd.
183 a.a.O., S. 126
184 a.a.O., S. 127
185 a.a.O., S. 128
186 a.a.O., S. 121
187 a.a.O., S. 133
188 a.a.O., S. 162
189 a.a.O., S. 163
190 a.a.O., S. 176
191 a.a.O., S. 176f.
192 a.a.O., S. 177
193 ebd.
194 a.a.O., S. 177f.
195 Bundesverband der Betriebskrankenkassen (BKK): Betriebsklima ist besser als sein Ruf. Presse-Information, Bonn 1992; Anlage: Institut für angewandte Sozialwissenschaft (infas): Arbeitsatmosphäre und Arbeitszufriedenheit (Tabellenband). Bad Godesberg 1992
196 vgl. Richter (s.Anm. 35), S. 189
197 Capital 3/94, S. 100ff.
198 a.a.O., S. 100
199 a.a.O., S. 104
200 a.a.O., S. 102
201 vgl. Schoonmaker (s. Anm. 158); Kowalewsky (s. Anm. 11)
202 vgl. Richter (s.Anm. 35), S. 192f.
203 a.a.O., S. 190f.
204 Wunderer, R.: Mittleres Management, leitend oder leidend? Zürich 1990
205 a.a.O., S. 18
206 ebd.
207 a.a.O., S. 19 f.
208 Neuberger, O.: Was ist denn da so komisch? Thema: Der Witz in der Firma. Weinheim 1990, S. 405f.
209 Quellen für die – teilweise leicht modifizierten – Witze: Die Sammlung von Neuberger (s.Anm. 208); Bürosprüche, München 1985; Steinmeyer, B. (Hg.:): Die neuesten Bürosprüche. München 1989
210 Neuberger (s.Anm. 208), S. 406
211 DER SPIEGEL 25/92, S. 105
212 ebd.
213 Auto Bild vom 8.7.91, S. 63
214 auto motor und sport (ams) 6/91, S. 35
215 ams 14/91, S. 145
216 ams 6/91; FAZ vom 12.3.91; DER SPIEGEL 25/92, S. 105
217 DER SPIEGEL 11/91, S. 284
218 DER SPIEGEL 26/91, S. 227
219 Hofner, H.: Die S-Klasse von Mercedes-Benz. Gerlingen 1993, S. 255
220 Auto Bild vom 21.10.92, S. 20; vgl. DER SPIEGEL 25/92, S. 106

221 ams 18/92
222 Hofner (s.Anm. 219), S. 255
223 DER SPIEGEL 8/92, S. 106
224 mot 6/94; ams 8/93, 23/93, 2/94
225 ams 8/93, S. 6
226 ams 2/94, S. 13f.
227 DER SPIEGEL 10/94, S. 101
228 DER SPIEGEL 25/92, S. 105
229 Süddeutsche Zeitung vom 19.5.94, S. 29
230 Kernberg, O.F.: Borderline-Störungen und pathologischer Narzißmus. Frankfurt a.M. 1978, S. 269
231 Hofner (s. Anm. 219), S. 258
232 Heymer, A.: Ethologisches Wörterbuch. Berlin, Hamburg 1977, S. 76
233 DER SPIEGEL 11/91, S. 289
234 Süddeutsche Zeitung vom 19.5.94, S. 3
235 ebd.
236 zit. nach Fix (s. Anm. 3), S. 70
237 zit. nach Schreiber, H.: Midlife crisis. München 1977, S. 14
238 Freud, S.: Ergebnisse, Ideen, Probleme. Gesammelte Werke Bd. 17. Frankfurt a.M. 1968, S. 152
239 Freud, S.: Die Am Erfolge scheitern. In: ders.: (s.Anm. 167), S. 238
240 Kets de Vries (s.Anm. 112), S. 47f.
241 a.a.O., S. 50
242 aus einer Anzeige der Audi AG, Personalwesen
243 Naisbitt, J. & Aburdene, P.: Megatrends 200. Düsseldorf, Wien 1991, S. 280f.
244 a.a.O., S. 285
245 zit. nach Brawand (s.Anm. 163), S. 80
246 Buber, R.: Unterschiede im Führungsverhalten von Frauen und Männern. In: Bendl, R. et al. (Hg.): Wenn zwei das gleiche tun, ist das noch lange nicht dasselbe. Wien 1991, S. 79-105; vgl. Hesse/Schrader: Erfolgreiche Bewerbungsstrategien für Frauen. Frankfurt a.M. 1993
247 Bischoff, S.: Frauen zwischen Macht und Mann. Reinbek bei Hamburg 1990, S. 199
248 a.a.O., S. 120
249 a.a.O., S. 122; vgl. Hesse/Schrader (s.Anm. 246)
250 Cremerius (s. Anm. 169), S. 221ff.
251 Horney, K.: Der neurotische Mensch unserer Zeit. München o.J., S. 102
252 a.a.O., S. 105
253 a.a.O., S. 109
254 Fenichel, O.: Der Bereicherungstrieb. In: ders.: Aufsätze, Bd. 2. Olten, Freiburg 1981, S. 100-121 (S. 107)
255 zit. nach Lenz/Mertens/Lang (s.Anm. 69), S. 195
256 Ouchi, W.G.: Theory Z. Reading, Mass. 1981
257 zit. nach Deckstein, D.: Ein Blick in die Arbeitswelt von morgen. Süddeutsche Zeitung vom 4.2.94, S. 10
258 Naisbitt, J. & Aburdene, P.: Megatrends Arbeitsplatz. München 1989, S. 14
259 zit. nach Deckstein (s.Anm. 257), S. 10
260 DER SPIEGEL 9/94, S. 136
261 a.a.O., S. 139
262 Deckstein (s. Anm. 257), S. 10
263 ebd.